U0910923

文
景

Horizon

社科新知　文艺新潮

讲学社丛书

03

东亚近代文明史上的梁启超

[日] 狭间直树 主讲

张勇 / 评议

高莹莹 / 译

清华大学国学研究院 主编

上海人民出版社

讲学社简章

一 本团体以时时介绍现代高尚精粹之学说随时介绍于国中使国民思想发扬健实拟逐年延聘各国最著名之专门学者巡回讲演

二 暂以每年聘请一人俟基金充裕时再图扩充

三 所聘请者先注重于大思想家其各分科之专门学者俟扩充后以次续聘

四 本社设董事若干人计画事业之进行其每年所聘之人由董事议定

五 本社设管理基金员若干人专司募集基金且保管之

六 关于讲演事务随时与国中各学校各团体接洽

梁启超手书“讲学社简章”

总 序

还在清华国学院尚未复建之前，我和陈来兄就猫在家里，大致设想了未来的“三大讲座”，也就是将要设在清华园里的“梁启超纪念讲座”“王国维纪念讲座”和“陈寅恪纪念讲座”，它们将分别处理“思想与宗教”，“美学、比较文学与汉学”和“边疆民族史”的不同课题。

也是早在那时，我们就已经清晰地意识到，这种工作将是接着梁启超，特别是接着他所创建的“讲学社”来做的。正因为这样，我在本院所接受的第一次访谈中，就已经非常明确地这样提出:“这种讲座形式本身，就是对本院传统的一种继承。不知你是否了解，中国现代史上几次最著名的来华学术交流，就是由梁启超组织的讲学社所发起的，该团体曾经每年一个，先后请来了美国哲学家杜威、英国哲学家罗素、德国哲学家杜里舒和印度大诗人泰戈尔，到中国来进行较为长期的学术交流，不仅在当年轰动一时，而且对于此后的文化也是影响久远。”

嗣后，幸赖学校与社会各界襄助，新的清华国学院甫一成立，我们的纪念讲座也就同时启动了。迄今为止，我们已经从美国邀来了德里克教授、梅维恒教授和包华石教授，从英国邀来了麦克法兰教授，从法国邀来了巴斯蒂教授，又从日本邀来了狭间直树教授，——算起来已是累积了六次，而每次都为清华同学带来了精心设计的八周课程。

当然，在这么个“学术全球化”的时代，我们的对话意识也变得更强。正因为这样，我的每次开场白都要开宗明义：尽管请来的都属于名重一时的学者，但他们却并不是来照本宣科的，否则就跟又翻译了他们的哪本书没有什么本质的不同了。相反，他们被如此郑重其事地邀来，就是要到气氛活跃的课堂上，跟中国学者各抒己见地进行交流，甚至来跟学生们唇枪舌剑地交锋。而为了做到这一点，我们还专门进行了制度设计，同时请来专业对口的中国学者来充任各个讲座的对话者，以便让同学们能从中看到，问题意识从来都是有“前理解”的，而知识生产也从来都是方生方成的。因此，真正会读书的读者和真正会听讲的听众，都不会只从一位作者那里，或者只从一位讲演者那里，就指望找到不可撼动的、足以当作信仰来膜拜的“绝对真理”；相反，那“真理”就算还确实存在，也从来只是隐隐约约地，闪现在互不相让的学术对话中，——从而在我们精心设计的讲座中，体现为增长着的文化间性！

如此热闹的“三大纪念讲座”，当然还是要坚持开办下去。不过与此同时，我们还有另一个愿望要还，因为就在上述的那次访谈中，我还曾透露了计划的另一半：“作为计划的一部分，这种讲座一旦完成，马上就会进行翻译、整理与修订，以便尽快在一套新创的‘清华国学讲演丛书’中，公布给全社会！我们希望，诸如此类的深度学术交流，会为当代文化交锋留下一个活生生的样本，也向后人提供一个研究比较文学和学术交流的鲜活案例。”事实上，尽管尚未来得及奉献给社会，这项工作却一直在积极进行，包括整理、翻译和修改讲稿，包括组织中国学者的评议，也包括跟出版社商讨各种相关事宜。

而今，终于到了把它端出的时候了，免不了又要发笔再写篇序言，来交代一下整个项目的来龙去脉。也差不多恰逢此时，原藏于南长街54号的任公手稿，也非常抢眼地出现在自己面前，——而无巧不巧的是，其中恰有一份以往不为人知的、梁启超亲笔手书的“讲学社简章”，其中的内容是这样的：

一、本社因欲将现代高尚精粹之学说随时介绍于国中，使国民思想发扬健实，拟递年延聘各国最著名之专门学者巡回讲演。

二、每年聘请一人，若基金充裕时再图扩充。

三、所聘请者先注重于当代大思想家，其各分科之专门学者，俟扩充后以次续聘。

四、本社设董事若干人，计画事业之进行，其每年所聘之人由董事议定。

五、本社设管理基金员若干人，专司募集基金且保管之。

六、关于讲演事务，随时与国中各学校、各团体接洽。

能够读到任公的这通手稿，心里真是说不出的高兴，而它的复制件也一直挂在办公室的门口！不要小看这份简单的章程，这对澄清围绕晚期梁启超的误解，具有相当关键的意义。正如我随即就此撰文指出的，“自从梁启超写出《欧游心影录》之后，无论在中国还是在外国，就总有人误以为他走向了守旧与落伍。然而，正在这个起草中的‘讲学社简章’，才证明任公仍然着眼于中西会通，——只不过，这位眼界更加开阔的思想弄潮儿，所渴望的却须是更加深入的会通，而为了达到这一点，就既要学术性地回归中国传统，也要倾听最高深的西学话语，更要鼓励两者间持续而激烈的对话。”

由此就更加想到，如果我们现在开展的工作，能被梁启超从地下得知，那他一定会乐观其成的。因为，这正是他在构想“讲学社”时，原本想要完成，却惜乎未克全功的思想事业。想到这一点，我们也就获得了新的灵感，把原拟称作“清华国学讲演”的这套丛书，索性命名为“讲学社丛书”。因为，我们正在进行的“三大纪念讲座”，正是接着讲学社的计划，接着任公的未竟事业来讲的。——甚至我还建议，就连这套丛书的装帧设计，也一定要凸显任公的笔迹，使读者能从斑驳的底色中，看出学术历史的坚持、强韧与坚忍来。

考虑到这一点，最后就要把一层意思再讲一遍，以回应晚近民间勃兴的“梁启超热”。从知识社会学的角度来看，对于任公来说实属不幸的是，他当年折冲于中西两端，想在其间执两用中的想法，对于彼时由于灾难深重因而急不可耐的中国来说，或许是显得太前卫、太先锋了，故而难以得到人们的理解。不过，从历史传承的角度来看，对于我们来说又堪称幸运的是，他这种大大超前的文化抉择，也正好成为了本院主张的先声，使我们的“三大纪念讲座”从一开始，就是“接着梁启超来讲”的，就是“接着讲学社来讲”的，——当然，因此也就是有“悠久历史传统”可继承的。

刘东

2013 年 4 月 8 日于清华园立斋

目　录

序 言

本书是2012年秋我在清华大学国学研究院的讲义，题目是《东亚近代文明史上的梁启超——以梁启超与日本在文明史上的关系为中心》。从2012年10月18日到12月6日，在历史系文北楼309教室，我与清华大学的学生们共度了八个周四的下午（14:20—16:00）。

清华大学国学研究院为纪念梁启超、王国维、陈寅恪三位奠立了清华文科基石的大师，设立了“梁启超纪念讲座”“王国维纪念讲座”“陈寅恪纪念讲座”，邀请外国学者进行讲演。2010年10月12日，“梁启超纪念讲座”第一期“变革时期中国的文化与历史——全球现代性的视角”由美国学者阿里夫·德里克（Arif Dirlik）教授开讲。[1] 2011年，法国学者巴斯蒂（Marianne Bastid-Bruguière）教授（学士院院士）作第二期讲座，题目是“面向自由和科学理性：清末民初中国留法学生的经验与他们对中国的现代认同的贡献”。我的讲座是继这两位学者之后的第三期。

1 德里克教授的讲演经整理由上海人民出版社于2015年出版，名为《后革命时代的中国》（讲学社丛书/02）。——编者注

2011年11月，国学研究院副院长刘东教授通过高莹莹博士向我发出“梁启超纪念讲座”的邀请。高莹莹博士现在是中国社会科学院近代史研究所的助理研究员，与我是故交。当我还在日本的孙文纪念馆任馆长的时候，她在神户大学大学院文学研究科攻读博士学位，同时兼任孙文纪念馆的外聘研究员。此次讲座，她从最初的联系事宜到讲稿的翻译都做了大量的工作，翻译方面自不必说，对我在中国生活的各方面也提供了无微不至的照顾。

本次讲座共分八次课程，每次连同翻译在内约100分钟。我从事梁启超研究已近二十年，对于明治日本在梁启超学识形成的过程中所发挥的作用，目前可以说已经有了基本的理解，所以我非常愉快地接受了这次邀请，并定下题目为“东亚近代文明史上的梁启超”。八次课程的讲义内容可参见本书的目录。在每次课程中，清华大学历史系的张勇教授都作为讨论人列席，他不仅给我提供各种帮助，还参加课后的座谈答疑，总会使我有所启发。在答疑环节甚为热心回应我的是历史系戚学民教授。听讲的学生为“研究生及感兴趣的本科生”，人数在最初的课程上大约有50名，后来保持在30名左右。

讲义以及课堂的翻译都由高莹莹博士承担。值此书出版之际，我对原来讲义中简单带过的一些内容进行了补充，第八讲加入了课程结束后造访中华书局时见到的《梁启超年谱长编》“第一稿”，并对部分内容进行了重写。这里所说的“第一稿”，是赵丰田 1934 年秋完成的“约一百余万字”的原稿，油印本《梁任公先生年谱长编初稿》是 1936 年 5 月在第一稿基础上压缩至 67 万字的“第二稿”。

清华大学的校园非常大，让人感觉教学场所散落在一片大森林中。学校给我提供了设施完备的宿舍（甲所），还为我在国学研究院所在的“立斋”提供了一间研究室。邀请方刘东教授和国学研究院院长陈来教授自不必说，办公室康宽蕊主任在各项手续以及饮食等生活方面都给予了非常周到细致的安排。李颖繁女士在电脑设备等琐事上给我提供了各种帮助。她还在我到达清华之后的第二天带领我参观校内的各类设施，其中还包括校医院，以备我身体不适时前往。在清华的日子大都是晴好天气，又承蒙各位周到的照顾，所以顺利完成讲座而无须就医，这于我于邀请方都是不错的事情。

我到达中国后不久，10 月 23 日在清华大学召开了名为“梁启超与现代中国”的研讨会。与研讨会同期举办的还有“南长街 54 号”（即梁启勋故居）收藏的重要档案展览，就其内容研讨会上也作了讨论。梁启勋故居收藏的资料中有大量未曾公开的内容，引起了学者们的关注。我多年的故交汤志钧、刘桂生、耿云志、姜义华、欧阳哲生、吴铭能等许多教授都参加了研讨会，所以也得以与他们一叙旧谊。

研讨会上，清华大学副校长谢维和教授致开幕词，然后每位学者就新出资料的意义以及他们关注的问题发表了自己的意见。我在会上介绍了日本新发现的梁启超信函，也就是2006年公开的现寄存在高知市立自由民权纪念馆的山本宪（号梅崖，1852—1928）旧藏文书。其中有九封是梁启超的信函（均为梁启超来日早期——1898年10月至1901年11月之间的信函，其中一份只有信封）。借此机会，在高知大学吉尾宽教授的全力帮助下，自由民权纪念馆（松岗僖一馆长）将信函复制本赠送给了清华大学国学研究院。有机会成为双方交流的桥梁，我也甚感欢喜。

11月26日至30日，清华大学召开了梁启超系列演讲会。北京大学中文系夏晓虹教授，及清华大学陈来、刘东、张勇教授，还有我，分别进行了演讲。在主办方负责人刘东教授的安排下，我成为第四位演讲人。为了让听课学生以外的听众也容易产生兴趣，我把本书第八讲的内容稍作修改进行了演讲，不过成书时已调整恢复为原来的样子。

12月3日，在刘东教授的介绍下，在国学院从事梁启超研究的博士后谢伟铭女士陪同我一起参观了中华书局，目的是一睹赵丰田完成的“第一稿”。带领我们参观的是俞国林先生。据他介绍，由梁家提供的“梁任公年谱材料（第一稿即原始稿）”共22册（赵丰田在“梁年谱”上海本的“前言”中记载的是“第一稿二十四册”），分册装订全部现存于中华书局。不过由于搬入新社大楼，收藏情况也随之混乱，目前能看的只有第1—10册（同治十二年至光绪三十四年［1873—1908］）和第22册（民国十七年至十八年［1928—1929］）。没能看到全套书当然非常遗憾，但能够有机会见到“第一稿”对我而言已经是意外之喜了。我在能够阅读的范围内进行了调查，并复印了一些需要的地方。受益于此，本书第八讲中提到的《梁启超年谱长编》的所有稿本、版本，全部得见。

本书所用的图表中，移情阁和吴锦堂（图5.1）由孙文纪念馆（安井三吉馆长）提供，吉野作造（图6.1）的照片由吉野作造纪念馆（佐佐木源一郎馆长）提供。在此一并致谢。

本书为课程讲义的译稿，所以一定兼具讲义的优点和缺点。恳请各位读者不吝批评。

狭间直树

第一讲　东亚近代文明史的时段划分

——世界史的近代与东亚

一、就讲座题目的若干说明

从题目《东亚近代文明史上的梁启超——以梁启超与日本在文明史上的关系为中心》亦可看出，本讲座谈的是梁启超与日本在文明史上的关系。因此，尽管在反袁护国战争中梁启超曾与日本军部有异常密切的关系，但是本讲座并不打算直接涉及这一内容。

所谓“文明史”，广义而言是指从文明的角度对政治、经济、社会、文化等人类一切历史行为所作的研究。但这里则根据梁启超的主要活动领域，将其作为偏重于学术、思想、道德、艺术等精神也即文化方面的概念来使用。不同的人对文明和文化会有各种不同的定义，这里我将阐述自己的用法。“文化”诞生的基础是与风俗、居民生活等密切相关的意识构造，这种意识构造的基础是语言，而“文明”则指的是在某一地区占统治地位、具有优势的那些文化带给周边其他文化以影响，并使他们受教化（civilize）的这样一个总体。

“东亚”曾经是一个同把中华文明的精萃汉字和他的书面

语文言文（日本称为“汉文”）作为主要传播和记录工具的地域。中华文明被称作“四大文明”之一，“东亚”的范围涵盖了现在的中国、朝鲜、越南和日本。自古以来，在这个东亚文明圈中，许多种族都接受了中华文明，从而创造出自己的文化（包括文字）。这一时期，横写文字无论从右往左还是从左往右，只要进入中华文明的影响下都变成了竖写，从这一事实可以看出中华文明吸引力之强大。[1] 也就是说，源自闪米特文字（阿拉伯文字）的从右往左横写的文字，经维吾尔文作媒介成为蒙古文以后，便同汉字一样成为竖写格式；而源自梵语 =Sanskrit（拉丁文）从左往右横写的文字，从藏文变成八思巴文以后，也成为竖写的形式。〔见图 1.1〕

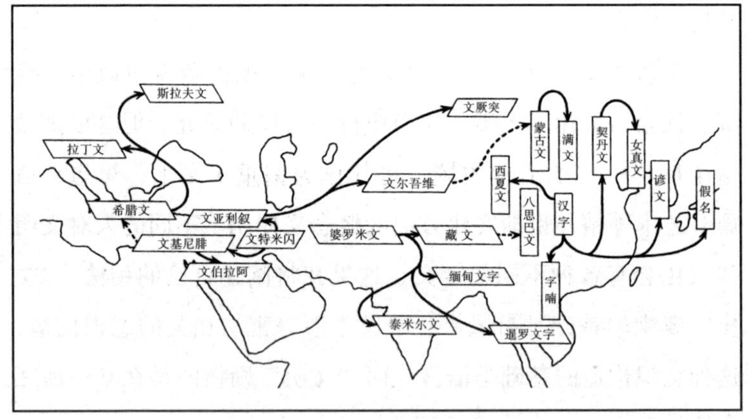

图 1.1　历史地域与文字排列法

1 ［日］宫崎市定:《历史地域与文字配列法》,《宫崎市定全集》第 19 卷，岩波书店，1992 年，第 329 页。

作为世界史的时间划分范畴，“近代”虽然与“古代”和“中世”一样都作为术语在使用，但却很难用一个时间或事件作为标志对其作出准确的界定。今天我们略去对这一方面的讨论，简单叙述一下“近代”在此处的用法。

如果从经济、政治、文化这三个方面来观察近代，可以如下概括它们的特点：

经济　资本主义时代——世界市场与国民经济的时代

政治　民权主义时代——万国共存与国民国家的时代

文化　科学主义时代——客观知识与国民教育的时代

关于资本主义时代世界市场的形成，按照伊曼纽尔·沃勒斯坦（Immanuel Wallerstein）《现代世界体系》（*The Modern World-system*）[1] 的研究，也可以在“广义的16世纪”中追溯它的诞生。不久之后的19世纪初期，“产业革命”也就是工业化和市场化的发展，在西方世界中巨变为“大西洋革命”。其中有关中国被卷入世界市场、逐渐扩大国民经济领域的状况，许涤新和吴承明编著的《中国资本主义发展史》[2] 比较具有说服力。

1　该书1998年由高等教育出版社出版中译本，共3卷：卷1，罗荣渠等译，1998年4月；卷2，吕丹译，1998年1月；卷3，孙立田等译，2000年11月。

2　第1卷，人民出版社，1985年。

民权主义时代是以“市民革命”——在资本主义发展中奠定了基础——为开端。其中英国的“光荣革命”（1689）、美国的“独立革命”（1776）和法国的“大革命”（1789）是最为合理的运动。国民国家由宣扬人权平等（《人权宣言》）原则的市民构成，且与私有财产制密切相关，市民革命的发生使其登上了历史舞台。这前后之间的变化，可从当年明治维新后建设新体制的日本当局者大骂“权在民是个什么意思”中一见端倪。因为从前只有君权，而对于万国共存，则只要知道《万国公法》被看作处理国际关系的通则即可。

科学主义时代随着引导法则和理论出现的学术知识体系的确立而开创。而这一学术知识体系的确立是通过17世纪以后对客观存在的假定，以及对此进行试验和观察的归纳法和与之相反的演绎法而成的。“科学革命”是指存在于这一认识和思考法则基础中的变化。[1]它首先发生在天文学、物理学、数学、化学和医学等自然科学领域，18世纪又在社会契约论、政治学说、经济理论等人文社会科学方面站稳脚跟。国民教育中最重要的儿童义务教育，19世纪中叶在美国开始实施。

通过这些始于16世纪而终于18世纪末的革命，西方世界

1　科学革命（Scientific Revolution）是巴特菲尔德（Herbert Butterfield）1949年提出，作为区分科学与科学哲学的指标，说的是哥白尼（Copernicus，1473—1543）和开普勒（Kepler，1571—1630）等人带来的科学上的大变革和科学哲学上的变化。

诞生了完全不同于以往的社会与生活。从前基本上都住在农村的人们越来越多地搬往城市，以家庭为单位进行的工作成为社会性的劳动；生活必需品在工厂中通过机器生产出来，作为商品进行流通；物资和人口流动所需要的道路、铁路、航路都得到了完善。无论是农民还是工人，作为一个独立的人在政治上和社会上开始拥有选举权和财产权。科学和技术发展带来的生产效率和知识水平的飞速提高大大改善了人们的生活条件。我本人也亲身体验了这一变化中的大部分（少年时在农村，后来在城市生活，前后差别有如两个时代），所以对其中的差异感受颇深。就这样，近代从西方开始，逐渐把它文明的波涛推向了非西方世界。

东亚的近代始于1840年清朝与英国之间的鸦片战争并延续至今。“现代”（中文称为“当代”）不是时代范畴，而是为了便于划定到现在为止的一段时期所用的概念，从这个意义上来说，现代指的是第二次世界大战结束以后。

二、东亚近代史的“文明史”时段划分

诞生并发展于世界各个地区的文明圈，在前近代的历史中因既拥有人类史的共通性，又拥有文化史的异质性和独特性而共存于世。异质性和独特性最极端的表现就是语言和文字、文章的不同。当然，每个文明圈中都有像东亚文明圈里的汉语

和中文这种处于优势、从高往下统领各低级语言的部分。地球上曾同时存在好几个类似这样的所谓大文明圈。但是，始于西方的近代文明不同于以往的所有文明。众所周知，西方文明充斥整个世界，它席卷全球，使其他文明圈走向近代文明化。

由于战争，清朝走向开国，语言成为日常交往和交流不可缺少的因素。在前近代，文明之间的接触和交流基本上都是在同等的基础上进行的；而近代则是以西方文明处于优势这样一种结构为前提展开，因而导致出现如何填补这种落差、如何让传统的体系应对新的状况这种问题。虽然很复杂，但这里希望以词汇和概念之间对应关系的产生过程为中心，概观其展开的轨迹。

笔者以往把“近代”（当代以前）东亚的语言接触史划分为以下四个时间段。[1]划分的标准是在东亚发挥主要作用的中国（清朝）和日本在所谓“话语权”中哪一方占主导地位。

（1）始发期（1840—1860）——从鸦片战争到《北京条约》：清

1　日中词汇交流史研究的先导沈国威把1840—1919年之间的80年划分为（1）准备期：1807—1840左右；（2）发展期：1840—1860；（3）官方翻译期：1860—1880；（4）停滞期：1880—1895；（5）引进日语期：1895—1919。（“关于新汉语的思考”，载《文林》第32号，1998年）若不考虑名称的差异，沈国威除了把笔者主张的“（2）发展期1860—1895”又分成了两部分以外，其他基本相同。

朝占主动时期

（2）发展期（1860—1895）——从《北京条约》到《下关条约》：日清两国各自发展时期

（3）成熟期（1895—1919）——从《下关条约》到《凡尔赛条约》：日本占主动时期

（4）决裂期（1919—1945）——从《凡尔赛条约》到日本投降：日本侵略破坏时期

当然，近代以前也有前史，起点是16世纪中叶，也就是西方近代的始发期，具体包括从耶稣会传教士来到东方到19世纪中叶鸦片战争爆发这段比较漫长的时期。无论在日本还是中国，耶稣会等天主教传教士都取得了令人瞩目的成就。在日本必须提到《日葡辞书》（长崎学林，1603年；"补遗"，1604年）。该书收录的词汇量达3.2万条，成为16世纪日语中无法替代的宝库。他们在传教时首先试着去理解当地人的语言，并将之编纂成规模庞大的辞书，这一态度令人叹服。该辞书还被翻译成西班牙语的《日西辞书》（马尼拉，1630年），此后经过很长时间，又被翻译成法语《日法辞书》（巴黎，1868年）。除此以外，《日本大文典》《日本小文典》等语法书也是他们的重要成果。明末清初，在中国出现了《几何原本》《坤舆万国全图》等许多重要的翻译成果。若论在学术上的作用，传教士在中国的成就要高一些。

但这些成果随着17世纪初德川幕府和18世纪初清朝政府发布的禁令，都没有直接流入近代。此后，18世纪开始出现的“兰学”（幕府末期发展成以“英学”为中心的“洋学”）在日本成为与近代相连的纽带。中国（清朝）自19世纪初通过基督教传教士的传教开始接触西方近代文明。作为这一进程的里程碑，1807年，也就是《华英字典》（*A Dictionary of the Chinese Language*）的编者马礼逊（Robert Morrison）来华的那一年格外受人重视。如果把重点放在西方，那么这也是一种划分方式，但若从东西方的遭遇这一视角来看，即便其间曾有过断裂，但作为前史还应该设定为16世纪以后。

（一）始发期（1840—1860）

这一时期林则徐为处理鸦片问题开始努力了解西方，于是有了魏源的《海国图志》（60卷本，1847年刊）。1853年7月，佩里的黑船到达日本，次年3月，双方签订《日美亲善条约》。虽然美国总统菲尔莫尔（Millard Fillmore）下令不准发动战争，但幕府并不知道这一情况，所以非常担心会发生日本版的鸦片战争。要应付这一事态，必须了解美国（西方）。不过当时日本实行锁国政策，消息闭塞，所以《海国图志》几乎成为他们唯一的消息来源。日本的反应非常迅速，这从他们翻印《海国图志》的情况可以窥见一斑。

《海国图志》在1851年的冬天才第一次传到日本，当时一共有3部。正在实行锁国政策的幕府几乎用了一年的时间慎重考虑，最后的处理方式是让将军御用的红叶山文库、昌平坂学问所和老中牧野备前守购置。这意味着幕府独占了这部书。不过，佩里来航的冲击使事态发生变化。当时出版书籍需要手续极为复杂的幕府批准，尽管如此，1854年7月，“中山传右卫门校”的训点本《海国图志阿墨利加洲部》依然获得了销售许可。接下来，广濑达太郎的日译本《亚米利伽总记》《续亚米利伽总记》和正木笃的《美理哥国总记和解》相继问世。除美国以外，还有盐谷宕阴、箕作阮甫的训点本《翻刻海国图志》(《筹海篇》部分)、正木笃的《英吉利国总记和解》、大槻祯的《重译俄罗斯总记》等。有幕府相关文书显示，这些书籍都是在嘉永七年九月（1854年9月前后）以前就已经开始在筹备发行，即各藩从第三次传入日本的15部《海国图志》中购置8部这件事发生之前，所以翻刻和翻印的应该是刚刚提到的幕府所拥有的那3部。让人惊讶的是幕府中枢在普及世界知识方面的积极态度。不仅译本的日文非常流畅，对专有名词所加的假名也有值得注意的地方。具体内容在此略去，不赘言。[1]

现在的调查结果表明，短短三年时间里，日本共复制了22种《海国图志》，其中1854年有15种，1855年为5种，1856年为2种，包括训点本和日译本。这些翻印并没有对全书进行

1 ［日］森睦彦:《〈海国图志〉从舶来到翻印》,《兰学资料研究会研究报告》第206号，1968年。

复制，而是选取了其中的精华部分，从中也可看出这是一种临机应变的权宜之计。日本人对必要的内容都集中精力进行了学习。补充一句，在朝鲜，虽然《海国图志》被当作1860年代开化运动的指导书，但几乎没有什么影响力。

另一本重要的著作是徐继畬的《瀛寰志略》(1848年刊)，这本书稍晚于1861年获得翻印。该书在地名等上面注上了荷兰语的注音假名，表示以往的兰学积累和新来的信息交错形成了新的知识基础。地图的精密性得到进一步加强，东西两半球涂上了不同的颜色；当然，与西方的地图相比，甚至还没有描绘经纬线，但与以往的地图比起来已经有了飞跃性的进步。《瀛寰志略》被当作地理书籍传播很广，产生了巨大的影响。

此时，清朝已经解除禁教令，新教传教士与中国的知识分子一起合作，集中发行了许多书籍。根据熊月之的研究成果，1843—1860年间发行的此类图书共有434种。其中近8种成为传教用的宗教书，还有105种关于天文、地理、医学、经济等介绍西方科学的书。[1]这一时期，虽然与基督教相关的图书都无法在日本发行(1873年禁教令才废止)，但其他的大部分书籍在日本都得以印制或改编，当时日本人接受能力的旺盛实在令人惊叹。

1 熊月之:《西学东渐与晚清社会》，上海：上海人民出版社，1994年，第8页。

（二）发展期（1860—1895）

其开端是第二次鸦片战争结束后缔结《北京条约》（包括《天津条约》）。天朝独尊的中华体制受到动摇，一直以来对周边国家（观念上涵盖了世界上的所有国家）始终一副高高在上、君临天下态度的清王朝被迫承认与西方各国是“平等的国家”。为处理国家之间的交涉事务，1861 年清朝新设了总理各国事务衙门；为了学习外语，京师和上海分别于 1862 年和 1863 年设立了同文馆（上海同文馆日后改称为广方言馆）。上海的江南制造总局还成立了翻译馆鼓励发行译著。官方（朝廷、与政府有关的机构）自行发行译著使这一时期与过去相比出版了数量极多的与西学有关的书籍。其间江南制造总局翻译馆表现最为积极，由它发行的书籍，到 1909 年约 40 年间数量达到了 160 种。[1] 虽然从重要性来看，这一数字少得令人惊奇，但依然是个令人刮目的成就。这一点从 1872 年清日修好条规全权副使柳原前光到上海时买回了当时发行的 12 种（31 册，102 卷）图书[2]，可以证明。

不过需要注意的是，他们的翻译是中国的文人和懂汉语的

1　熊月之:《西学东渐与晚清社会》，第 499 页。

2　陈力卫:《和制汉语的形成与发展》，汲古书院，2001 年，第 290—291 页。陈的研究成果还包括了这些书籍在日本的收藏以及使用情况。见陈力卫:“江南制造局的出版物在日本的传播和利用”，载复旦大学历史系、出版博物馆编:《历史上的中国出版与东亚文化交流》，上海：百家出版社，2009 年。

外国人合作的成果，前者把后者对原书的口译通过“文言文”的形式笔述出来才算翻译完成。〔见彩图1〕

也就是说，并非是靠一个人的脑袋把东西两大文明联系起来进行认识，所以在同文馆等处学习外语的人，作为“通事”（通办），在社会上只被看作最下等的知识分子。比如《万国公法》，丁韪良（W. A. P. Martin）获得何师孟等人的帮助，以惠顿（H. Wheaton）撰写的 *Elements of International Law* 为底本，用《万国公法》作书名，由京师崇实馆于1864年末出版。崇实馆是丁韪良到同文馆任教以前在北京开办的学校。

1854年《日美亲善条约》签订以后，日本迈出了开国的一步，这一时期在对西方关系方面表现出巨大的转变。学问的基础从“兰学”变成了“洋学”。“洋学”的中心是“英国学”，然后是“法国学”和“德国学”。

此处应该注意的是学者们在接触西方语言方式上的不同。日本的兰学者在当时（19世纪）已经认识到中国的口译笔述与他们的直接翻译之间的差别。《重订解体新书》里面，“又挽近天文星历之诸术，取西洋所说之诸编而成者殊伙，闻是召洋人于本地，传译笔录，以所纂修云，亦是异于吾辈之直就彼邦书横文，抗颜强译者也”一句也是明证。这一传统在洋学者中不但没有变化，反而更加突出。

这一时期，日本的“蕃书调所”从1862年起改名为“洋书调所”，1863年又改组为“开成所”，这些都是与清朝总理衙门和方言馆同步进行的。《万国公法》在北京出版之后的第二年，也就是 1865 年（庆应元年），标注有训读符号的《官版万国公法》由开成所出版发行。幕府为了普及这一图书，还令老皂馆万屋兵四郎出版了民版的《万国公法》。据安岡昭男介绍，自此次之后一直到 1894 年，日本发行的《万国公法》至少有 21 种。[1]

1868 年明治维新，日本新政权上台。到 19 世纪 70 年代（明治十年前后），日本大量出版、翻译清朝已出版的汉译洋学书籍的情况持续不断。但与此同时，也开始出现日本人直接翻译的活动。以惠顿的 *Elements of International Law* 为例，由于丁韪良的译本是摘译，瓜生三寅深以此为憾，为全面准确地翻译此书，他于 1868 年出版《交道起源·一名万国公法全书》。但该书翻译了原著的第一卷第一章之后，没有再出，所以他的这一壮志并未实现。但这本书在勇于尝试以更加贴近原著的态度上超越了汉译本，所以值得肯定。与此同时，大量针对原著（包括西方各语种的英译本）的翻译作品在这一时期开始出现。而翻译时遇到的问题，以及这些问题所带来的日语本身的巨大变化，稍后将作叙述。

这一时期创造出来的作品在接下来的成熟期（1895—1919）以洪水之势涌入中国，近代东亚文明圈开始形成。在此

1 ［日］安冈昭男:《万国公法在日本的接受与适用》,《东亚近代史》第 2 号，1999 年。

后的决裂期（1919—1945），日本的侵略逐渐升级，并发展成全面战争。这场战争最后以日本战败、中国“惨胜”而结束。1945年以后至今，也就是“当代”，是冷战和对抗性竞争的时期。

以上是按照不同时期对于东亚在接受西方近代文明过程中的应对情况所作的概括叙述。与新文明的接触必然会衍生出新的词汇，从而在近代产生了一些顺应时代的词汇——“近代语言”，并逐步普及开来。宫岛达夫通过辞书中的例句考察了1000个现代语的基本词汇从何时开始使用，比较了法语、英语和汉语、日语的变化过程。[1]〔见图1.2〕

法语和英语从13世纪开始到16世纪已经基本完成了向近代语言的转变，到19世纪初完成度已经近乎100%。而19世纪初，汉语才有930个近代语汇，日语中也只有约850个近代词语，远远低于英法两种语言。也就是说，基本词汇既已存在这么大的差距，从原则上讲，这一落差需要通过创造新词来填补。（无须赘言的是，在科学等新领域，这一比率有飞跃性的提高。）

从图1.2中基本可以了解到大致的情况：日语是从1853年佩里来航之后才开始出现比较明显的变化。到发展期晚期即

---

1 ［日］宫岛达夫:《现代基本词汇1000语的使用开始时间变迁表（1800—2000年）——法语、英语/汉语、日语》，见陈力卫:《和制汉语的形成与发展》，汲古书院，2001年，第267页。

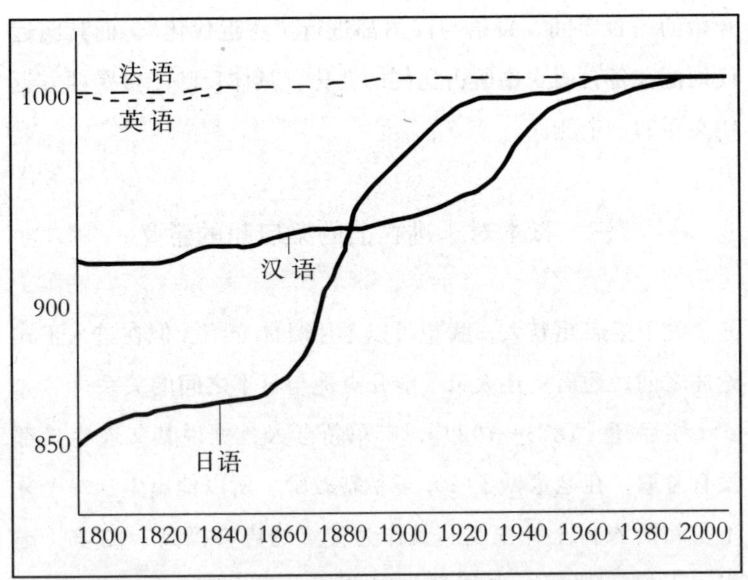

图 1.2　法、英 / 中、日基本词汇使用开始变迁表（1800—2000）
（宫岛达夫作图，载于陈力卫《和制汉语的形成与发展》第 267 页）

1895 年前后，日语中已经有约 960 个近代词汇；成熟期末尾，即 1919 年前后，达到 990 个。而汉语的变化则相对缓慢，当然这或许与其原本水平较高有关。1880 年前后，也就是发展期过程中，日语和汉语的近代词汇已经旗鼓相当。虽然不是很明确，但 1895 年前后，也就是发展期末尾时，汉语的变化又稍有加速，从成熟期尾声开始急速转弯，到 1945 年决裂期终结时达到 990 个词汇。日语是在 1960 年左右 100% 成为近代词汇，而汉语则是在 1980 年前后。总而言之，从 19 世纪中叶开始的一百年间，日语与汉语都进行了“近代化”，而其间近代词汇在各自语言中所占比例的变化，具体反映了接受西方近代文明的一个侧面。

三、日本对于逃亡前的梁启超的意义

关于梁启超其人，我想可以不用具体介绍，但在进入正式论述之前，还需要让大家了解几点他与日本之间的关系。

梁启超（1873—1929），广东新会人，据说其父连生员都没有考取，在老家做了一辈子私塾教师。所以他出生在一个并不富裕的农村士绅家庭。其作为神童的声誉极高，12 岁（虚岁，下同）那年，也就是 1884 年（光绪十年）便考取生员，1889 年 17 岁时以广东乡试第八名的身份考取举人。此后虽然没能成为进士，但在传统的教育中，毫无疑问他是一流的知识分子。

首先谈一下他对日本的了解。成为举人的梁启超于 1890 年春（18 岁）进京参加会试。在回来的路上途经上海，买了一本《瀛寰志略》来读。

> 年十八计偕入京师……下第归。道上海。从坊间购得瀛寰志略读之。始知有五大洲各国。且见上海制造局译

出西书若干种。心好之。以无力不能购也。[1]

这篇回忆录因记载了梁启超第一次知道地球上有“五大洲”、有许多国家而异常有名。由此可以推想，对于日本，他可能也没有什么概念。

此时《瀛寰志略》已经出版四十多年。徐继畬、魏源的伟业似乎已经消失得无影无踪。只有充分理解这种震惊，才能够理解接触西方近代文明时梁启超内心的情感。相比之下，在日本，《瀛寰志略》被翻译出版三十年以后，有关世界的知识（例如地球上有五大洲等）便迅速在知识分子之间广泛传播，在1890年前后成为连小学生都了解的知识。

几个月后，梁启超为了寻求新的道路进入康有为门下。在康有为的指导下，梁启超的学问与知识开始具有世界的广度。1896年，他讨论了“中学”与“西学”的关系，称“要之舍西学而言中学者。其中学必为无用。舍中学而言西学者。其西学必为无本。无用无本。皆不足以治天下。”[2]其实，此时他虽然做《西学书目表》等，进行各种努力，但给人的感觉还是刚刚入门。虽然他对于日本的了解已经有了大幅的增长，不过他的信息来源主要是令他赞叹不已的黄遵宪的《日本国志》

1　梁启超:《三十自述》，见《饮冰室合集》文集十一，北京：中华书局，1989年，第11、16页。（以下《饮冰室合集》的文集、专集简称“文集”、“专集”。）

2　梁启超:《西学书目表后序》，文集一，第129页。

（1887 年完稿，1896 年前后发行）。

清朝在甲午战争中的失败动摇了中国知识分子的精神。日本的胜利在于其吸收了西方近代文明，把日本建设成为一个新的国家，这一点大家都心知肚明，所以如何面对这一问题成为当时中国知识分子亟待解决的难题。

此时，梁启超的老师康有为想到一条学习西方的捷径，即通过日本翻译的书籍学习西方。他认识到学习正统西学的必要性，在此基础上，他认为可以先学习在日本已经被翻译和吸收了的成果。为了表明这一主张具有切实的依据，康有为从 1896 年底开始编写《日本书目志》[1]，于 1898 年春出版。该书目录涵盖的图书种类逾七千，规模之大已令人惊叹，同时还加入了超百条按语，即对中国重要程度的解析。

在自序中，康有为阐释了他的意图：

> 泰西之变法至迟也。故自倍根至今五百年。而治艺乃成。日本之步武泰西至速也。故自维新至今三十年。而治艺已成。大地之中。变法而骤强者。惟俄与日也。俄远而治效不著。文字不同也。吾今取之至近之日本。

1　沈国威（《或问》第 5 号，2003 年）和茅海建（《〈我史〉鉴注》，2009 年）分别对康有为自称此书是其所购图书和藏书的目录表示怀疑，并认为该书是根据某一目录制作而成。王宝平（《康有为〈日本书目志〉出处考》，载《汲古》第 57 号，2010 年）找到其依据的目录，使围绕这一问题的历史面貌得以复原。

察其变法之条理先后。则吾之治效。可三年而成。尤为捷疾也。

意思是说，日本三十年就实现了西方五百年才达到的成就；如果学习日本，那么中国三年就可以完成。以此作为假设的条件，康有为开始注意到中日文字的共通性。

> 且日本文字。犹吾文字也。但稍杂空海之伊吕波文。十之三耳。泰西诸学之书。其精者日人已略译之矣。吾因其成功而用之。是吾以泰西为牛。日本为农夫。而吾坐而食之。费不千万金。而要书毕集矣。使明敏士人。习其文字。数月而通矣。于是尽译其书。译其精者而刻之。布之海内。以数年之期。数万之金。而泰西数百年数万万人士新得之学举在是。吾数百万之吏士识字之人。皆可以讲求之。然后致之学校以教之。或崇之科举以励之。天下响风。文学辐辏。而才不可胜用矣。

这段引文说的是中国与日本的文字相通，所以容易学习，而且重要的内容已经被日本人都翻译过来了，所以不用费劲就可以得到西方花时间和劳动才取得的成果。当然这一太过乐观的态度，并没有认识到事情的本质，这一点自不赘言。然而这就是 19 世纪末担负关系清朝国家命运的政策变革的重要领导人康有为的想法。

梁启超为老师的这本书写了一篇跋文，发表在《时务报》第 45 号。[1] 这篇跋文也很是奇特，只在《日本书目志》康有为自序的前后分别增加了一些六十多字和二百多字的短文。如，“若能不负南海先生的期望，各界人士积极重译日本所翻译的书籍而提供读者，则‘以保我四万万神明之胄’，如此而已。”无须说，这是为了出版该书所作的宣传，但如此也可以刊登康有为的文章，这必定是梁启超为了表示要牢记康有为思想而故意为之。

此后，1897 年 11 月，梁启超来到湖南，表现得非常活跃，次年参加戊戌维新后便亡命海外，从此登上其波澜万丈的政治舞台。亡命时，梁启超脑中所构想的框架——为了中国的改革，需要吸收西方近代文明，而从日本的成功中开始学习是最为有效的——已经牢固地树立起来。

1　梁启超:《读日本书目志书后》，1897 年 11 月，《时务报》第 45 号，中华书局，1991 年影印本；文集一，第 51—55 页。

第二讲　身为康有为的弟子
——以接受西方为目的的“康学”与“西学”

一、梁启超的学识——抑或是传统学术的基础

梁启超是中国近代史上的名人。其活动范围之广几乎可以用超人来形容。如果用一句话来介绍他所扮演的角色，可以称他为将中华的传统文明改造为近代文明的功臣。天津古籍出版社在《梁启超全集》的出版广告中歌颂“梁启超——跨世纪的学术文化伟人 / 中国社会转型期的关键人物 / 影响几代国人的思想启蒙巨星”，可以说是十分恰当的。那么，梁启超有着怎样的传统学术的基础呢？笔者拟根据丁文江、赵丰田编辑的《梁启超年谱长编》[1]来作一分析。岛田虔次编译的日译本《梁启超年谱长编》[2]几乎全部厘定了书中所出现的各位人物字、号的原名，为我们的研究提供了巨大的便利。

梁启超 12 岁便成为生员，17 岁时考中举人，速度之快异于常人。据他本人回忆，他的读书经历大致如下：

1　上海：上海人民出版社，1983 年，以下简称为“梁年谱上海本”。

2　全 5 册，岩波书店，2004 年，我也参与了该书的编辑。

> 四五岁就王父及母膝下授四子书诗经。夜则就睡王父榻。日与言古豪杰哲人嘉言懿行。而尤喜举亡宋亡明国难之事。津津道之。……六岁后。就父读。受中国略史。五经卒业。……八岁学为文。九岁能缀千言。[1]

成为生员的那个时候，由于家境贫寒，梁启超家里只有《史记》《纲鉴易知录》。而《史记》作为其每天必读的功课，已经有八九成可以背诵下来。据说他还非常喜欢其父亲友人赠送的《汉书》和《古文辞类纂》。

15 岁进入书院读书以后，他利用自己的奖学金买了《皇清经解》(正续编)《四库提要》《二十二子》《百子全书》《粤雅堂丛书》《知不足斋丛书》等[2]，所藏书籍急剧增加。正如其自言:“十三岁始知有段王训诂之学。大好之。渐有弃帖括之志……”“十五岁……时肄业于省会之学海堂。堂为嘉庆间前总督阮元所立，以训诂词章课粤人者也。至是乃决舍帖括以从事于此。不知天地间于训诂词章之外，更有所谓学也……”[3]梁启超所增加的书目随着其兴趣往考证学方向转移而发生变化。记忆力超强的梁启超掌握了四部各方面的基础知识。其十五六

1　梁启超:《三十自述》，文集十一，第 15 页。

2　梁启勋:《曼殊室戊辰笔记》，“梁年谱上海本”，第 19 页。

3　梁启超:《三十自述》，文集十一，第 16 页。

岁时写的长达一万多字的《汉学商兑跋》[1]，只不过说明了他对于训诂考证有不同的见解。

尽管基础条件如此，梁启超依然以 17 岁的年纪考中举人，可以说其少年时代乃是春风得意，一帆风顺。

二、康有为的学生

成为举人后的第二年，即 1890 年（光绪十六年），梁启超在参加完庚寅会试回乡的路上，途经上海看到了《瀛寰志略》，这件事在上一讲中已经提到。这彻底改变了他的世界观。在这本书里，梁启超发现过去被自己看作整个世界的中华，其实不过是五大洲中的一个小世界而已。他意识到自己在所生活的圈子中不过是知道了一些大家都知道的事情。走出这个小世界，寻找自己在世界范围中的位置，被看作他形成近代自我的第一步。

作为一切思想和行动基础的这个“世界”，其范围的变化让他对以往只是为了应对小世界的学问发生了动摇。这时，梁启超遇到了康有为，开始有了新的思想。按说此后康有为应该是梁启超的终生之师，但两人的关系在此后将近四十年里却显得格外复杂难言。由于康有为思想本身即是值得专门研究的大课题，所以无法用简单的语言在此概述，但如果站在梁启超的

1　“梁年谱上海本”，第 20 页。

立场，把视角限定为二者的师徒关系，则可以将康梁关系分为以下三个时期：

（1）第一期（1890—1898）：从 1890 年进入师门至 1898 年逃亡日本，梁属于名副其实的康有为弟子。

（2）第二期（1899—1920）：从 1899 年保皇会成立到 1920 年访欧，主张国家主义（国民主义）的梁启超克制住自己在思想上与康有为的不一致，依然声称自己是康的弟子（在复辟问题上他曾与康有为产生决定性对立）。

（3）第三期（1921—1927）：从 1921 年回国到 1927 年康有为去世，梁启超在思想上回归世界主义，虽然一方面保持了与康有为的师生关系，但同时也与之保持一定的距离。

第一个问题就出现在这第一个时期。梁启超曾这样坦诚地记录他和康有为的相识："时余以少年科第，且于时流所推重之训诂词章学，颇有所知，辄沾沾自喜。先生乃以大海潮音，作狮子吼，取其所挟持之数百年无用旧学更端驳诘，悉举而摧陷廓清之。"康有为向他介绍了学问的方针"陆王心学"和"史学·西学"的梗概。被康有为的思想与学问倾倒而成为其门生的梁启超写道，"生平知有学自兹始"，表达了重新出发的准备。[1]

1　梁启超:《三十自述》，文集十一，第 16 页。

“陆王心学”和“史学·西学”的教学方针远非当时的学术主流。“陆王心学”是为了呼应提倡春秋学中的公羊学而提出的一门新学问。或许当时康有为已经了解到一些表彰阳明学在日本明治维新中起到推动作用的事情。“史学”是中华引以为傲的文化遗产，这里就不再赘述关于中国以史学同各国进行比较的考察。

问题出在“西学”上。由于西学是舶来的新学问，所以基本上只能通过翻译过来的书籍知悉一二。梁启超对译著的兴趣之高，可以从他对《西政丛书》（慎记书庄，1897 年）《西学书目表》（《中西学门径书七种》，大同译书局，1898 年收录）的编辑中可见。19 世纪 90 年代，清末时期的学问变化多端，西学的比重较之甲午战争前后已大不相同。这里我将以梁启超于 1897 年底在湖南时务学堂草拟的教学计划、《时务学堂学约》及其细则《时务学堂功课详细章程》、附表《第一年读书分月课程表附》（《中西学门径书七种》）为例，阐述中学与西学在梁启超思想中的模样。众所周知，这一时期康梁一派在宣扬改革科举和创办学校方面所作的宣传花费力气最大。因此，既然他获得了在改革派人士聚集的湖南新式学校担任“中文总教习”的机会，自然在那里最明白地宣扬了他对西学的理解。

首先介绍的是梁启超直接写在“课程表”中的书目，大致可分为“溥通学”和“颛门学”，而“颛门学”又分为“公法”“掌故”和“格算”三门。“公法”相当于法学与国际法，

“掌故”相当于历史与制度，“格算”几乎相当于全部的西学。现将“颛门学”上述三门课中所列西学书目记录如下：

公法：公法会通、公法总论、万国公法、佐治刍言、
公法便览、各国交涉、公法论、希腊志略、
罗马志略、欧洲史略、法国律例、英律全书

掌故：佐治刍言、日本国志职官志、日本国志刑律志、
法国律例、英律全书

格算：格物质学、学算笔谭、笔算数学、几何原本、形学备旨、
代数术、代数备旨、谈天、地学浅释、化学鉴原、
代数难题、化学鉴原续编、化学分原、代微积拾级、
微积溯原、化学鉴原补编[1]

如上所言，公法这一门课程要求学生基本上理解各国对峙的情况和公法秩序。掌故这门课所列举的书目多半是“三通”等书的职官、律例，要求学生理解按照本国制度进行改革。格算课要求大家理解西方的近代科学。下划线所标书目在梁启超的《西学书目表》中亦可见。该表中，梁启超对书籍的重要程

1　梁启超：《时务学堂功课详细章程》，收入《中西学门径书七种》，上海：大同译书局，1898 年，第 9—13 页。夏晓虹编：《〈饮冰室合集〉集外文》，北京：北京大学出版社，2005 年，第 26—30 页（该书的出版为梁启超研究者提供了极大的方便）。

度作了标记。但值得注意的是，“课程表”中所列的书目并非全是评价很高的内容。或许当时梁启超虽然对这些书籍表现出强烈的兴趣，但他还没有足够的知识水平来进行判断。

在公法和掌故两门课程中都列入名单的傅兰雅（J. Fryer）的《佐治刍言》，原是钱伯斯兄弟（W. & R. Chambers）所编丛书中的一册（J. Burton, *Political Economy*, 1852），由傅兰雅“口译”，应祖锡“笔述”，于1885年（光绪十一年）由江南制造局出版。梁启超认为该书有助于理解西方近代社会，在《西学书目表》中称其是“言政治最佳之书”。[1]

其中最令人注意的是梁启超如何把公法、掌故、格算这三个领域联系起来，也就是他解读这些书籍的方针。例如，《学约》第四条“读书”对西学作出了如下解读：

> 今时局变异。外侮交迫。非读万国之书。则不能通一国之书。然西人声光化电格算之述作。农矿工商史律之纪载。岁出以千万种计。日新月异。应接不暇。……量中材所能肄习者。定为课分。每日一课。经学子学史学。与译出西书。四者间日为课焉。度数年之力。中国

1 ［日］森时彦：《清末中国吸纳经济学（political economy）路径考——以梁启超为中心》，见［日］石川祯浩等编：《近代东亚翻译概念的发生与传播》，京都大学人文科学研究所，2013年，第265页。《西学书目表》，见《〈饮冰室合集〉集外文》，第1144页。

> 要籍一切大义。皆可了达。而旁证远引于西方诸学。亦可以知崖略矣。[1]

——说的是西书必须与中国的书籍一起阅读。然后在紧接其后的第五条“穷理”中如此解读：

> 瓦特（Watt）因沸水而悟汽机之理。奈端（Newton）因苹果落地而悟巨体吸力之理。侯失勒约翰（Herschel）因树叶而悟物体分合之理。亚基米德（Archimedes）之创论水学也。因入浴盘而得之。葛立理尤（Galileo）之制远镜也。因童子取二镜片相戏而得之。西人一切格致制造之学。衣被五洲。震铄万国。及推原其起点。大率由目前至粗极浅之理。偶然触悟。遂出新机。[2]

尽管在“读书”一条中，梁启超把“声光化电格算之述作”与“农矿工商史律之记载”并列而谈，但是在“穷理”一条中仅提到了前者。这一失衡的现象与前面提到的“课程表”中的书名也相互对应。

此外还需注意梁启超为联系中国与西方学术所作努力的轨

---

1 梁启超:《湖南时务学堂学约》，文集二，第25—26页。

2 梁启超:《湖南时务学堂学约》，文集二，第26页。

迹。虽然梁启超背后是康有为学派，但他们在儒教经典中最重视的是《孟子》和《春秋》。梁启超还为这两部书增加了新的解释，分别发表为《读孟子界说》《读春秋界说》。

前者借《孟子》将中国的学术总结为15条，自己的学问是合理的继承者，能使人民实现幸福的生活。其中讨论与西政关系的“界说六 · 保民为孟子经世宗旨”如是说：

> 孟子言民为贵。民事不可缓。故全书所言仁政。所言王政。所言不忍人之政。皆以为民也。泰西诸国今日之政。殆庶近之。惜吾中国孟子之学之绝也。明此义以读孟子。则皆迎刃而解。[1]

——说的是现在非常先进的西政，在“为民”这一点上是与孟子相同的。

后者把西方近代发现的各种学理全部与《春秋》结合在一起，超越了附会说，并赋予公羊春秋以思维法则源泉的地位。比如，“界说一 · 春秋为孔子改定制度以教万世之书”中如是说：

> 西人果鲁士（Grotius）西亚虎哥（Hugo）。皆以布衣而著万国公法。天下遵之。今孔子之作春秋乃万世公

1　梁启超：《读孟子界说》，文集三，第18页。

法也。今必谓孔子之智。曾果氏虎氏之不若。此又何理也。[1]

这里不需要为梁启超稍显牵强的解释感到震惊。对中华士大夫而言，重新设置春秋时代的各国关系是他们理解国际法的一条捷径。他们认为以此可以主张孔子之教可适用于现代。(“果鲁士”是格劳秀斯，“虎哥”是胡果，“西亚”或许是由于某种误解而造的词。)

再者，在《读春秋界说》中，“界说九 · 春秋立三世之义，以明往古来今，天地万物递变递进之理，为孔子范围万世之精意”[2]，梁启超把从变形虫到“人”的生物进化论、从石器经铜器到铁器的历史发展说与三世说结合起来，作了非常详细的阐述。尽管从退步史观到进步史观的转变被看作近代化的指标之一，但可以确定的是，三世说在接受进化、发展理论方面发挥了积极的作用。

梁启超在时务学堂的教育实践正是基于这样一种新思想。

1 梁启超:《读春秋界说》，文集三，第 15 页。

2 《湖南时务学堂初集》，第 16 叶表—18 叶表。《饮冰室合集》“文集三”所收录的《读春秋界说》非常不完整。夏晓虹编《〈饮冰室合集〉集外文》填补了这一空缺，但也到“界说八”就结束了。《读春秋界说》起先共 11 条，但后来梁启超却作出来一个删掉了第 9 条之后内容的作品（《中西学门径书七种》，收录在《清议报》第 6 册和第 8 册）。据叶德辉所言，他之所以删掉这些内容，是因为他“岂自悔其言之失耶”（《正界篇》上，《翼教丛编》卷四）。

虽然难免有牵强附会之嫌，但我们需要了解的是梁启超及其同侪的出发点就是这样一种东西。辛亥革命后回到北京的梁启超在“报界欢迎会”上发表演说，他甚至说“非徒心醉民权，抑且于种族之感言之未尝有讳也”，结果被学生们“亦皆以二毛子之嫌疑，见摈于社会”。[1]

不得不离开湖南的梁启超，在康有为的领导下为戊戌维新而忙碌，政变后逃亡日本。

三、逃亡之后的在日活动

1898年9月21日（光绪二十四年八月六日），戊戌政变。梁启超马上跑到日本公使馆〔见图2.1〕避难，日本代理公使林权助第二天就批准了他的逃亡申请。此时伊藤博文正在公使馆，他对梁启超的逃亡表现得非常友好。林权助首先把梁启超转藏到天津领事馆，9月26日帮助他乘上了停泊在塘沽的日本大岛舰（荒木舰长、平贺航海长）。如此，梁启超得到了日本的保护。军舰上，与他在一起的是受平山周、山田良政帮助逃到天津领事馆的王照。大岛舰于10月11日离开塘沽，10月17日抵达吴（Kure，广岛南部的一个军港）。10月21日，梁启超抵达东京。（此处内容参照外交文书和报刊等资料，若

1　梁启超:《鄙人对于言论界之过去及将来》，文集二十九，第2页。

在北京日本公使館前門
THE JAPANESE LEGATION IN PEKING.

图 2.1　日本公使馆前门
(《太阳》第 6 卷第 15 号［1900 年 12 月］卷首)

无特殊情况，出处略去不表。)

其间，梁启超早早地就开始活动。9 月 27 日，梁启超在大岛舰上给伊藤博文和林权助写了一封信，信中写道西太后要刺杀光绪的阴谋，由此请求拯救光绪。[1]在信的追加部分，他还提到希望去拯救被逮捕入狱的谭嗣同等人，但正如大家所熟知，

1　与王照联名，《伊藤博文关系文书》第 8 卷，塙书房，1980 年，第 413 页。

六君子在清政府无视法律程序之下于28日全部被处死，因为西太后急于解决这件事。虽然林权助确实收到了梁启超等人的这封信，但没有任何直接的迹象表明曾经有何效果。

自从跑到北京的日本公使馆以后，梁启超就完全处在日本政府的保护之下。他在东京的生活也由于到达后马上“在此受彼国政府之保护，其为优礼，饮食起居一切安便”[1]。一个月后，他甚至还说，“在此乃受彼中朝廷之供养，一切丰盛，方便非常。以起居饮食而论，尤胜似家居也。”[2]正如“政府的保护”“朝廷之供养”所形容的那样，梁启超得到了日方无微不至的保护，几乎是在一种被隔离的状态下开始了亡命生涯。直接负责照顾他的是著名政治家犬养毅的部下柏原文太郎。当时，犬养毅在被称作最早的政党内阁宪政党的大隈重信政府（1898年6月30日至11月8日），代替尾崎行雄担任文部大臣（1898年10月27日至11月8日）。大隈下台后重组内阁的是山县有朋（1898年11月8日至1900年10月19日）。

到达东京后的梁启超迅速开始向日本政界展开活动。他从实现维新的自己这一方面对政变进行分析，把为拯救皇帝而提出的救援申请看作应对政变的对策。他活动的对象，首先就是时任首相的大隈重信。有一封日期是1898年10月26日的梁

1 10月29日（九月十五日）致李蕙仙信，“梁年谱上海本”，第167页。

2 11月26日（十月十三日）致李蕙仙信，“梁年谱上海本”，第168页。

启超信函，在《日本外交文书》中的题目是《救援大清皇上之请求》（清皇ノ為メ救援ヲ乞フノ件）。[1] 这篇文章在对开头和结尾作一些修改后发给了日本政界有势力的人，并刊登在宣传媒体上。比如，他写给非常有权势的亚洲主义团体东邦协会会长副岛种臣伯爵和副会长近卫笃麿公爵的信就刊登在《东邦协会会报》第 53 号上。副岛是一位在外交界尤其拥有声望的大佬，近卫作为年轻的贵族院议长前途无量。此外，这封寄给东亚会的信函还被刊登在三宅雄二郎（三宅雪岭）的《日本人》中。

梁启超文章的结构如下：

（1）国此次政变其原因约有四端，一曰帝与后之争，二曰新与旧之争，三曰满与汉之争，四曰英与露之争；

（2）然要而论之，实则只有两派而已，盖我皇上之主义在开新，用汉人联日英以图自立，西后之主义在守旧，用满人联露西以求保护，故综此四端，实为帝后两派而已；

（3）支那之安危关系全地球和平争乱之局……故今日为日本计，支那安则日本安，支那危则日本危，支那亡则日本亦不可问矣；

（4）然支那之自立与否，全系乎改革不改革，支那之能改革与否，全系乎皇上位权之安危……此启超所以不能不为秦庭之哭，呼将伯之助，

1 《日本外交文书》第 31 卷第一分册，日本国际联合协会，1954 年，第 696 页。

而深有望于同洲同文之大日本也。

他把因政变而造成的大清皇帝失势与国际形势相结合，希望日本政府为了保护日本的利益帮助恢复皇帝的权力。此处，他参照日本维新，把皇帝比作天皇，把太后比作将军，把湖南比作长州，由此来强调自己所进行的改革事业是对明治维新的继承。这一请愿并没有说服日本政界的上层人士，山县政府反倒顾念清朝政府，开始驱逐康梁一派。

四、日本支持者

日本的一部分知识分子非常关心清朝的改革运动，并希望给以支援。现在我们就来看一下内藤虎次郎（内藤湖南）这位对梁启超请求救援皇帝书明确作出反应的人。《日本人》第80号（1898年12月5日）同时刊登了梁启超写给东亚会的请愿书和内藤的文章《如何对待康有为等人》（康有為等をどうするか）。内藤说：虽然改革因政变而受挫，而与此同时批评维新“过急”之风渐起，但由于山县内阁计划驱逐康梁，所以呼吁“在野人士”为他二人“实现伟业”提供方便。12月10日和11日的《万朝报》刊登的《读梁启超的政变论》（梁啓超が政変論を読む）对梁启超进行了高度评价，称梁启超的讨论“颇公允，深通我国历史，最明现状”，还说他自立必须改革，改革成败在于皇帝之安危的观点与我等甚合，呼吁“我国论，若不为此而动，不仅是我国民之耻，亦乃天不眷我邦也”。[1]

着手进行此类帮助的团体是东亚同文会。东亚同文会由东亚会和同文会于1898年11月2日合并组成。图2.2是东亚同文会成立以前亚洲主义团体的变迁图，为了把这些组织合并在一起而成立的东亚同文会，会长是近卫笃麿，会员有柏原文太郎、平山周、宫崎寅藏（宫崎滔天）、三宅雄二郎、白岩龙平等人。“保全中国”“帮助改善中国”“讨论中国时事以期实行”“唤起全国舆论”这四条既是该会的纲领，也是“组会决议”。1898年12月10日，东亚同文会成立一个月后，开始发行机关报《东亚时论》。志村作太郎担任发行兼编辑。（此处有关东亚同文会的相关叙述参见《东亚时论》创刊号。）

创刊号在“杂录”一栏刊登了梁启超的《上副岛近卫两公书》，在“寄书”一栏刊登了更生（康有为）的《唇齿忧》和梁启超的《论支那政变后之关系》。前者讨论了光绪帝复位对日本而言亦有利，后者后来被收录在《戊戌政变记》九卷本中的第五篇《政变论》（一部分作了删除和修改）（《清议报》没收录）。

仅此足见对康梁二人的帮助，而《东亚时论》第2号（1898年12月25日）的这面旗帜则更加明显。卷首的配图是

1 ［日］内藤虎次郎:《如何对待康有为等人》,《内藤湖南全集》第4卷，筑摩书房，1971年，第419页;《读梁启超的政变论》,《内藤湖南全集》第2卷，筑摩书房，1971年，第538页。

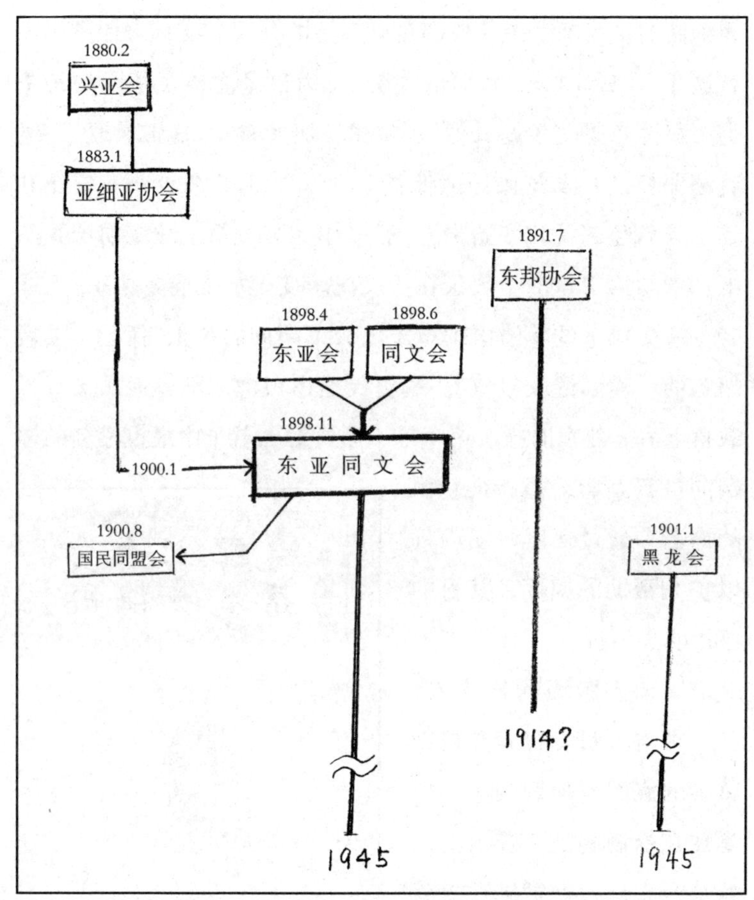

图 2.2　明治时期亚细亚主义团体的变迁简图

谭嗣同的半身像，图片顶部是梁启超的题词“支那大侠浏阳谭君遗象”〔见图 2.3〕，背面的《赞》（为目录之语）中印的是更生“哀谭京卿复生题其像”、佛尘（唐才常）“挽谭君联”、梁启超哭权“亡友浏阳谭遗像赞”〔见图 2.4〕。“杂录”一栏还刊登了梁启超的《政变始末》（后来作为第三篇《政变前记》的第一章与第二章前半收录在《戊戌政变记》九卷本中）、无署名（逸史氏）的《清国殉难志士故谭嗣同君传》、任公（梁启超）的《横滨清议报叙》。逸史氏是山根虎太郎，他的文章转载自上海《亚东时报》第 4 号。通过对六君子中最富盛名的谭嗣同进行表彰，提高维新派的声名，通过揭露政变内幕以扩大帮助的幅度，其目的已再明显不过。

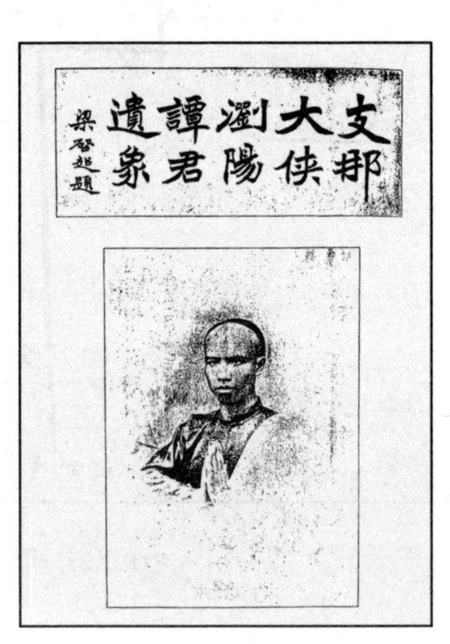

图 2.3　谭嗣同像
（《东亚时论》第 2 号卷首）

从杂志版面构成来看，已无须对编辑发行者要帮助康梁的意图有何疑问了。但是现在控制朝廷、统治清国的是西太后，拥护逃亡者就意味着反对政府，在清朝从事实业的日本人首当其冲受到影响。从事航运业的东亚

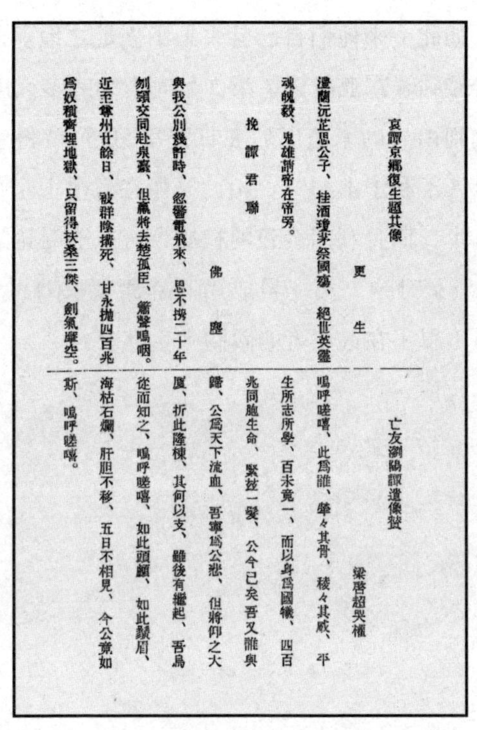

哀譚京卿復生題其像　更生

澧蘭沅芷思公子、挂酒瓊茅祭國殤、絕世英靈魂魄毅、鬼雄請帝在帝旁。

挽譚君聯　佛塵

與我公別幾許時、忽警電飛來、思不携二十年刎頸交同赴泉臺、但贏將去楚孤臣、簫聲嗚咽。近至尊州廿餘日、被群陰構死、甘永拋四百兆爲奴種齊埋地獄、只留得扶桑三傑、劍氣摩空。

亡友瀏陽譚遺像贊　梁啓超哭權

嗚呼噫嘻、此爲誰、犖々其骨、稜々其威、平生所志所學、百未竟一、而以身爲國犧、四百兆同胞生命、緊茲一髮、公今已矣吾又誰與歸、公爲天下流血、吾寧爲公悲、但將仰之大廈、折此隆棟、其何以支、雖後有繼起、吾烏從而知之、嗚呼噫嘻、如此頭顱、如此鬚眉、海枯石爛、肝胆不移、五日不相見、今公竟如斯、嗚呼噫嘻。

图 2.4　谭嗣同像中的各家题字

（《东亚时论》第 2 号卷首）

同文会会员白岩龙平[1]在12月25日写给近卫笃麿的信中说，对于康有为等人所散布的日本非常支持他们的行动这一谣言，他已经进行了反驳，但《东亚时论》创刊号却刊登了康梁的文章

1　关于白岩龙平对近卫对华政策的影响，中村义曾有评价（见《白岩龙平日记——亚洲主义实业家的生涯》，研文出版，1999 年，第 66—72 页）。

以作宣传，如此一来他们自己就失去了立足之地。由此可以了解到当白岩接到《东亚时论》第 2 号时内心有多么震惊。

近卫收到白岩的来信以后在日记里写道，“得到消息说保护康有为等人不利于本邦”[1]，由此开始在政治上全力以赴驱逐康梁离开日本，而且利用会长的权威令《东亚时论》修改了编辑方针。《东亚时论》第 4 号成为刊登康梁文章的最后一期。所以梁启超不得不在逃亡者的限制中生存。

1 《近卫笃麿日记》第 2 卷，鹿岛研究所出版会，1968 年，第 231 页。

第三讲　梁启超思想的独立
——《清议报》时期

一、康有为的来日与梁启超

梁启超自己经常谈到他来到日本后接触新思想，“脑质”发生了天翻地覆的变化。其中，又以他来日一年后写下的《夏威夷游记》里说得最清楚，“又自居东以来。广搜日本书而读之。若行山阴道上。应接不暇。脑质为之改易。思想言论。与前者若出两人。”[1] 在其他文章中他也说，“自此居日本东京者一年。稍能读东文。思想为之一变。”[2] 还需注意的是，这一巨大变化与其从康有为思想中独立有着复杂的关系。

第二讲在介绍梁启超来日以后的事情时，为免麻烦尽量没有涉及康有为。然而，就在梁启超逃亡日本，在全新的环境中开始用自己的方式开展政治活动时，康有为也来到了日本。康有为比梁启超晚四天，也就是10月25日来到了东京。政变发生前，康有为奉光绪帝之命离开北京，在英国的保护下逃过追

1　梁启超:《夏威夷游记》，专集二十二，第150页。

2　梁启超:《三十自述》，文集十一，第18页。

兵的抓捕，在香港又通过宫崎寅藏等人的帮助来到了日本。到达东京新桥站时，跟随他的是中西正树。

康有为到达东京后，首先要做的依然是拯救皇帝，于是梁启超在康有为的指挥下开始行动。《日本外交文书》中收录了一封题为《奉诏求救文》的档案[1]，里面称掌握政权的西太后为“伪临朝那拉氏”，细数其十宗罪，对日本大行“秦廷之哭”。毋庸赘言，此举与梁启超根据国际形势寻求帮助的性质完全不同，不单构想单薄，且多次使用“先帝之遗妾”“淫乱之宫妾”“伪主”“牝朝”等粗俗用语，两相呼应，以至于让帮助他的人都会心生厌恶。

《奉诏求救文》中收录了光绪帝写给康有为的密诏、谭嗣同写给康梁二人的绝笔等七篇文章。虽然这些文章已经被黄彰健通过细致的考证查明是伪造的[2]，但是作为康有为以假乱真进行宣传的计谋此处将作一阐述。

谭嗣同写给康梁二人的绝笔（《奉诏求救文》中收录的第三、第四篇文章）[3]，首次公开发表是在没有署名的《清国殉难六士传》(《知新报》第 75 册，1898 年 12 月 23 日）一文中。该“传”的标题下面有两行小注，“译十一月二十七号日本东

1 《日本外交文书》第 31 卷第 1 册，日本国际联合协会，1954 年，第 739 页。

2 黄彰健:《康有为衣带密诏辨伪》，见《戊戌变法史研究》，台北:“中央研究院”历史语言研究所，1984 年。

3 《谭嗣同全集（增订本）》，北京：中华书局，1981 年，第 519、532 页。

京报”。“日本东京报”指的是在东京发行的报纸《日本》，11月27日该报刊登有《清国殉难六士传》；而且注明了此文是对上海《亚东时报》所载文章的“摘译”。原文就是《亚东时报》第4号（1898年11月15日）刊登的逸史氏（山根虎之助）的《六士传》。《亚东时报》的文章是文言文，《日本》把它翻译成训读体提供给了读者〔见图3.1〕。

在上海发表的文言体传记，到东京被翻译成日语文章，然后再经过其他人之手翻译成汉语，发表在澳门康梁派的杂志上。问题就在这后半部分，即从东京到澳门的这一阶段。《知

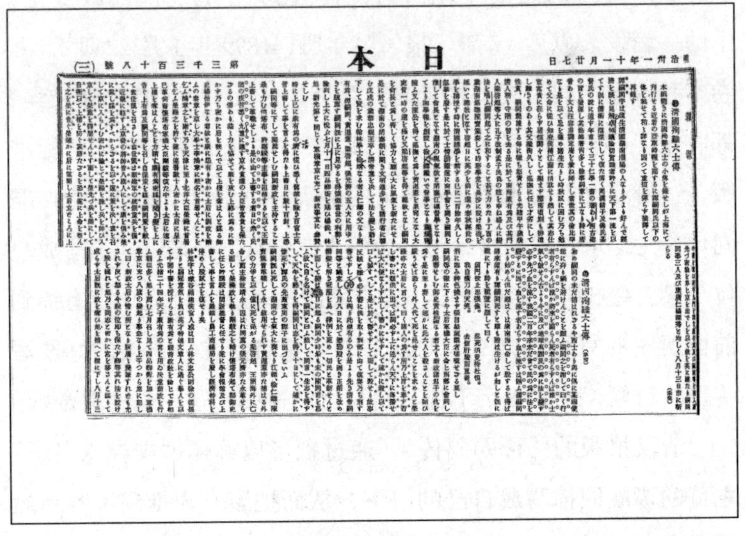

明治卅一年十一月廿七日　日本　第三千三百十八號（三）

雜報

清國殉難六士傳

图3.1　《清国殉难六士传》之谭嗣同部分

（《日本》1898年11月27日、28日）

新报》上的文章，正如其小注上所说，基本是从《日本》翻译而来。但是这篇新翻译的文章里却不但有故意偷换字句的内容，如把谭嗣同写成是康有为的弟子等，还神不知鬼不觉地把康梁二人新伪造的谭嗣同写给他们二人的绝命书掺加了进去。声明此文出自东京的报纸，是希望以此赋予这份伪造的史料一种客观性。补充一句，《奉诏求救文》中收录的第五、第六篇文章来自《知新报》第 73 册的铁冶生来稿《书今上口谕军机章京谭嗣同语后》，其中使用首段部分引自新加坡《天南新报》所刊内容（未见）。

然后是梁启超的《谭嗣同传》。此文作为《戊戌政变记》中的一篇发表以后（《清议报》第 4 册，1899 年 1 月 22 日），九卷本和八卷本的《戊戌政变记》以及各种版本的《饮冰室文集》都收录了同样内容的文章，一直以来被看作谭嗣同传记的标准版。这份清议报版《谭嗣同传》的最大特色是以下两点：把谭嗣同评价为继承和发扬康有为学说的人；并且，把谭嗣同描写成一位与梁启超肝胆相照的学友。但有意思的是，其中完全没有提到前面所说的写给康梁二人的绝命书。梁启超在为自己的好友写传记的时候，竟然只字不提写给自己的遗书，这一态度很奇妙。

清议报版的《谭嗣同传》，通过把可以称作“戊戌六君子”之首的谭嗣同描写成自己的门下，从而把康有为推到了维新运动最高领导人的位置上。拥有至高价值的皇帝密诏进一步增强了康有为的这一光辉，自不待言。类似这种通过伪造史料保证自己的优势地位而打压对手的手段，或许适应于宫廷内部的权谋。梁启超虽然也致函大隈首相等人，开展各方面运动，但在性质上明显不同于康有为之所为。这个时候，梁启超在态度上虽然并不积极，但他也没有办法违背康有为的指挥。

二、《清议报》的改编

在康有为麾下活动的同时，梁启超依然不满足于康有为的思想而继续寻求新的东西。《清议报》是梁启超等人为了更广泛地进行宣传于1898年12月23日创办的旬刊。《清议报》的改编就是梁启超所作努力的一种表现形式。

1899年3月22日，康有为接受了日方的劝说离开日本，受此影响，梁启超的活动条件变得相对自由起来。不久以后，他就在《清议报》第11册（1899年4月10日）刊登了《本报改定章程告白》一文。内容如下：

> 惟本报宗旨专以主持清议开发民智为主义。今更加改良，特取东西文各书报中言政治学、理财学者，撷其精华，每期登录数页。因政治等学为立国之本原，中国向来言西学者，仅言艺术及事迹之粗迹。而于此等实用宏大之学，绝无所知，风气不开，实由于此。本馆既延请通人，多译政治、理财学之书，今复先按期登录以供

众览。兹定自第十一册起，每册分为九类。一本馆论说、二来稿杂文、三中国近事、四外论汇译、五万国近事、六政治学谈、七支那哲学、八政治小说、九诗文辞随录。用特布告，望阅报诸君子鉴之。

《清议报》创刊时，其“规例”表示将收录“支那人论说”“日本及泰西人论说”“支那近事”“万国近事”“支那哲学”“政治小说”六个方面的文章。若考虑到一些措辞的不同，这六方面指的应该是上面引文中加下划线的部分；因而新加的内容是二、六和九这三部分。二和九不过给原来就有的一些内容加了个名字，所以，改订的重点正如文章本身强调的，是开设“政治学谈”。这是由于他注意到，要创造近代国家，必须理解“立国之本原”，即“政治学、理财学”的理论和学说。《清议报》在创刊宗旨中曾提出要提高中国人的“学识”，在这里就将其具体为“政治学、理财学”了。

宣布改订章程的《清议报》第 11 册，其“政治学谈”一栏收录的是德国伯伦知理（Bluntschli）的《国家论》。[1] 伯伦知

1　虽然没有译者名，但根据巴斯蒂《中国近代国家观念溯源——关于伯伦知理〈国家论〉的翻译》（载《近代史研究》总第 100 期，1997 年）一文的研究，该书沿用的应该是日本吾妻兵治翻译的《国家学》。至于善邻译书馆，可参阅狭间直树：《善邻协会、善邻译书馆相关资料——德岛县立图书馆藏“冈本韦庵先生文书”内容》，《东方学资料丛刊》，第 10 册，京都大学人文科学研究所，2002 年。

理的国家学说对日本的明治国家建设所起的作用是权威性的，因此梁启超的选择是有重点的。进而言之，梁启超作为参照的《国家学》，由吾妻兵治翻译，是吾妻等人为了帮助清廷改革而组织的善邻译书馆出版发行的。因此，该书在序言中写道："盖伯氏之说，公而不偏，正而不激，于我亚西亚人可谓有鸿益无小弊者，本馆首译书，实以此也。"图 3.2 和图 3.3 说明吾妻已经达成所愿。

《国家论》的连载，到《清议报》第 31 册时突然中断。虽然不知道具体的情况，但有可能是因为吾妻等人为准备出版提出的要求。除此以外，刊登在"政治学谈"中的有《各国宪法

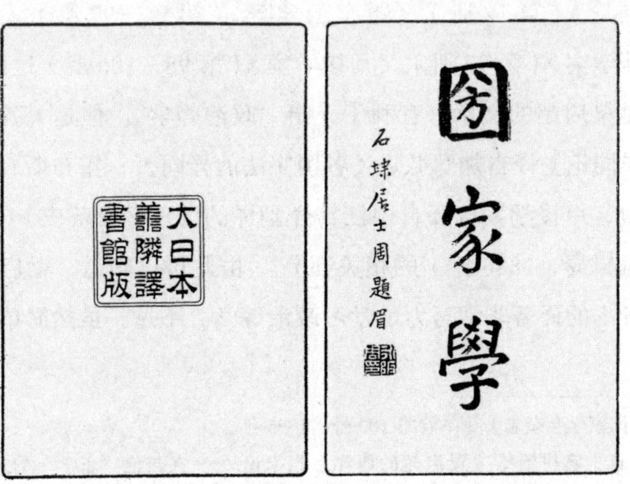

图 3.2　善邻译书馆《国家学》书影（馆印 / 封面）

國家學序

一國之憂莫大於不辯國家爲何物矣苟善辯之則上不虐下不亂協心戮力共圖富强雖欲國不旺盛豈可得哉古來西人特立科目以講究之名曰國家學其著書公世者不爲少矣而德人伯崙知理氏集而大成之歐美列國競譯爭講推以爲大宗吾國亦譯之傳誦遍海內其裨補乎政治民智不淺鮮也蓋伯氏之說公而不偏正而不激於我亞細亞人可謂有鴻益無小弊者本館首譯其書實以此也學者求其意略其文體其所得以行已施政焉則其國家可幾而理矣

明治三十有二年六月

善隣譯書館幹事吾妻兵治識

图 3.3　善邻译书馆《国家学》书影（序）

异同论》（第 12 册）、《霍布士学案》（第 96—97 册）、《斯片挪莎学案》（第 97 册）、《卢梭学案》（第 98—100 册）这四篇，都是梁启超的文章，有利于介绍“政治等学”。但是《各国宪法异同论》译自加藤弘之《各国宪法的异同》[1]；霍布斯、斯宾诺斯、卢梭学案摘译自中江笃介翻译的《理学沿革史》（文部省编辑局，1886 年）的相关部分。[2] 由此可以知道，梁启超通过日本的译著非常努力地学习政治等学。不过，虽然简单说是

1 《国家学会杂志》第 9 卷第 100 号，1895 年。

2 ［日］宫村治雄:《梁启超的西洋思想家论——在与他“东学”的关系中进行讨论》，载《中国：社会与文化》第 5 号，1990 年;《开国经历的思想史——中江兆民与时代精神》，东京大学出版会，1996 年。

翻译，但实际上都是由日语很好的人翻译之后，梁启超进行润饰。再补充一句，从第25册开始连载的《饮冰室自由书》尽管是梁启超的读书随感，但内容逐渐发展为政治思想之阐述，而受到人们的欢迎。

随着章程的改订，一直连载到第10册而中止的还有《戊戌政变记》。除了已经连载的内容，又加上一些新内容编成九卷，于1899年5月由清议报馆发行了单行本[1]；后来又改订成八卷本。《清议报》连载时期与九卷本、八卷本之间，值得讨论的问题非常多，如对张之洞、袁世凯的评价大相径庭等，但都是康梁派与其他人之间的关系，所以本文并不涉及。在“支那哲学”一栏中有一篇谭嗣同的《仁学》，其连载虽被中止，却转变视角再次刊登。这也是本书第四讲将要讨论的内容。

章程改订前后一直都连续的，有“政治小说”一栏中的《佳人奇遇》(《清议报》第1—35册，其中也有几册没有连载)。正如《译印政治小说序》所说，“彼美英德法奥意日本各国政界之日进，则政治小说，为功最高焉。英名士某君曰，小说为国民之魂。岂不然哉，岂不然哉。”[2]由于栏目一开始就包含了改订的宗旨，所以延续至今。不过，必须指出的是，《清

1　《清议报》第14册刊登的《戊戌政变记成书告白》。

2　文集三，第35页。

议报》的编辑和发行依然在康有为的管理之下。也就是说，《佳人奇遇》流传至今的版本中，包括了《清议报》第4册刊登版和未刊登版这两种。前者是台湾成文书局影印本（1967年），后者就是今天依然广泛流传的中华书局影印本（1991年）。中华本第3册结束的地方写着“此稿未完下期续录”，但实际上第4册并没有《佳人奇遇》，第5册上接第3册继续连载，而且在卷一结束的地方另起一页连载卷二。然而，成文书局版第4册上却刊登着《佳人奇遇》，内容是在上接第3册的基础上增加了原书中“卷二”的开头部分，译文字数约1600字（并没有明显的标志表示卷二开始，原因还不清楚）。

那么，在中华书局影印本中被删掉的卷二开头部分，都写了些什么？简单来说，就是借用清人鼎泰（明朝名臣瞿式耜的部下瞿琏的后代）讲述清军入关后的暴虐，以及支持南明永历帝艰难抗清斗争的故事，以煽动人们痛批清政府在鸦片战争中的失败。译者翻译完成后，梁启超虽然将其刊登在杂志上，但却是由重印的另外一版在第4册发行出来。成文书局版与中华书局版中收录的《清议报》第4册，在排版上存在不同，凭证之一就是第4册目录页上的图片〔见图3.4〕。成文书局版流传很少，所以本讲文末将附上该版第4册收录的《佳人奇遇》。另外补充一句，《清议报全编》收录的《佳人奇遇》与中华书局版是相同的。

冯自由以己亥发行的单行本删掉了这一内容为例，称“惟

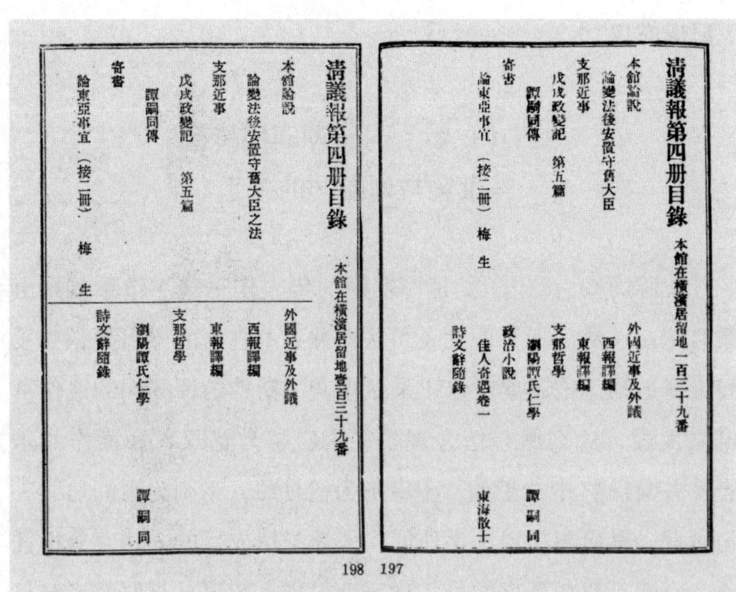

清議報第四冊目錄　本館在橫濱居留地壹百三十九番

本館論說
論變法後安置守舊大臣之法
支那近事
戊戌政變記　第五篇
譚嗣同傳
寄書
論東亞事宜（接二冊）　梅生
外國近事及外議
西報譯編
東報譯編
支那哲學
瀏陽譚氏仁學　譚嗣同
詩文辭隨錄

198

清議報第四冊目錄　本館在橫濱居留地一百三十九番

本館論說
論變法後安置守舊大臣
支那近事
戊戌政變記　第五篇
譚嗣同傳
寄書
論東亞事宜（接二冊）　梅生
外國近事及外議
西報譯編
東報譯編
支那哲學
瀏陽譚氏仁學　譚嗣同
政治小說
佳人奇遇卷一　東海散士
詩文辭隨錄

197

图 3.4　左：中华书局版第 4 册目录 /
右：成文书局版第 4 册目录

关于中国志士反抗满虏一节，为康有为强令删去”[1]，除了康有为，没有人会向梁启超下达那样的命令。对于打算建立保皇会的康有为而言，刊登有关清朝和满族等内容的确不合时宜。再者，《佳人奇遇》的译者问题曾经在很长时间里都是学界的一个悬案，但吕顺长经过毫无疑问的考证，证实译者是康有为的

1　冯自由：《革命逸史》第三集，台北：台湾商务印书馆，1965 年，第 151 页。

表兄康有仪。[1]

三、《仁学》与《谭嗣同传》——康梁与谭嗣同的关系

众所周知,《仁学》是谭嗣同的代表作。这一作品首先由梁启超在《清议报》上发表。从死神手中逃出的梁启超，为发展维新运动，把政变时以死来弘扬变法精神的谭嗣同的遗作拿出来发表，这么做合情合理。在梁启超为感叹亡命而作的乐府《去国行》[2]中，正如“不幸则为僧月照，幸则为南洲翁”一句所言，梁启超的说法是他们二人为了达成目的，相互分担任务。南洲是西乡隆盛的号，这一点很多人知道。月照是当时日本勤王派一位非常有名望的和尚，在勤王运动中因遭受挫折而自杀身亡（1858 年），西乡隆盛留下来实现了明治维新，由此给大家提供了一个历史模式——同志者为达成所愿，各自承担

1　吕顺长:《〈佳人奇遇〉并非梁启超所译》，载《东亚学刊》创刊号（浙江工商大学东亚研究院，即出；2012 年 3 月 18 日中国现代史研究会年会口头发表）。这篇论文是充分利用山本宪家人于 2006 年 5 月授权高知市自由民权纪念馆托管的一千多份书信中保存的康有仪书信写成。

2　李国俊编《梁启超著述系年》认为《亚东时报》第 4 号（1898 年 11 月 15 日）为第一次发表，但其实《日本》早在 1898 年 11 月 1 日就已经刊登，并附带桂湖村（桂五十郎）的批评。湖村对“清国志士”梁启超从各个方面表达了自己的同感和同情。在这一任务分担的比喻中，两个月后《谭嗣同传》(《清议报》第 4 册）又加上了“程婴与杵臼”的故事。

生者和死者的任务。

然而，《清议报》上的《仁学》在刊登时，形式上有一些奇怪的地方，从第2册[1]开始到第100册（终刊号），一直刊登在“支那哲学”一栏。具体说来，第2—14册（1899年1月2日至5月10日，其间也有没有连载的期数）的连载形式很普通，分量大概占了全刊的二分之一，之后一度中断。第44—46册（1900年5月9日至28日）又刊登了一部分（约为全刊的十分之一）。剩余的部分，一次性全刊登在最后一期即第100册上（1901年12月21日）。第44—46册的连载，发生在梁启超离开日本、麦孟华等人担任编辑之时。由于也可以推测，是远在夏威夷的梁启超获得消息后马上要求停止连载，所以在考虑连载中断这一问题时可以忽略不计。也就是说，《仁学》在连载四个多月后一度中断，时隔两年半才把剩余的部分一次性全部发表。

梁启超在《清议报》第2册开始刊登《仁学》时，曾在“序”[2]中对其意义有过如下评价：

> 呜呼，此支那为国流血第一烈士亡友浏阳谭君之

1 从目录的预告中可以知道，原本计划从创刊号开始连载。

2 梁启超:《校刻浏阳谭氏仁学序》,《清议报》第2册。正如后文所述，该文在收录到《清议报全编》(1902年)时，曾进行过非常重要的修订。“文集三”中收录的《仁学序》正是修订后的内容，所以需要注意。

> 遗著也……其于学也，同服膺南海，无所不言，无所不契……《仁学》何为而作也？将以光大南海之宗旨，会通世界圣哲之心法，以救全世界之众。

也就是说，谭嗣同是康南海的弟子，他的《仁学》发扬了南海的学理。另外，这篇序言在梁启超的请求下，在日本的《哲学杂志》第145号上也刊登了出来。两期之后，在《清议报》第4册《谭嗣同传》中，谭嗣同也自称“私淑弟子”，并沿用了“冥探孔佛之精奥，会通群哲之心法，衍绎南海之宗旨，成仁学一书”的说法。[1]但是下划线表示的那两句“同服膺南海”和“光大南海之宗旨”却在三年后编辑出版的《清议报全编》中被删掉。《饮冰室合集》“文集三”收录了全编本，题目也变成了“仁学序”。但尽管如此，各种版本的《戊戌政变记》中所收录的《谭嗣同传》却都没有修改，和《清议报》第4册完全相同。于是出现了同一个作者（梁启超）写出来的评价完全相反的两篇文章，而尽管如此，把谭嗣同写成是康有为弟子的那篇却在江湖上广泛流传。

获得如此评价并在随后即开始连载的《仁学》，在章程改订后命运如何？它的连载没有被马上中止，却在第14册之后

1　专集一，第106页。

在没有任何预告的情况下突然中断。[1] 或许第 11 册宣布改订之后的一个月正是他们犹豫的时期。据《谭嗣同传》介绍，《仁学》原稿就在梁启超手边，但按照改订的标准，不得不暂停连载。大约一年以后，"复生《仁学》下篇……荡决甚矣，惜少近今西哲之真理耳"[2]，可算是这一说法的证明。简单来说，在社会上普及谭嗣同的《仁学》，对梁启超而言，已经不再是他作为"生者"的义务。

然而，1901 年 10 月，《仁学》的单行本由国民报社出版。国民报社是与梁启超有过谈判的秦力山等人在东京经营的小出版社，曾出版过四期《国民报》（第 1—4 期，1901 年 5—8 月）。单行本《仁学》的卷首是谭嗣同的遗像，同时附有《谭嗣同传》（无作者名）。此书的出版计划大约在夏天时已经基本成形，《清议报》第 85 册（1901 年 7 月 16 日）已经打出了《新刻谭壮飞先生仁学全书出售》的广告，内容如下：

> 是书成于丁戊之间，时先生服官金陵。常至海上，得博览泰西格致学法律学政治学社会学哲学神学数学计学以及声光化电各种专门名家之书，荟萃精英，

1　这期间，《亚东时报》第 5—19 号使用唐才常藏本全文刊登了《仁学》。汤志钧认为梁启超的藏本为副本（《〈仁学〉版本探源》，载《学术月刊》1963 年第 5 期；《仁学》（中国哲学丛刊），台北：学生书局，1998 年，第 118 页）。

2　"梁年谱上海本"，第 237 页。

成此鸿宝。其脑电忽腾九天，忽蛰九渊，可谓思想自由之极。洵中国二千年以来未有之硕学也。鄙人三年以来，但闻此书之名，惜其秘而不传。今得之友人之手，焚香诵之，如读龙威秘书，若苏子所谓不厌百回读者。其中新理，虽西方学子多有未经发明，急付枣梨以饷同志。异日更当以西字译之，俾文明国见此，应知吾国之大有人也。寄售处在横滨清议报馆。四合主人谨白。

四合主人的身份不明，我推测是梁启超。（可以肯定的是，至少这篇文章所反映出来的立场与梁启超的想法一致。）

此文有两点必须注意。首先，暂且不说西方还没有实现的新理云云，这篇文章称赞《仁学》吸收了泰西的自然科学、人文社会科学的成果，给予了极高的评价，从而把《仁学》从此前的梁启超“序”和《谭嗣同传》中所说的“康学的附属物”这一定位中解放出来。把谭嗣同从康有为那里解放出来，是梁启超在思想上开始独立于康有为的结果。只不过，这并不意味着政治上和社会上的独立，在思考康梁师生关系的时候必须留意这一点。

其次，隐藏了《仁学》的出处。在上述《谭嗣同传》中已经明确说明，原稿就在梁启超的手边。但是这则广告中却说，只听说过这份稿件的名字，是从朋友那里拿来印刷的。若是

《清议报》的读者，不应该想不起来这篇文章曾经在该报上连载过，所以只能说，这一辩解很令人费解。但是同时也证明了一点，出版社非常希望能够在社会上普及这篇新《仁学》，甚至于不惜以这种“强词夺理”的方式。继续追究的话，这本新的《仁学》连同以前被《清议报》删掉的部分都印刷了，或许是为了伪装成新出现的原稿也未可知。曾经被删除的部分，是《谭嗣同全集》版本的第八章和第十章，该部分内容否定了“三纲”，主张男女平等，一般认为是在康有为的命令下被删除的。

这一时期，单行本似乎原本打算由新民丛报社出版，但10月份的时候却变成了国民报社。附录的《谭嗣同传》与以上广告的内容也不冲突。那篇没有署名的《谭嗣同传》，其实利用的是清议报版的《谭嗣同传》，尽管如此，如果为了不让它与广告内容相抵触，该如何做呢？最保险的做法就是把与之相抵触的部分全部删掉。后者大约2800字，前者大约1300字（都不包括对此文的论赞），所以附传的分量之所以能够变成原来的一半，是因为把与康有为、梁启超、袁世凯相关的文字全部删掉了的缘故。这就造成了对谭嗣同和康梁二人之间关系的描述有一百八十度大转弯的《谭嗣同传》存世。

其实，作为戊戌变法中的重要人物，谭嗣同的传记在内容上无法脱离当时的三位重要人物——康有为、梁启超和袁世凯。回避谭嗣同与这三人的关系，就无法写出完整的谭嗣同传。因此，在上一部传记中，梁启超把谭嗣同描写成了康有为的弟子。但是现在，梁启超却想推翻这一点，把谭嗣同描绘成与康有为完全无关、拥有独立人格形象的传记。为了达到这个效果，梁启超才作出了这个令人无法理解的，甚至有些愚蠢的举动——删掉了原先传记中描写谭嗣同与康、梁、袁关系的部分。

有人指出，清议报版的《谭嗣同传》所描写的谭嗣同与谭嗣同思想相违背。例如，钱穆认为，把死者生者任务分担的说法与“不有死者，无以酬圣主”联系起来，与《仁学》所主张的“冲决网罗”“毁灭伦常”相矛盾，对它的记述提出质疑。[1]当然无须赘言，这两句引文在单行本附录的《谭嗣同传》中也已经被删除，但钱穆似乎也没有注意到梁启超曾试图悄悄地修改这一点。

要证明无署名的文章出自梁启超之手，虽然只须列举出论赞一致就足够了，但为了使这件事情更有意思，我还想再追踪一下被删掉的痕迹。只要稍微注意一下就应该知道，那是只有原作者本人才能修改的地方。单行本《仁学》中也有梁启超修改的痕迹，这一点在这里一并指出。一个重要的证据是，《清议报》第 4 册文章称原子数为“六十四之原质”[2]的地方，到了

1 《康有为学术述评》，载《清华学报》第 11 卷第 3 号，1936 年，第 626 页。

2 见《谭嗣同全集》，第 306 页。《谭嗣同全集》中收录的《仁学》指出了其在文字上与国民报社《仁学》单行本存在的不同。

单行本时就被改成了“七十三种之原质”。这一行为与《清议报全编》收录《清议报》第2册时，把当时《仁学序》中的“六十四原质”改成“七十三原质”[1]属于同一措施，也是考证梁启超求知欲横溢的一个绝好的例子。

梁启超在未署名的情况下，细心地出版了《仁学》单行本，不但把《清议报》第100册上没有连载的部分都刊登了出来，还冠上了他写的序言，从而成功地把独立于康有为之外的《仁学》公布于世。国民报社的单行本似乎非常受欢迎，这一点从当时出现了许多种盗版也可得见一斑〔见图3.5〕。

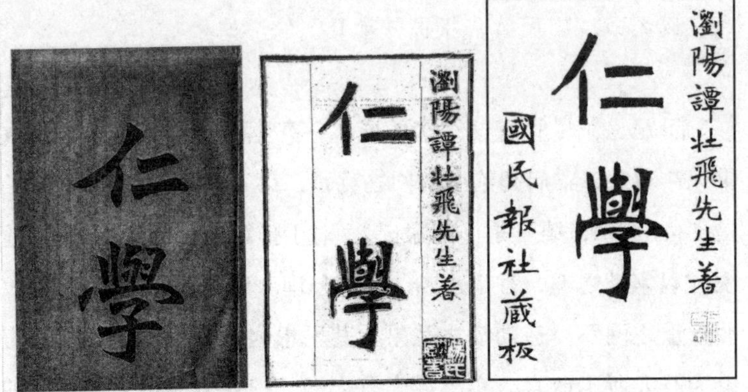

图3.5 《仁学》书影（国民报社版与两种伪版）
（中间为汤志钧先生藏本）

1 《谭嗣同全集》，第373页。

在《清议报》终刊号即第100册上，梁启超如下记录了对《清议报》的概括：

> 一曰民权，始终抱定此义，为独一无二之宗旨……二曰衍哲理，读东西诸硕学之书，务衍其学说以输入于中国……三曰明朝局……本报发微阐幽，得其真相，指斥权奸，一无假借。四曰厉国耻，务使吾国民知我国在世界上之位置，知东西列强待我国之政策……一以天演学物竞天择优胜劣败之公例，疾呼而棒喝之，以冀同胞之一悟。此四者，实惟我清议报之脉络之神髓。一言以蔽之曰，广民智，振民气而已。[1]

问题是，尽管有这么多的成果，究竟是哪篇文章发挥了效果呢？对此，梁启超给出的回答竟是，第一要数《仁学》，第二是《自由书》，第三是《国家论》。对于排第一位的《仁学》，他说："以宗教之魂，哲学之髓，发挥公理。出乎天天，入乎人人。冲重重之网罗，造劫劫之慧果。其思想为吾人所不能达，其言论为吾人所不敢言。实禹域未有之书，抑众生无价之宝，此编之出现于世界。"[2]由此亦可见梁启超之用心良苦。

---

1 梁启超：《清议报一百册祝辞并论报馆之责任及本馆之经历》，文集六，第54页。

2 同上。

对于第二和第三，因为梁启超甚至提出了国家主义，所以在思想上比较容易理解。对于康有为，梁启超直言不讳，批评他说："但其最缺点者有一事，则国家主义是也。先生教育之所重，曰个人的精神，曰世界的理想。斯二者非不要，然以施诸今日之中国，未能操练国民以战胜于竞争界也，美犹为憾，吾不敢为讳。"[1] 正如以上所见，《清议报》时期，康梁关系演变的背后还有另外一层围绕谭嗣同的纠葛。

对于这一问题，梁启超以自己的方式解决之后，在《新民丛报》创刊号的"绍介新著"一栏中又若无其事地提到了《仁学》，称"著者至诚之人也，诚积于心而行诸言，此书非徒教授学者以理论，而感化学者以精神也，读其书，当学其为人，则浏阳死而未死也矣。"[2] 虽然两份《谭嗣同传》主旨完全相反，但却是在1899年初和1901年秋这两种历史背景下，梁启超分别认真完成的著作。[3] 然而需要补充的是，最大程度上提高了《清议报》意义的《仁学》却几乎没有在《新民丛报》上得到任何广告介绍。

---

1 梁启超:《南海康先生传》，载《清议报》第100册；文集六，第66页。

2 无署名:《绍介新著·谭嗣同：仁学》，载《新民丛报》第1号，1902年。

3 狭间直树:《"历史家"和其所写的传记——关于梁启超撰两种〈谭嗣同传〉及其它》，载《北大史学》第13期，2008年。文章开头"内容提要"部分中"一是1901年10月……二是1899年1月……"应为"一是1899年1月……二是1901年10月……"，谨作订正。

附录：成文书局版《清议报》第4册《佳人奇遇》

臣民。必謀獨立於愛蘭。以報英國之虐政。遂遊跡飄零於歐洲。今來美國。以待時機。曾與同志幽蘭女史。早結斷金之交。又與我義士波寧流之妹姪等潛通聲援。糾合在美之同胞。相戒輕舉急成。內則養生威力。外則表明正理。深謀遠慮。以冀他日一舉成功。不料淺謀輕舉之徒。狂暴性成。無智妄作。煽動頑民。妨獨立自治之大計。亂其法紀。壞其道義。逞暗殺。試爆裂。遂於愛武林府殺其賢刺史加腕陀。惜哉痛哉。從此天下視愛蘭國爲兇惡之巢穴。爆烈黨之淵藪。常爲波寧流諸志士所痛哭浩歎也。抑愛蘭國志士所期者無他。蓋欲以天假我一國據大義。以脫英人之羈絆。奪回我人民被掠之政權。削去暴斂急征之虐政。援救下民塗炭之疾苦而已。苟能如願以償。妾雖九死猶且不避。何憚蹈水火而畏斧鉞哉。妾嘗讀閱史籍。徵之前代。如我國之厄運者蓋古今所無也。時刻思之每憤悶憂悴。不能自禁也。今夫彊凌弱衆欺寡。世人見之不以爲怪。豈可稱之爲開明之域人文之世哉。此天下慕義之士日夜所痛恨。而興勵愛蘭國之獨立也。話語從轎廂中出。聲聲帶憤怨之詞。散士傾聽爲之扼腕。不覺三歎慨而紅蓮更問散士曰。妾昨閱新報。知有日本三士會於新府之某樓。縱論時事。憤英

人之專恣。一士曰愛蘭若舉義兵以抗英人。君其如何。二士曰仗劍直航助彼獨立。妾聞其義烈風高。曷勝欽佩。聞君與彼同邦。乞以前事爲妾謀之。散士答曰其一士是不肖也。紅蓮驟起執散士之手而揮淚曰。今何幸而得見其人。妾惟恨我邦人不知何日舉義旗以行吾志耳。嗟乎世事已矣。潸然淚下至不能言。有一清人在別室。周旋杯盤。年界五旬餘。舉止不凡與常人迥異。聞幽蘭紅蓮之談。眉宇激昂如相關切。正襟進揖幽蘭曰今而始知兩姐爲國家之忠臣烈女。老奴亦亡朝之孤臣也。漫不自量。志欲恢復前朝。今者忠義之人。不期而咸集於此。應亦同病相憐矣。幽蘭驚起命席曰噫。子亦亡國之遺臣也耶。可謂奇遇矣。妾雖女流。願聞其詳。清人曰僕姓鼎名泰璉。字范卿。明代名臣瞿式耜之幕下。鼎璉之後裔也。明之末造清兵大舉。向西而下。所過瓦解。所過風靡。明之名將史可法戰沒於揚州。自江淮無復勤王之師。式耜與何蛟騰提其孤軍僅保粤西。璉久將桂。士民悅服。大得桂人之心。會清兵攻桂。璉與式耜奮戰。遂退清之大軍。初璉與粤東之李成棟有舊。寄書責以大義。時成棟下我廣州。凡收官印五十餘顆。於中獨取總督之印藏之。疑懼未決。有愛妾絲雲者。揣知其意。因

朝夕慫恿。成棟撫案曰。憐此雲間之孝族也。絲雲曰我獨取富貴。先死尊前以成君子之志。遂引刀自刎。成棟抱屍大哭曰。嗚呼。美人尚能棄生引決。大丈夫豈不能奮勵耶。即日具衣冠。以總督之印具疏迎駕。王師再振。雖然大廈將傾。非一木可能支。詎意何蛟騰就擒。李成棟戰沒。從此落日傾西。殘月失色。四方勤王之師。土崩瓦解。諸城遂陷。清兵來迫。其事甚急。或人促令式耜越境逃難。式耜不可。曰封疆之臣。宜死於封疆。是我盡忠報國。死而後已。以見堂堂明朝大臣之節操。亦以戒人臣之有二心而垂訓於後世也。於是叱咤將兵。身先士卒。破軍陷陣。從容就擒。身殉社稷。將皇僅以身免。奔倚於緬甸王。璉猶從皇招集殘兵。遙通聲援於鄭成功以謀恢復。豈料吳三桂叛犯受僞朝之封爵。甘爲滿賊以前驅。進擊緬甸。緬王大恐。執將皇及從臣以送於清軍。璉呼曰。身爲中華之鬼。豈能屈膝於北虜耶。李侍郎者我友也。罵賊不休。左右縛皇。遂俱爲其所殺。於是家國傾覆。四百餘州遂無明兵。鄭成功據守臺灣。以保彈丸之小卷。而奉明朝之正朔。當此時滿賊蹂躪中原。民不聊生。各思休息。乃奉薙髮之令。而中華之衣冠文物。盡變爲夷狄之俗。滿賊以乘勝之餘。殺老幼。辱婦女。坑處

士。讀書生。殺戮殘苛。其罪不可勝數。雖間有忠義之士。悉爲漢奸賊臣之所斥。無所展力。徒爲之言曰。暫爲飲恨忍恥。以待時機可也。雖然時去日逝。前志頓挫。士氣衰縮。遂延陵替。習以爲常。廉恥掃地。甚則久不聞義聲。而楚姬鄭女。短豬弓鞋。以媚北夷之俗。燕趙悲歌之士。亦以辮髮左衽。爲揚揚得色。夫滿賊也。其人兇悪。其俗澆漓。無禮義忠信。無教化廉恥。衣飾不分男女。辮髮如豚尾及馬鬣之形。用夷變夏。觸目痛心。甚有奐叛袁羞。甘作驅虎進狠之舉。助其殘賊苛虐之性。害滅明裔。荼毒兆民。更有無恥降奴。偷殘生於目前。圖富貴於日後。甘爲奴僕。樂作爪牙。嚼其虎狼之性。以爲酷法殘刑。助桀爲虐。其流毒伊於胡底。不爲同種計。獨不爲子孫後人計耶。慘無天日。嗚呼痛哉。時我父退隱於白雲山（廣東省城所管內山）。聞警遂奮謂人曰。清朝者仇也誓不與其戴天。凡我同人。宜群起而攻之以救桑梓。遂即募勇丁。督舟師。水陸並進大戰於舟山。以衆寡不敵。力戰陣亡。憶我明。朝政積弱。大臣爭權。際此內患外艱正國家存亡之秋。應如何上下同心。同仇敵愾。解衣推食。以得士心。而不此是務。以致兆民飢寒。士卒怨。一戰不能支。北京遂陷。並失四百餘州。污辱流於千載。是可痛

也。抑清人之政略。私租稅。弄威福。愚黔首。偷一日之安。詐言以掩非。虛喝以嚇人。外交不信。內治無實。自尊大以見侮於人。安頑陋以爲獨智。御下如驅犬馬。趨權勢如歸市。廉潔之士。失意者隱於林壑。道義之儒。悉沈於下僚。斗筲鑽營之徒。獨得志於顯要。掌握樞機。上替下陵。彗星流隕以怒於上。山岳崩裂以恐於下。是時明之遺臣十八人。察其國祚將衰。機謀已熟。乃傳檄於四百餘州。鳴清朝之罪惡。欲以恢復明朝而救生民之疾苦。誅戮姦臣而使政治修良。日夜營謀。誓以此爲事。於道光二十八年海內響應。揭旌擐甲。蜂起蟻集。鼙鼓振地。於是謀臣計議。建都於金陵。率兵東下。殺清朝之胥吏。旬月間而徧諸省。進迫北京。清朝震懼。遷都吉林以避我兵鋒。或人獻以石敬塘借兵於契丹之策。遂得廷議之嘉納。厚以賞之。因賂寄居東洋之西人以爲助。夫西人之在東洋者。多是亡命無賴之徒。好亂貪利之輩。相爭應募。荷戟提刀。海陸並進。清兵得援。乃迭次迫戰。我軍不利。死傷相繼。清兵乘勢殺戮佼掠。無所不至。僕姊妹就囚。敵遇以無禮。因唾其敵將之面而罵之曰。奴輩何得無狀。我必報怨於清朝。務使汝鼠輩不遺餘類。唾罵不休。因爲敵所殺。僕濟匿於金陵以圖復讎。黯

清議報四　佳人奇遇卷一　十三

吏物色太急。恐爲所捕。乃變姓名以混於賤夫。終逃於此地。嗚呼。英雄末路。托足無門。豪傑埋名。謀生乏術。今米人不察。指漢爲滿。嫌彼清人。如虺如蝎。嘗視我輩甚於黑奴。是諸君之所熟知也。加以輓近米政府日增苛例。禁令吾人不得來航。蓋清人癡愚不學。雖自取其討厭。亦豈貴人間之自由。重不等之權利哉。米人之薄待清人如此。不能以稱寡之也。世言天道福善。然歐米多行不義。僕不能無疑。雖窮達有命。然吾獨何罪而遭此窮厄哉。吾等法死於流亡。亦不去其志而已。嗚呼沼吳之志。空嗟歲月以悠悠。日月難留。我老將至。嗚呼哀哉。散士聞言。激昂悲痛如撓其胸臆。默然無語。長太息以掩淚。哀人生之多艱。幽蘭謂曰。郎君幸想春風蕩蕩。變快樂之隔場。以爲秋風肅殺之陰觀。致郎君怏怏不樂者。妾之罪也。今貴國釐革舊政。取歐米之長而舍其短。摭歐米之實而去其花。文化月新。富强日進。舊邦維新。守柔執競。見者拭目而駭。聞者傾耳以驚。其勢如旭日昇東天。東洋屹立。貴土許與自由之政黨。人民響以圖報效明。此事期可。干戈已定。天下太平。士民樂業。且朝鮮通使。琉球內附。方今東洋大有可爲之秋。當執牛耳以爲亞細亞之盟主。解亞東生民倒懸之厄。制英佛

之跋扈。破南清人之惡習。絕北俄人之覬覦。而歐洲諸邦之蔑視東洋。干涉內治者。則拒而絕之。使彼億兆衆生。嘗自主獨立之真味。發文物典章之光輝者。非貴國其誰當之。思郎君宿能涉獵東西之群籍。熟識古今成敗之數。雖未身歷干戈之慘狀。戰場之苦艱。放謫之辛酸。幽囚之憂憤。引頸之慘痛。然披覽流籍之餘。當亦能設身此境。易地以眷思也。妾等國亡家破。辛苦萬狀。流寓異域。懷望故鄉。此事不能忘諸寤寐。而今不自忖度。以此言談悲痛之事。冒瀆於尊前。可謂不解人意之甚矣。願有以容之。今郎君負笈以從良師。周流以接賢達。且生於有爲之邦國。年富力强。志高氣盛。功業可期而待也。嗚呼。吉凶禍福。皇天之所命。窮達有運。雖人力亦無如何。設有小挫。亦何足悲。郎君何爲帶悲憤之色。妾等之過實深。幸荷寬容。此時悠盆懇到。情義溢於色。紅蓮范卿亦進而乞罪。時散士湖零滿睫。欲掩而不能自禁。滴滴偶灑於幽蘭之衣。乃起而謝曰。乞令姊寬恕。因執巾而欲拭之。幽蘭急止之曰。郎君之淚。幸落於賤妾之衣裳。是不啻千金之賜也。譬彼婧好睎花。不勝感謝。却怪郎君悲哀何太切耳。抑日本之士風。本挫强而助弱。爲人尚義而急難。每有陷於囚牢。豁且挽情抑忿

清議報四　佳人奇遇卷一　十四

所不辭。而今爲此兒女之泣。是豈天下之大丈夫哉。抑忠孝仁義發自眞情。今郎君之烈義高風。使妾等之苦節。不禁爲之淒然下淚。妾雖萬死。不敢忘也。若夫天道果善。幸而禍福循環。終有達志之時。不幸而時機未到。則死守於道義之鄉。不亦可乎。若命運之所遺。則亦何足悲怨乎哉。自古皆有死。而死者不一。若混濁於一世。與草木同腐。非妾之志也。所願者爲國爲民。灑滿腔之熱血。視身命如犧牲。死而後已耳。聞之功不可以虛成。名不可以僞立。妾謹深味其言。夫蕙以香而自燒。翠以羽而見殺。志士之處世。寧爲玉碎。恥爲瓦全。願爲桂之被攏。厭爲艾以自存。夫生而無益於世。死何以聞於後。設使與天地同壽。亦復何益。是以蹈前哲之禍機而不顧。犯災害而不悔也。夫道足以濟天下而貴得其人。言足以經萬世而有時不見用。其不能救陳蔡間之饑者。闕里之孔聖是也。德行應於神明。風教垂於萬世。至今王公大人稱道不衰。猶逢群小之慍。終不能免於慘酷之殺戮。我救世主是也。立言正大。卓邁千古。與聖賢齊驅并駕。俗人視爲異端。譁言邪構。遂遇焚書之禍。希臘之名儒。曳成刺鐵其人是也。故知負獨行之行。必不爲流俗所容。是猶林木雖秀。風必摧之。抱道自高。衆必

备注:

（1）成文书局版总第 249 页开头至第 250 页第 4 行“……不能言”，在中华书局版中，是放在第 5 册《佳人奇遇》卷一的最后一段。

（2）接下来“有一清人……”至第 254 页第 7 行“呜呼哀哉”之间约 1700 字在中华书局版中被删掉了。

（3）第 254 页第 7 行“散士闻言……”以下内容，在中华书局版中被改为“散士闻幽兰红莲之言……”，放在了第二卷。

（4）《清议报》第 5 册收录的《佳人奇遇》，在成文书局版与中华书局版中没有不同。

第四讲　梁启超的“辉煌期”
——《新民说》等

一、《新民丛报》的发行

在《清议报》上获得意外成功的梁启超，接下来创办的是《新民丛报》。这份杂志才为改变中国的文明范式真正作出了罕见的贡献。

《新民丛报》[1]（以下部分地方简称为《丛报》）是半月刊，自 1902 年 2 月创刊后到 1907 年 11 月停刊，共发行了约六年时间。其间，自创刊至第 96 期的四年时间里，由横滨的新民丛报社发行。《新民丛报》创刊于光绪二十八年壬寅元旦，按阴历每月分别于朔望两日发行，因此每逢闰年闰月时会发行增刊。癸卯光绪二十九年闰五月，《新民丛报》曾发行临时增刊《新大陆游记》〔见彩图 2〕，其内容充分表现出梁启超对读者的认真态度。或许是因为销售情况良好的缘故，第二年不管是否

---

1 《新民丛报》的封面上印着 Sein Min Choong Bou，为“新民丛报”四个字的发音标示。据中山大学历史系研究生叶倩莹介绍，尽管说法不一定正确，但有可能是清末时期粤语或者闽南语、潮汕语或客家语等的一个分支经常使用的“威妥玛式”发音标记方式（Wade-Giles romanization）。

闰月，《新民丛报》又发行了增刊《德育鉴》。[1]但是到丙午光绪三十二年（1906）闰四月，《新民丛报》已经没有能力再办增刊，甚至连日常的发行都无法维持。至于原因，我将在第五讲谈到。

《新民丛报》的核心论文是署名为“中国之新民”的梁启超写的《新民说》。丛报所设的栏目约二十多个，涵盖学术、文艺等领域，梁启超在每个专栏中都写下了非常有吸引力的文章。身在上海的胡适（1891—1962）从创刊就开始阅读，据他回忆说读后深受震动；湖南的毛泽东几年以后开始阅读，头脑为之一变。就这样，在20世纪初的十年里，这份刊物持续不断地深深影响了全中国的知识青年。1902年11月，梁启超为了刊登《新中国未来记》——这是一篇将自己的政治小说付诸实践的文章——在横滨组织起新小说社，创办了《新小说》（发行至1906年1月第24期）。该杂志在小说界的革命这方面发挥了重要作用，不过我们无暇谈论这个问题。

《新民丛报》在创刊“宗旨”中曾这样写道：

（1）“新民”为《大学》三纲领之一，取“新民”之义，以为欲维新吾国，当先维新吾民。中国所以不振，由于国民“公德缺乏”，“智慧不

1 清华大学国学研究院·德育读本：梁启超《德育鉴》，北京：北京大学出版社，2011年。据“校注说明”介绍，此书以1917年商务印书馆版为底本。该底本笔者未见。影印本同。

开”，故本报专对此病而药治之，务来中西道德以为德育之方针，广罗政学理论以为智育之本原。

（2）以“教育”为主脑，以“政论”为附从。但今日世界所趋重在“国家主义”教育。惟所论务在养吾人“国家思想”。

（3）以“国民公利公益”为目的，持论务极公平，不贪偏于一党派；不为“危险激烈之言”，以导“中国进步”当以渐也。

如前所述，梁启超在改订《清议报》章程时已经把吸收“政与学的理论”当作目标。谋救光绪皇帝的活动失败后，他曾经尝试以华侨为基础建设小型国家，但是自从1900年至1901年他在夏威夷和澳大利亚生活之后[1]，便明白这条道路不可行而终止计划（据梁启超估计，当时华侨总数约为“六七百万人”[2]）。梁启超在访澳末期写的《中国近十年史论：积弱溯源

1　梁启超于1899年12月20日（光绪二十五年十一月十八日）从横滨出发前往夏威夷，1900年7月28日返回横滨（《夏威夷游记》，专集二十二）；1900年8月19日（光绪二十六年七月二十五日）前往澳大利亚，他首先从神户出发，22日到达上海，经香港、新加坡、槟榔屿、哥伦布，于10月25日到达澳大利亚弗里曼特尔（Fremantle）；1901年5月2日，从悉尼（Sydney）出发，28日到达长崎。（刘渭平：《梁启超的澳洲之行》，见《澳洲华侨史》，香港：星岛出版社，1989年）

2　1899.5.28，神户，“梁启超在中华会馆的演讲”，外务省记录《各国内政关系杂纂：支那部分·革命党相关》，1—440084。

论》[1]总结了他追求其历史根源的苦涩过程。以此为转折，梁启超开始通过改造使祖国变革，并为这一实践确定方向。但是在这篇文章中，梁启超研究的是通过克服类似“奴性”——“源自风俗的积弱”等内在的缺陷，把国人改造成现代化的“国民”的方法。[2]在这一经历的基础上，《新民丛报》另外增加了“中西道德”相结合的精神改造方针。因此，《新民丛报》也可以说是为了发表《新民说》而创办的杂志。

在刊登《新民说》时，梁启超特别想出了“中国之新民”这一笔名。这个笔名在《新民说》连载期间（第1—72期）用作与上述宗旨有密切关系的文章署名;《新民说》连载结束后便不再使用。梁启超认为，理论有“理论的理论”和“实事的理论”之分，哲学、宗教等属于前者，政治学、法学、群学（社会学）、生计学（经济学）等属于后者，《新民说》属于前者，即“理论的理论”。[3]《丛报》以论说为首，共有二十多个专栏，其中学说、学术、历史、地理、传记、政治、法律、生计（经济）、宗教、教育、时局栏目的文章，都用“中

1 《清议报》第77—84册（1901年4月29日至7月6日），署名“新会梁启超任公”。《中国积弱溯源论》，文集五，第12页。这是《中国近十年史论》的第一章，据刘渭平《澳洲华侨史》（第164页）介绍，梁启超最初的构想是写16章。

2 刘东的《多重误读下的国民性话语——以汉学史中的明恩溥为主线》（载《中国学术》第31辑，北京：商务印书馆，2012年）是对包括梁启超在内的这一问题的非常有意思的研究。

3 《新民议》，《丛报》第21期（1903年11月30日）；文集七，第105页。

国之新民”这一笔名（其他如小说、文苑等栏目文章则用“任公”“饮冰”等署名）。这就是说，学说等文章属于“实事的理论”，梁启超用“中国之新民”这一笔名表现出两者之间的有机关系。如果把分期连载的内容也各算一篇的话，第 72 期以前使用这一署名的文章共约 169 篇。其他仅《〈新民丛报〉（第 1—72 期）所载梁启超文章一览表》[1] 统计的约有 130 篇（加上没能收录进去的，包括无署名、无法确定作者的文章）。

《新民说》共 20 节，分 26 次在第 72 期以前的论说栏中连载。连载的时间间隔以后文将提到的访美之事（1903 年 2 月 20 日从横滨出发，12 月 11 日返回横滨）为界，突然变长。第 73 期论说栏中刊登的是署名“饮冰”的文章《开明专制论》，从那以后直到停刊，再也没有出现“中国之新民”的署名。虽然没有任何地方明确说明，但可以推测梁启超本身已有打算以第 20 节“论民气”作为《新民说》的总结。所以《饮冰室合集》专集对《新民说》顺序进行调整，把第 19 节“论政治能力”（丛报志上写着“未完”）挪到最后是非常不恰当的。《丛报》第 73 期以后又发行了一年半多（号数上为 1 年分），但随着栏目名称的大幅变化，性质也发生了巨大的改变，极端一些说，已经不是刊登《新民说》时候的《新民丛报》了。

---

1 ［日］狭间直树编:《梁启超 · 明治日本 · 西方》（修订版），北京：社会科学文献出版社，2012 年，附录一。

二、梁启超掌握的新学理

创办《清议报》也即梁启超来日以后的三年时间，对梁启超而言是在思想上从康有为独立出来的过程，这一点在上一讲已经述及。当然，教主性格极强的康有为决不会放任自己的学生这样自由活动，训诫他要服从自己。对此，梁启超回应道：

> 先生所示自由服从二义，弟子以为行事当兼二者，而思想则惟有自由耳。思想不自由，民智更无进步之望矣。[1]

这里所说的“自由”是指构成近代基本人权的思想上的自由。康有为与梁启超在思想立场上凸显出的不同不可避免地也反映在学术方面。虽然在谈反满、独立（革命）时，梁启超辩白说学生也“心先生之心，以爱国同归而殊途”[2]，强调在反满、独立方面与康有为相同，但尽管表面上如此，两者所依据的学理上的隔阂却存在着本质上的不同。

现在我们从《复美洲华侨论中国只可行君主立宪不可行革命书》(《新民丛报》第16期刊登了摘抄《南海先生办革命

---

1 《与夫子大人书》，“梁年谱上海本”，第278页。

2 “梁年谱上海本”，第287页。

书》）来看一下康有为的说法。康有为说：本土十八省独立，即分为十八国，则国势不过为埃及、高丽而已。结果将与印度一样走上亡国之路，必为日人所称为“帝国主义”的“霸国”所并。我中国人口、疆域、生产、民智均为世界一等。鉴于德、意统一成为强国，我国也应强化统一谋求发展。[1]虽然康有为在这一论调中提出了一个新的词汇“帝国主义”，但在基调上可以说与对传统的封建制、郡县制孰优孰劣的讨论性质相同。

对此，梁启超从国家思想的角度解释现在的历史阶段。在《国家思想变迁异同论》[2]的开头，他清楚地写道，其依据的是“德国大政治学者伯伦知理所著国家学”（需要注意，此处用的是吾妻兵治的原译书名《国家学》），指出了近代已经成形的“国家”的特征。作为与东西旧思想对比的“欧洲新思想”，梁启超同时分项列出“国家为人民而立者也……故人民为国家之主体”等国家对于人民的意义。

如此解释过后，梁启超对欧洲国家思想的变迁史作了以下命名：

过去：①家族主义时代→②酋长主义时代→③帝国主义时代

现在：④民族主义时代→⑤民族帝国主义时代

未来：⑥万国大同主义时代

---

1 《新民丛报》第 16 期，第 59 页。

2 《清议报》第 94、95 册；文集六，第 12 页。

此处需要注意的是“帝国主义”和“民族主义”，两者虽然都是当时的新名词，但③的帝国主义几乎相当于今天专业术语的绝对主义，④的民族主义大约等同于国民主义。梁启超在使用这些词的时候几乎没有任何抗拒感，所以肯定都是他非常熟悉的内容。“人种（种族）”与“民族”[1]的区别虽然并不明确，但梁启超却把国民国家——也就是“民族”与“种族”统一的基础——形成的时代称作“民族主义时代”。由此可知，他所理解的民族几乎与国家同义。

民族主义能量横溢的时代被称作“民族帝国主义时代”。进言之，此处所用的帝国主义与后来列宁提出的带有否定意义的帝国主义不同，表示的是历史发展的正常方向。其横溢的实质，套用介绍德国帝国主义的话，就是“德人之帝国主义，由俾士麦之商业政策一转而成。其目的在以国民主义为基础，而建一工商业帝国于其上，使充盈横溢之民力得尾闾以蓄泄之也。”[2]所以，可以确定的是，这个帝国主义的概念与③的帝国主义概念几乎不重合。具体内容请参照石川祯浩《梁启超与文

1　顾德琳（Gotelind Müller-Saini）的《近代中国和“人种”概念：“全球本土化”问题的历史探讨》刊登在“人间文化研究机构学术综合数据库”（nihuONE:http://www.nihu.jp/sougou/kyoyuka/system/index.html）。顾德琳讨论的是当时被看作“科学”知识的“人种”论如何在中国被接受，如何作为满汉“民族”问题在革命史脉络中被叙述。《新史学》第4号（2010年）也收录了该文，其中仅删掉了一小部分内容。

2　梁启超:《论民族竞争之大势》，载《新民丛报》第2卷第5号；文集十，第17页。

明的视点》[1]，该文章阐明了梁启超的这些知识来自于独醒居士（浮田和民）的《帝国主义》。

问题在于，中国是如何与世界史中的“民族主义”时代相联系的？梁启超的说法是，中国还没有达到“民族主义”的时代。“故今日欲救中国，无他术焉。亦先建设一民族主义之国家而已。”[2]就这样，梁启超用西方的政治学学理联系世界史的发展进行说明，所以他的文章能够抓住敏感的知识青年的心也是理所当然。

有了这种积累，梁启超在《新民说》第6节“论国家思想”中把“国民”定义为“有国家思想、能自布政治者”，对“国家思想”提出了以下四条自己的理解：

（一）对于一身而知有国家

（二）对于朝廷而知有国家

（三）对于外族而知有国家

（四）对于世界而知有国家[3]

（一）（二）是清朝统治下每一位国民应有的认识，（三）（四）是对本国与外国和世界之间关系应有的掌握。这是从四

1 《梁启超·明治日本·西方》（修订版）。

2 《论民族竞争之大势》，载《新民丛报》第2卷第5号；文集十，第35页。

3 专集四，第16页。

个角度对成为国民之后的新民该如何认识国家这一问题的梳理。这一时期可以说梁启超把世界史中的近代理解为国民国家（nation-state）的时代。因此，他基于这一观点梳理和撰写的文章受到了已经准备好要打开未来之路的知识青年的绝对性支持。尽管如此，梁启超作为普通用语而使用的“国家”一词，对当时的留学生而言也是极难理解的新词，这一点需要明白。[1]

三、关于“新民说”

《新民丛报》曾风靡一时。而其中最吸引读者的就是《新民说》。关于这一问题已有很多文章[2]论及，所以在此我不打算再作补充，不过为了方便接下来的讲述，此处将作一些简单的介绍。

《新民说》全 20 节内容分 26 次在创刊号至第 72 期（1906 年 3 月）的“论说”栏中连载。第 17 节“论尚武”（应该是梁启超访美前写的）刊登在第 29 期（1903 年 4 月），在那之前，如果把代替相关论说的部分也算在内，可以说每期都有连载。但是，梁启超访美以后，自写完第 18 节“论私德”，前后的连载有时会间隔近一年。第 72 期（第 20 节“论民气”）在没有任何预告的情况下成为最后一次连载。

1 《新名词释义》，载《浙江潮》第 2 期，1903 年 3 月。

2 拙文《〈新民说〉略论》也对此问题进行了专门的论述。见本书附录。

第18节“论私德”发表在第38/39期合刊（出版日期写作1903年10月，但实为1904年2月左右发刊）、第40/41期合刊（出版日期写作1903年11月，但实为1904年3月左右发刊）、第46/47/48期合刊（出版日期写作1904年2月，但实为1904年6月左右发刊）这三册期刊上。此后，第19节“论政治能力”连载于第49期（出版日期写作1904年6月，但实为1904年7月发刊）和第62期（出版日期写作1905年2月，但实为1905年4月发刊），第20节“论民气”发表在第72期，然后便在没有任何说明的情况下就结束了连载。

为何我要把杂志上的出版日期和实际的发刊年月等这么没有意思的文章记录在这里？仅仅是想提醒大家注意，尽管这只是连载的形式，但其实并非如此。换言之，尽管题目是同一个题目，但不能把《新民说》看作始终如一的作品。1904年之后的两年，是《新民说》和梁启超周围环境发生巨大变化的时期，这一点已无须赘言。

如果说前面提到的《新民说》第6节“论国家思想”讲的是“新民”个人与外部世界的关系，那么第5节“论公德”讲的就是每个人应该具备的内在涵养的精髓。一言以蔽之，就是作为社会上的“人”必须具备的新道德，旧中国所没有的诞生于西方近代的新道德。换言之，这一新道德指的是市民道德，是一种通过让中国人吸收西方的新生事物而变成“新民”，把旧中国（清王朝）改造成新国家的崭新的构想。图4.1表现的就是这一关系。

图 4.1 所表达的是，“新民说”构想的内容是创办由“新民（空心字部分）”组成的“国家（空心字部分）”。这既是现实存在于欧美、日本等国[1]的立体式投影，也是“部民”（成为国民以前的人民）国家中国的平面投影。它存在于立体式的透视和平面式透视之间的交界。在立体式投影过程中，通过抽象化了的胶片，“新民说”讲述的国家将“纯粹变为”“理念投影态”。而在平面式的投影过程中，正因为需要从“部民”一跃而成为新民，所以《新民说》中的“新民”依然指的是作为“理念投影态”的国民。

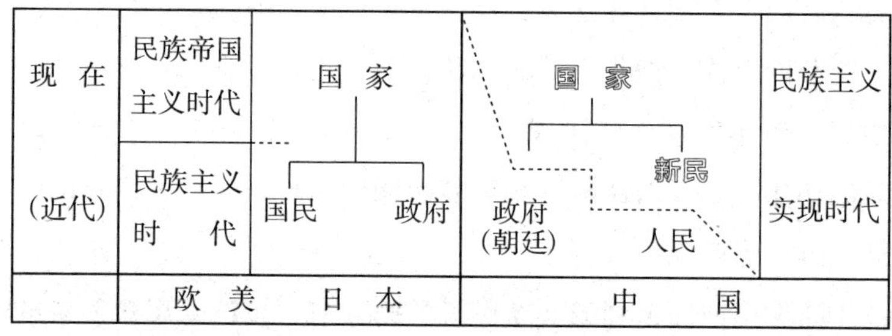

图 4.1 《新民说》中“国家”“政府”“人民”之间的关系图
（注：时代划分依据的是梁启超《国家思想变迁异同论》）

1 梁启超论“权利思想”，称“日本人民拥护宪法之能力，与英美人民之能力相比较，其强弱之率何如矣”（专集四，第 38 页），的确已清楚认识到欧美各国与紧追其后的日本之间存在巨大的差距。但同时也需要注意到，他在创成“新民”这一视角上讨论“自尊”时，用了“英俄德法美日”（专集四，第 70 页）等表述，把日本与欧美各国划成了同类。

梁启超称“新民说”是“理论的理论”应该这样来理解。中国变为在先进的欧美、日本基础上进一步纯粹化而形成的未来模式的“国家”，实现“飞跃”的“新民”就是这个国家的主人公。《新民说》带有三大冲击力：第一在于脱离现实的这一理念性，第二在于欲变成这一理念国家的革新性，第三在于与国家完全重合的“新民”的全体性。同时体现理念性、革新性和全体性的理论不久就变成了被称为“科学”的最新的学问，因此才能写出笔锋常带有感情的名文。自然，梁启超的学说能够风靡一时，极大地改变了社会风气。

四、“新民说”的立论基础和轴心的转移

刚才讲到所谓公德，指的是作为社会上的“人”必须具备的新道德。但是在第 17 节“论尚武”刊登以前，《新民说》每一节的题目分别是进取冒险、权利思想、自由、政治、自治、进步、自尊、合群、生利分利、毅力、义务思想。除“合群”和“生利分利”这两个单词以外，其他都是今天日语中也经常使用的词汇，意思内容也都相同。也就是说，他们都是在 1860 年代以后，即第一讲所说的日语近代化过程中产生的新词（和制汉语）。不管有没有古典用法，这些词语在新的社会关系中被赋予新的意义而通行，从这一意义上来讲，它们都是新词。“合群”的“群”是严复对 society 的译词。梁启超

在文章中虽然也使用日本创造的“社会”，但这一时期经常用到的还是“群”。“生利分利”依据的是李提摩太（Timothy Richard）的《生利分利之别》（广学会，1894年），讲的是生产与分配也就是“经济”的问题。不过需要注意的是，梁启超一边在尽情讨论具备这些公德的新民的创成，一边却闭口不谈女性问题。

相对于“理论的理论”，学说、学术、历史、传记、政治、法律等被称作“实事的理论”。这一领域中，也有不少在今天读来依然感到有意思的作品。“学术”栏的《论中国学术思想变迁之大势》（第2—58期，共连载14期）评价诸子百家活跃的战国时代为中国学术的“全盛时代”，“非特中华学界之大观，抑亦世界学史之伟观”[1]，观点新颖。这一评价虽然今天依然被当作常识写在课本里，但实际上它是对传统儒家中心史观的一百八十度大转变。“传记”栏里有一篇《近世第一女杰罗兰夫人传》（第17、18期），是梁启超巧妙地把自己的渐进思想寄托到罗兰夫人传中〔见图4.2〕。据松尾洋二研究[2]，该传是以德富芦花《法国革命之花》[3]全译本为基础写成的。此外，梁启超还饶有兴趣地介绍了经济学，其中对经济学的整体接受情

1　文集七，第11页。

2　［日］松尾洋二：《梁启超与史传》，见《梁启超·明治日本·西方》（修订版），第223页。

3　《世界古今名妇鉴》，民友社，1898年。

图 4.2　罗兰夫人（Madame Roland de la Platière）
（《家庭杂志》第 2 卷第 18 号）

况，可以参考森时彦《东亚对西方经济学的接受》。[1]

《新民说》的主张在“论私德”以后发生变化，当时就已经有读者质疑，后来这一问题也被许多研究者讨论过。[2]下面这段文字最能反映《新民说》的这一变化：

> 吾畴昔以为中国之旧道德。恐不足以范围今后之人心也。而渴望发明一新道德以补助之。参观第五节论公德篇由今以思。此直理想之言。而决非今日可以见诸实际者也。夫言群治者。必曰德曰智曰力。然智与力之成就甚易。惟德最难。今欲以一新道德易国民。必非徒以区区泰西之学说所能为力也。即尽读梭格拉底 Sokrates。柏拉图 Platon。康德 Kant。黑智儿 Hegel 之书。谓其有“新道德学”也则可。谓其有“新道德”也则不可。何也。道德者行也。而非言也。苟欲言道德也。则其本原出于良心之自由。无古无今无中无外。无不同一。是无有新旧之可云也。[3]

1 前引“人间文化研究机构学术综合数据库”nihuONE 博客。补订版《清末中国吸纳经济学（Political economy）路径考——以梁启超为中心》收录在石川祯浩编《近代东亚翻译概念的发生与传播》一书中。

2 如陈来:《梁启超的“私德”论及其儒学特质》，“中央研究院”第四届国际汉学会议，2012 年 6 月。这篇文章后来被收录在杨贞德主编的《视域交会中的儒学：近代的发展》（第四届国际汉学会论文集，台北：“中央研究院”中国文哲研究所，2013 年）中。

3 专集四，第 131 页。

也就是说，他还没有放弃“新民”的形成，只是转移一下轴心。以固有的道德攻击“新道德”很明显是一种倒退，但梁启超却试图在《新民说》的框架中去解决这一问题。

这一时期，从1905年末到次年初，梁启超连续发行了《节本明儒学案》《德育鉴》《松阴文抄》等与王学相关的书籍。毋庸赘言，这都与《新民说》论说重心的转移有关，但同时也是梁启超对1890年代日本把日渐彰显的阳明学当作明治时期国民道德这一举动的积极回应。

第五讲 “预备立宪”时代的梁启超

一、清朝的“预备立宪”与梁启超的宪政视察报告

为了采用立宪制，1905年，清朝迈出了派遣海外视察团的一大步。与日本外遣使节相较，清朝比1860年幕府派外国奉行新见正兴为正使的访美使节团（一行共77人）晚了45年，比1871—1873年明治政府派右大臣岩仓具视为正使、参议木户孝允和大藏卿大久保利通等为副使的岩仓遣外使节团（一行共50人，外加59名男女留学生随行）晚了34年。岩仓使节团是以在明治政府中势力最盛的岩仓为首，包括长州和萨摩代表在内的，倾政府之力量而为的使节团。

清朝“出洋考察各国政治”五大臣的脚步，一度因9月24日吴樾在北京站使用炸弹刺杀事件而延迟。此后该海外视察团调整了部分成员，12月2日，户部侍郎戴鸿慈和湖南巡抚端方一行出发。11日，镇国公载泽和山东布政使尚其亨、顺天府丞李盛铎一行出发。戴鸿慈、端方一行包括随员在内共37人。12月19日，他们从上海出发，在访问了美国、德国、

奥地利、意大利之后，于次年 8 月 10 日回到北京。[1]

载泽等 24 人于 1906 年 1 月 14 日从上海出发（加上先遣成员共 42 人），在访问了日本、英国、法国、比利时之后，于次年 7 月 23 日回到北京（仅李盛铎因身为驻比利时公使留在当地）。使节中地位最高的镇国公载泽在宗室中排行第 8 位，因此规格虽然高，但远不能称之为政府规模。1910 年载泽还成为纂拟宪法大臣。根据他们的报告，西太后领导的清朝政府于 1906 年 9 月颁布上谕“预备立宪”。

欲推测五大臣对自身所负重任的认识程度，他们在考察第一站日本的行动是最好的材料。1906 年 1 月 27 日下午，载泽等人听法学博士穗积八束讲“日本宪法”，以及大藏省主计局长荒井贺太郎讲“日本财政沿革”，接受了约三小时的课程。这一讲演的记录方式采取的是当时最为普遍的方法，即由一位随行人员口译，由另一位写成文章（参见彩图 1）。接着又于第二天即 28 日下午与伊藤博文——他带来了《皇室典范义解》《宪法义解》（都是他自己的作品）——进行了约两个半小时关于宪法的讨论。

视察团提出的第一个问题是:“敝国考察各国政治，锐意图强，当以何为纲领？”对此，伊藤回答说，“立宪”是第一位。接着他们又问，那么该以哪个国家为范本？伊藤回答说，贵国

1　戴鸿慈:《出使九国日记》，见钟叔河主编:《走向世界丛书》，长沙：岳麓书社，1986 年，第 320、529 页。

是君主国，与日本一样，“主权在君而不在民”，所以“似宜参用日本政体”；并且非常恳切地解释了“天皇神圣不可侵犯”和天皇与议会之间的关系。[1]

据钟叔河所言，随行人员当中对西方情况有所了解的是“伍光建、施肇基、温秉忠、夏曾佑、钱恂、熊希龄等等”。[2]伍光建（1866—1943）曾经在英国的海军大学留学，施肇基（1877—1958）硕士毕业于康奈尔大学，温秉忠（1860—？）曾在华盛顿大学和哥伦比亚大学学习，夏曾佑（1863—1924）曾与严复等人发行《国闻报》宣传新学，钱恂（1853—1927）曾于1890年跟随驻英国及其他国家公使薛福成前往欧洲，熊希龄（1867—1937）曾参与创办湖南时务学堂，并赴日本考察过教育和工商业。每一位在当时都属于直接或间接学习了海外知识的新型知识分子。但是他们的知识距离决定大清帝国根本方针的力量却很远。从刚才提到的立宪问答来看，大概所有人都会明白，这个使节团并没有取得实质性的成果。

但是这个视察团代表的是国家，所以必须完成一份达到一定水平的视察报告。不知道是谁的提议，视察团最后决定找一个合适的人来帮助完成报告。那么，找谁呢？梁启超成为最后的人选。让一个因政治犯罪而亡命的人撰写国政改革这种最为

---

1 载泽:《考察政治日记》，见钟叔河主编:《走向世界丛书》，第575—583页。

2 载泽:《考察政治日记》，见钟叔河主编:《走向世界丛书》，第269页。

重要的文章，如此匪夷所思的想法当时不但有人提议了，而且确实实行了。

这一前所未闻的想法能够付诸实施，至少需要通过以下三个关口：第一，向梁启超传达视察团的意向，并获得他的同意；第二，要梁启超亲自执笔；第三，把梁的文章交给视察团。在第一关口中担任忍者角色的是端方的随员，曾经与梁启超一起在湖南开展变法运动的熊希龄。这一奇谋大略的全过程都是秘密进行的，浅原达郎[1]广泛搜集相关史料，详细阐明了这一过程。笔者曾于2007年9月在复旦大学哲学学院召开的中日学术论坛上作学术报告[2]，高度评价了浅原论文考证的重要性。夏晓虹发现并整理了部分梁启超的手稿，通过详细的分析，为浅原的考证提供了更为坚实的基础。[3]

这一时期，熊希龄一度在访欧途中不着痕迹地悄悄回国，5月27日以后，他从上海出发来到日本，至7月16日到达奉天的前几天，一直待在日本。其间他与梁启超接触，秘密商

1 ［日］浅原达郎：《“热中”之人——端方传》（六、七），《泉屋博古馆纪要》，第10、11卷，1994、1995年。

2 《清朝的立宪准备与梁启超的代作上奏》，见许洪兴、小岛毅、陶德民、吴震主编：《东亚的王权与政治思想》，上海：复旦大学出版社，2009年。

3 夏晓虹关于手稿的论述《代拟奏折及其他》以及相关论文《梁启超代拟宪政折稿考》都刊登在《现代中国》第11辑，北京：北京大学出版社，2008年。

量。当时梁启超雄心勃勃要写出“凡二十万言内外”[1],7月中旬梁乘船往沪，8月3日（或之前）将手稿交给了熊希龄。

对于梁启超代写的文稿情况，在这里也作一简单介绍。至于梁启超与熊希龄密会的日期，目前并不清楚。但是，光绪三十二年闰四月（1906年5月23日至6月21日），梁启超曾在书信中要求正在国内的徐佛苏马上来日本（并且还说了若没有旅费可由这边出的话）[2]，或许正是为了撰写文稿要获得徐的帮助。梁启超称呼刚认识不久的徐佛苏为兄长，希望他提供帮助以弥补自己在“法律知识”和“法学知识”方面的不足。[3]因为面对这个大问题，他需要与人进行推心置腹的商谈才可。

徐佛苏对梁启超代写报告一事表示赞同。虽然目前还不清楚他为梁直接做了些什么工作，但完全可以推测，他为了让梁启超有一个方便写作的环境已经倾尽了全力。不久之后，也就是同年秋天，徐公开呼吁停止对革命派的论争，可以认为这是其在帮助梁写作这一延长线上的活动。同时这也是与宋教仁交好的他才能够做到的事情。

20万字的文章，即便每天写1万字也需要20天，如果是每天写5000字则需要40天。完成写作之后，梁启超亲自把文

---

1 《致徐佛苏先生书》，“梁年谱上海本”，第353页。编者错将该信函的日期写成光绪三十一年，而其实是光绪三十二年。

2 “梁年谱上海本”，第362页。

3 《与佛苏我兄书》，“梁年谱上海本”，第358页。

章带到了上海。据估计，他应该是 8 月 3 日以前交的稿，没过几天梁启超就回到了日本。他回日后马上向可以倾诉此事的挚友徐佛苏汇报了这一路上充满苦难的行程，“尔来送生活于海上者二十余日，其间履陆地者，不过三十余小时”。[1]

回日本以后，梁启超生了一场大病，论争的文章自然无法再写，就连他的本职工作《新民丛报》的发行也受到毁灭性的打击。自从 6 月第 80 期以后，《新民丛报》的发行就开始呈现出混乱之态，无奈之下不得不在第 84 期（出版日期写的是 1906 年 8 月 4 日，但其实是该年年末才发行的）的饮冰“杂答某报”的开头写下“顷以事故，无暇为报中属文者殆两月余……”这里所说的“事故”，不但包括 9 月到 10 月间生病两个月的事，还应该包括对先前为代笔写稿而荒废本职工作的解释。原本这一年的后半年应该出 12 期，但最终只发行了 4 期。

二、关于《请定国是折》

在梁启超撰写的诸多文章中，《请定国是折》与后来预备立宪有着莫大的关系。这篇文章被收录在端方文集《端忠敏公

1 《致徐佛苏先生书》，“梁年谱上海本”，第 353 页。

奏稿》中，题目是《请定国是以安大计折》。[1]这封奏折是在梁启超文章的基础上写成，所以其中必定有端方修改之处。让我们带着这一认识再来看一下奏折的要点。首先是《请定国是折》的思路构成。

在考察了日本和欧美各国之后，视察团了解到要实现国家的富强，只有进行政体的改革。世界各国的政体有“专制”和“立宪”两种。在“专制政体”国家，“君主一人”负全部责任。如果被任命管理国事的官员做坏事而引起民怨，那么责任都要由君主来承担，就像那位被炸弹炸死的俄国皇帝一般。如此一来，无论是君主还是国家，都会非常危险。

而“立宪政体”的国家拥有“宪法”这一“根本之法”，上面明确规定了“君主无责任”（有时也用“神圣不可侵犯之权”来表示）。实行政治的是“责任内阁”，要决定方针，需要人民选出的“议会”。“租税”的使用也有“预算票”和“决算票”记录得明明白白，国民也自觉地履行“纳税之义务”。因此君主和国家都安泰，不会招致民怨以实现富国强兵。日本之所以能在日俄战争中获胜，就是因为日本改革为君主立宪政体。

当今世界的大势是，采用立宪制的各个国家扩张国力，实行所谓“帝国主义”即“霸国主义”。日本已经把朝鲜和琉球

1 《端忠敏公奏稿》第 6 卷，第 28 页表—第 43 页表，见沈云龙主编:《近代中国史料丛刊》第 10 辑，台北：文海出版社，1967 年，第 689—719 页。

列为自己的附属国。中国也只有采用立宪制这一条路。日本于明治元年（1868）定下“国是”，“以五事誓于国中”。[1]明治十四年发布诏书，称十年后召开国会，明治二十三年国会正式启动。就在国会启动的前一年，宪法颁布，而推动宪法的制定及下发的核心人物就是伊藤博文。从明治元年定下国是到明治二十三年启动国会，日本用了二十多年作为准备期以进行各种改革。因此，如今要迈出采用立宪制的一步，首先需要制定以下“六事”作为“国是”，然后花费十五到二十年的时间制定宪法，开办国会，由此中国将迈入“世界第一等国”之路。

一曰，举国臣民，立于同等法制之下，以破除一切畛域。

二曰，国事采决于公论。

三曰，集中外之所长，以谋国家与人民之安全发达。

四曰，明宫府之体制。

五曰，定中央与地方之权限。

六曰，公布国用及诸政务。[2]

1 也就是“五条誓文”，分别是：“一、广兴会议，万机决于公论；二、上下一心，盛行经纶；三、官武一途以至庶民，各遂其志，人心不倦；四、破旧有之陋习，基于天地之公道；五、求知识于世界，大振皇基。”

2 《端忠敏公奏稿》第6卷，第37页里—第41页表，见沈云龙主编：《近代中国史料丛刊》第10辑，第708—715页。

由此可见，起草者是把明治维新已经四十年并且取得一定成就的日本作为范本，以其变革的开始与成功作为观察的视角，拟定本国的初始政策。前三条基本对应的是“五条誓文”，后三条是制定新制度骨架的原则，是在继承前三条的基础上形成的。那么各条的具体内容是什么呢？且看第一条：

> 诗曰：率土之滨莫非王臣。此言王者之德，一视同仁，对于举国臣民，本无可以重轻歧视之处。惟是各国内政未修之际，国中阶级制度，实所难齐，因而人民同处一国之中，无故而生畛域之见。阶级既殊，即利害相反，畛域不化，则离德易生于此。而欲求举国一致之效，必为势所不能。各立宪国知其如此，故于宪法之内，皆载入人民同等之文。今中国既欲为立宪之预备，则此宪法之精神，亦不可不于此时预定之，以示一国之标准而求人民之同德焉。所谓法者，凡一切刑法、民法、商法等之法律，皆是也。所谓制者，凡一切官制、兵制等之制度，皆是也。[1]

此条讲的是所有臣民在“法”和“制”中一切平等。但是文中并没有提到当时改革论争中最根本的焦点——“满”与

1 《端忠敏公奏稿》第6卷，第37页里—第38页表，见沈云龙主编:《近代中国史料丛刊》第10辑，第708—709页。

“汉”的平等（并非是起草者没有关注，因为其他地方留下了一些作过相应处理的痕迹）。补充一句，前面所说的“帝国主义”即“霸国主义”这种绕文，可以让人联想起上一讲提到的康有为之言。梁启超喜欢用帝国主义，但管见所及，他并不用“霸国”这一说法。或许这时他想利用一下稍显落后于时代的康有为的感性。

众所周知，八年前的戊戌变法开始于光绪帝6月11日颁布所谓《明定国是诏书》。[1]诏书中虽然阐述了走向变法的精神论，但除了创办京师大学堂以外，再没有别的具体措施，日本模式更是连提都没有提。同一时期康有为为徐致靖代拟的《请明定国是疏》、为宋伯鲁代拟的《请讲明国是正定方针折》，都没有提到往日本立宪制转移的事情，后者只是讲到了“泰西论政”中有“三权鼎立之义”。[2]

清朝在经历义和团和日俄战争时期，梁启超确立了与近代世界确立相关的历史认识，并且理解了世界史中近代立宪制国家的含义。梁启超这方面知识的源泉是伯伦知理的学说——曾经是明治政府成立的基础——，但这个时候他已经翻译出带回

1 《光绪朝东华录》光绪二十四年四月乙巳条，北京：中华书局（排印本），1958年，第4册，第78页。

2 汤志钧编:《康有为政论集》（上），北京：中华书局，1981年，第258、261页。

最新学理的小野冢喜平次的《政治学大纲》。[1] 伯伦知理学说中的“国家学”被应用于明治新政权的国家建设中，而小野冢的“政治学”却把目光转向国民思考国家构造，这也让小野冢成为日本这一“政治学”说的鼻祖。[2]

接到五大臣回国后提交的这份报告，1906 年 9 月 1 日，西太后宣布实行“预备立宪”。梁启超代笔文章的诸多建议震动朝廷，对此夏晓虹的论文 [3] 已有详细论述。但就改革的现实而言，并没有取得什么实质性的成果。11 月 9 日，颁布上谕之后两个多月，在梁启超身边支持他的徐佛苏这样感叹道：

> 政界事反动复反动，竭数月之改革，迄今仍是本来面目。(革改官制之上谕已载今日东报，军机之名亦尚不改动，礼部仍存留并立，可叹已。……) 政界之难望，今可决断，公一腔热血，空洒云天，诚伤心事也。[4]

---

1 《国家原论》，载《新民丛报》第 74、75 期;《〈饮冰室合集〉集外文》(上)，第 344 页。孙宏云:《小野冢喜平次与中国现代政治学的形成》，载《历史研究》2009 年第 4 期。

2 伯伦知理的国家学在有关国家的学术概念还未存在的明治时代，被看作掌握立法、行政、司法实权的官僚建设近代国家必用的学问。([日] 蝋山政道:《日本近代政治学的发展》，ぺりかん社 [Perikansha Publishing Inc.]，1970 年，第 101 页) 梁启超试图翻译小野冢的《政治学大纲》第二编《国家原论》(未完)，该书试图把政治学从国家学中独立出来，反映了其关心之所在。

3 夏晓虹:《梁启超代拟宪政折稿考》。

4 徐佛苏:《致任公先生书》，“梁年谱上海本”，第 368 页。

《请改定官制以为立宪预备折》也被确定为梁启超代笔，而将这一奏折付诸实施的上谕则于11月9日被刊登在日本的报纸上。让徐佛苏倍感失望的那句“军机之名亦尚不改动”，说的是在内阁之下将军机处“改并”这一构想[1]被人忽视。这一措施是要把约170年前创办的军机处完全反转过来。毋庸赘言，该构想是要把“改并”之后的新内阁发展成与议院内阁制联系在一起的近代责任内阁。但军机处不变，就意味着不改变权力机构的根本，也就是说改革仍处于最初阶段“改定”。

对于“礼部仍存留并立”难掩失望之情，是因为废除礼部对于改革构想具有象征意义。礼部最重要的工作就是关系皇帝政治根基的官僚选拔制度和科举。拥有一千多年历史的科举制度终于在前一年被废除，只剩下仪式相关的工作。因此，为处理这些事情提出了设立典礼院，把礼部安插进典礼院，把职务相同的太常寺等机构也一起合并到典礼院的构想。[2]尽管如此，这一设想最终并没有实现。科举的废除带给中国社会和文化的影响之大无以类比。废除、合并管理科举的机构更是难上加难。

---

1 《请改定官制以为立宪预备折》，见《端忠敏公奏稿》第6卷，第62页里。

2 《请改定官制以为立宪预备折》，见《端忠敏公奏稿》第6卷，第66页表。

三、梁启超移居须磨

由于代笔撰写宪政考察报告，梁启超的立场无论在政治上还是生活上都发生了巨大的变化。首先在生活方面，梁启超从东京转移到了神户。而此前梁启超自来到日本以后，一直都生活在东京和横滨（偶尔在横滨，所以以下都只写为东京）。孙中山也是如此。因为对政治亡命者而言，首都东京的重要性不言而喻。然而这个时候，梁启超却移居到了神户，一直到辛亥革命中华民国诞生回国，都没有离开。如果没有相当的理由，他不会离开原本是他活动舞台的东京。

梁启超移居到神户的真正时间是 1906 年 11 月 10 日。[1] 所以，梁启超很有可能是 6、7 月时闭关撰写代笔之作。不过，对于这件事情，即使对蒋观云这样的同志他也非常保密。农历七月，梁启超从上海回来之后，在写给蒋观云的信中托词说因为“闰四月”继母过世才久未联络。年底的时候，他又向康有为解释说因为继母过世等原因所以久未露面，由此可知梁启超对他的老师也隐瞒了代笔写作的事情。在给蒋观云的书信中，梁启超还说，“顷缘避嚣，移居京都附近（住所尚未定），日夜

1 “7 明治 38 年 9 月 2 日至明治 41 年 4 月 4 日”，JACAR，Ref.B03050065500、“各国内政关系杂纂 / 支那部分 / 革命党相关（包括流亡人员）”，第二卷（B-1-6-1-048）（外务省外交史料馆）。

便拟成行，俟定居后，再当奉闻”。[1] 虽然还不知道这个时候他把京都作为移居地点的原因，但可以肯定的是，这是他要与身边的朋友保持距离的一个说辞。9、10 两月及卧病之后，梁启超移居神户。

神户是仅次于横滨的华侨聚居地。1899 年神户华侨人数达 1587 人。[2] 梁启超居住的地方是与吴锦堂齐名的神户华侨中的大人物麦少彭的别墅——怡和别庄（梁启超称为双涛园、双涛阁）。麦少彭（1862—1910，广东帮的大商人）在日俄战争中曾先后四次购买军债，金额高达 40 万日元，与购买 45 万日元军债的吴锦堂并驾齐驱，是神户华侨中的大人物。[3] 那个时代，小学教师的第一年工资仅有 10 日元多一点，由此可见他们财力的雄厚。怡和别庄坐落在须磨海边。彩图 3 是有“风景版画第一人”之称的安藤广重所画的舞子海岸（须磨西部附近）。白沙翠松，是濑户内颇有代表性的观光胜地。右边偏中间的部分画的是一个茅屋，但有钱人家的别墅则是非常气派的。吴锦堂的移情阁（今天的日本孙文纪念馆）就是具体的例子，它是约十年后当时最先进的西洋式建筑〔见图 5.1〕。

---

1 《致蒋观云先生书》，“梁年谱上海本”，第 362 页。

2 ［日］中华会馆编:《落地生根》，研文出版，2000 年，第 48 页。该书的中文版有忽海燕译:《落地生根》（北京大学华侨华人研究中心丛书之十六），香港：香港社会科学出版社，2003 年。

3 ［日］中华会馆编:《落地生根》，第 117、122、160 页。关于吴锦堂（1854—1926，三江帮），参阅［日］中村哲夫:《吴锦堂》；华侨华人研究会编:《神户与华侨》，神户新闻总合出版中心，2004 年。

图 5.1 上：移情阁 / 下：吴锦堂
（日本孙文纪念馆提供）

须磨是一个距神户市中心往西乘电车需要30分钟左右的偏僻村落（当时属于武库郡）。从1906年搬至此到辛亥革命次年秋回国，梁启超在那里共居住了六年。当然他并不是为了遁世，因为在那期间他不但主持了《新民丛报》等宣传媒体的发行，还积极从事与预备立宪同时开始的政闻社等政党活动。其实仅就年谱即可了解，其间不但梁启超多次去东京，相关人士也多次来神户（在《外务省记录》中次数更多）。让他克服这些不便的理由，一方面是为了从事不想为人所知的活动，另一方面可以肯定是为了充分利用代笔带来的与载泽和端方等人的关系网。其中与驻神户领事长福（正黄旗人，宗室，1904年9月至1908年6月在任[1]）的交往对于支持这一关系网非常有用，所以即便后来长福回国，他依然是梁启超最重要的联络对象。梁启超进行的宫廷攻坚战中最令人感到意味深长的就是光绪帝和西太后先后去世，皇弟载沣就任摄政王时对袁世凯的抵制。有关这一事件，杨天石的研究已经解开了部分真相。[2]

1　故宫博物院明清档案部等编:《清季中外使领年表》，北京：中华书局，1985年，第77页。虽然经常出现在《梁启超年谱长编》中，但编者有意识采用了原初稿批注:“长寿卿最为重要之人，若海至北京寓碑塔胡同长寿卿家，长寿卿为神户领事时，与先生往还至密，对于此事，寿卿至为尽力。”（“梁年谱上海本”，第515页）

2　杨天石:《须磨村密札与改良派请杀袁世凯的谋划》，见《寻求历史的谜底：近代中国的政治与人物》，北京：首都师范大学出版社，1993年，第55—67页。另请参阅［日］永井算巳:《光绪帝、西太后的去世与在日本的康梁派》，《中国近代政治史论丛》，汲古书院，1983年。

简言之，梁启超移居须磨，对应的是与预备立宪一起产生的他与清政府关系的变化。这与常被引用的“今者我党与政府死战，犹是第二义，与革命党死战，乃是第一义”[1]之中的重心转移是一样的。

随着向预备立宪的转移，清朝对政治犯进行大赦，但这并没有惠及主犯康梁，他们犯人的身份并没有改变。在这一情况下，聪明的梁启超发表《日本预备立宪时代之人民》[2]，呼吁学习日本自由民权运动的经验，以自由党为范本开始政党活动的准备。他同时发表《中国不亡论》[3]，努力宣传满族人是中国人，满洲人掌握政权并不意味着中国灭亡。在实际的政治活动中，他虽然组织了政闻社，但该组织的首领却由马良担任，自己和身为老师的康有为并不公开露面。尽管随处可见的说法是，排除康有为是为了避免出现太过不受欢迎的情况，但我认为隐藏自己是为了避免秘密曝光时的受害。

对于这一微妙关系，与梁启超争夺君主立宪派领导地位的政敌杨度的见解颇值得注意。他以梁启超的《现政府与革命

---

1 《致康有为书》，“梁年谱上海本”，第 373 页。

2 饮冰:《日本预备立宪时代之人民》，载《新民丛报》第 83、84、89 期（出版信息上分别写作 1906 年 7 月 21 日、8 月 4 日、10 月 18 日，而实际的发刊时间分别是 1906 年 10—11 月、11 月—12 月，1907 年 4 月前后）。

3 饮冰:《中国不亡论》，载《新民丛报》第 86 期（出版信息上写的是 1906 年 9 月 3 日，而实际的发刊日期是 1907 年 1 月前后）。

党》[1]为例，认为“赞成者非常多是因为它辱骂政府”，若其他的文章拥护政府，《新民丛报》就被看成“御用报纸”。“《新民报》于二年前监督政府，二年以来纯然监督国民，此学界最有势力之议论”，“兄此后能注意政府一方面立论最好，每期必有，此一篇文字，实可以唤起同情，若转驳革命党，批评国民，实为失策”，“我辈若欲为民党，则不可不立于一方，而决不可为两歧之论”。[2]杨度并非一直都站在正确的立场，但却断然拒绝“两歧之论”。

1907年10月，梁启超在东京创办政闻社，与清朝的立宪转移相呼应而从事政治活动。该社的主义是“确定立宪政治，使国人皆有参与国政之权”等三条。虽然梁启超没有在发起人中出现，但却是整个创办活动的主导人。[3]政闻社的机关杂志《政论》（月刊，目前可以明确的发刊期数为5期）虽然是在东京创办，但从第2期开始就转移到了上海，因此也成为梁启超在日本发行的最后一份杂志。

1908年8月，政府还是下令禁止政闻社的活动。此后在

---

1 饮冰:《现政府与革命党》，载《新民丛报》第89期。

2 杨度:《致卓如我兄足下书》，“梁年谱上海本”，第403页。

3 《政闻社社约》，载《政论》第1号，1907年10月。发起人是蒋智由（观云）等八人。

清朝体制下，梁启超依然不断在《国风报》[1]等刊物上发表各种有关立宪改革的意见，迎来了辛亥革命的到来。

1 《国风报》(旬刊)，1910 年 2 月在上海创刊，发行至第 2 卷第 17 期（1911 年 7 月）停刊。总撰述人梁启超几乎在每期都以“沧江”这一笔名就开办国会、财政问题、外交问题、地方自治等广泛投稿。

第六讲　民国初年的梁启超

一、回国后的政治地位

辛亥革命使亚洲诞生了第一个共和国——中华民国。清朝虽然已经灭亡，但梁启超并没有简单地决定回国。他并非是不希望，而是在寻找有利的时机。几次失败后，1912 年 9 月 30 日，也即武昌起义约一年以后，梁启超从神户乘船，经大连（10 月 5 日）、天津（10 月 8 日），于 10 月 20 日到达北京。从那时起，梁启超开始了他在民国初年令人目眩的活动。回想起来，自从戊戌变法作为康有为弟子站在政权一方从事过短期的活动以后，十四年里，梁启超的生活只是作为一名亡命政治家活跃在日本等地。

众所周知，梁启超曾在 1902 年的《新小说报》上发表了一篇政治小说《新中国未来记》，说的就是 1912 年将会出现一个“大中华民主国”代替清朝，而该国家的第二任大总统，无独有偶，竟然写的就是黄克强（黄兴，字克强）。因此，无论是国家的名字，还是最高领导者的名字，都被梁启超说中，从这个意义上，梁启超可以自诩有先见之明。

但是，就像第五讲中提到的，在清朝预备立宪以后，梁启超曾经把革命党看成比政府更严重的第一大敌。两者的关系非常恶劣，其中革命派打进政闻社创立大会就是一个代表性的事件。孙中山当选中华民国临时政府第一任大总统时曾明确表示，辛亥革命首推革命派之功，结果导致两派之间的对立在各方面进一步激化，有时甚至发生流血事件。这也是梁启超考虑回国时必须慎重选择时机的原因之一。

由于环境已经成熟，并且瞅准了时机，所以 10 月 20 日梁启超现身北京时，受到了各界人士的热烈欢迎。他在给女儿思顺的书信中写道，“其欢迎会之多，亦远非孙、黄所及”[1]，将自己与革命派领导人相比较。因为在此前不久，孙中山和黄兴曾应袁世凯邀请，分别于 8 月下旬和 9 月中旬进京。

梁启超在北京停留的短短 12 天里，共出席了 19 次集会，据说多的时候一天曾进行过四次演说。被称作君主立宪派在舆论界统帅的梁启超，在 10 月 22 日“报界欢迎会”上发表演说《鄙人对于言论界之过去及将来》[2]，内容如下：

> 立宪派人不争国体而争政体。其对于国体主维持现

1 “梁年谱上海本”，第 657 页。

2 文集二十九，第 1 页。这篇文章以《莅报界欢迎会演说词（代发刊词）》为题刊登在《庸言》创刊号。《庸言》（半月刊）是 1912 年 12 月在天津创办的梁启超一派的舆论机关，主编是吴贯因。

> 状。吾既屡言之。故于国体则承认现在之事实。于政体则求贯彻将来之理想。夫于前此障碍极多之君主国体。犹以其为现存之事实而承认之。屈己以活动于此事实之下。岂有对于神圣高尚之共和国体而反挟异议者。夫破坏国体。惟革命党始出此手段耳。若立宪党则从未闻有以摇动国体为主义者也。故在今日。拥护共和国体。实行立宪政体。此自论理上必然之结果。而何有节操问题之可言耶。[1]

他的逻辑是自己在君主国体之下就已经开始追求立宪政体的理想，因此自然在共和国体之下也要拥护立宪政体。梁启超由此在共和国确立了自己的位置。

报界欢迎会之前，梁启超曾于10月20日出席国民党（中国同盟会的后身；孙中山任理事长，实际工作由宋教仁承担）的欢迎会。[2]会上作为国民党代表表示欢迎的是北京临时参议院议长吴景濂。吴有事离开之后，由原安徽都督孙毓筠代致欢迎词，称“我国十余年改革之动机，发自梁任公先生。无论何人，无不承认。即世界万国，无一不承认也”，——高度评价

1　文集二十九，第5页。

2《莅国民党欢迎会演说词》，见夏晓虹辑:《〈饮冰室合集〉集外文》，北京：北京大学出版社，2005年，第573页。这篇文章没有被收录到《饮冰室合集》之文集中，其原因或许是编校人员觉得这篇文章会给蒋介石领导的国民政府带来一些不好的影响。

了梁启超的历史作用。对此，梁启超在答词中说，“其发端略言，鄙人十余年来虽有志为国尽瘁，然所经营者则空言而已。民国之成，乃国民从种种方面冒种种之困苦，以有今日。其中出代价最多者，无如今之国民党。云云”，——尽显对主办方之礼。根据保留下来的记录，后面的演说讲的都是政党在民国中的作用，丝毫没有提及孙中山和黄克强。

梁启超回国时的政治立场如上，但此处还要对他在另外一个方面即文化方面的地位作一介绍。那就是马良提议、章炳麟和梁启超一同推动的“函夏考文苑”。[1]“函夏”指的是中国，“考文苑”模仿的是法国开设的研究院（Académie française），目标是成为中国近代学术和教育的最高机构。马、章、梁再加上严复四人是团体的核心，法学家沈家本、金石地理学家杨守敬等 15 名学者被列入名单（其中也有前文提到的佛学专家孙毓筠）。康有为因“其学说荒诞无稽”而被排除在外，这一点还需要从他与梁启超的关系方面给予关注。后来，梁启超和章炳麟都退出了这件事。[2]该计划于次年 4 月便告流产，但是却成为 1927 年成立的中央研究院的起源。同时，这段插曲也表现了民国创立时期梁启超在文化界的地位之高。

但是这一时期，梁启超作为政治家的身份已经超过他文

1　方豪:《马相伯先生筹设函夏考文苑始末》，载《大陆杂志》第 21 卷第 1 号，1960 年。

2　“梁年谱上海本”，第 658—660 页。

化界人士的身份。回国不久，梁启超接受了袁世凯提供的每月 3000 元高薪的工作。[1] 这意味着梁启超进入袁世凯帐下。若从他和袁世凯以往的关系来考虑这一举动，或许会令人有难以理解之感，但这就是所谓敌人（孙文）的敌人就是朋友。1913 年 2 月，梁启超加入袁世凯的执政党共和党。同年 5 月，共和党与统一党、民主党合并成为进步党。为了与在国会中占多数的国民党抗衡，所有相关经费都由袁世凯提供。梁启超在进步党中担任理事要职，在成立大会上担任议长发表党政演说。

梁启超曾在外号"名流内阁"的熊希龄内阁中担任司法总长（1913 年 9 月 11 日至 1914 年 2 月 20 日）。在他任职期间，11 月 4 日国民党组织遭解散，一百多名国民党籍国会议员的资格被剥夺，国会因此陷入无法召开的境地。这件事体现的是袁世凯的意志，所用的方法是不直接对机构下手，而是通过破坏机构的工作职能达到毁灭国会的目的。对于袁世凯的帝制活动，梁启超发表了惊世名文《异哉所谓国体问题者》[2] 表示反对，并决定通过护国战争挫败袁世凯的野心。丁巳张勋复辟时，梁启超还与他的老师康有为发生了武装对抗，致其失败。这些都足以证明，梁启超的拥护共和国体并非只是一句空话。

1 "梁年谱上海本"，第 658 页。

2 《大中华》第 1 卷第 8 号，1915 年；专集三十三，第 85 页。

二、对日态度的变化

梁启超亡命来日时，日方在生活上给予他非常周到的帮助，对此梁启超也曾万分感激，这一点在第二讲已经提及。在那样的环境下，明治日本所接受的与西方近代文明有关的新体验、新知识，在梁启超心中自然更添一份光辉。拿梁启超认为最核心的单词“民权”来说，《清议报》第6、7期（1899年2月）连载的《爱国论》在经历了约五个月的停载之后，于第22期又开始续载。续载时，梁启超在开篇写的是:“国者何？积民而成也。国政者何？民自治其事也。爱国者何？民自爱其身也。故民权兴则国权立，民权灭则国权亡。”[1]

并不是说来日本以前梁启超没有谈过“民权”，但是在论述“变法通议”的重要文章中，过去的确没有出现“民权”的字样。两相对比可以知道，上述所引文章是梁启超在国家发展与尊重民权的对应方面受到新的启发之后所作。也就是说，梁启超在与日本现实结合起来之后，深深理解到国家发展绝对需要确立民权。

在高度赞扬其他各国以为典范的民权最发达的“女王”国家英国以后，梁启超对日本作了如下评价:

1　文集三，第73页。

日本东方民权之先进国也。国会开设以来。巩自治之基。厉政党之风。进步改良。蹑迹欧美。而国民于其天皇。戴之如天。奉之如神。宪法中定为神圣不可犯之条。传于无穷。然则兴民权为君主之利乎。为君主之害乎。[1]

接着他又讲到法国的路易十六和俄国的亚历山大二世死于非命，并涉及日本的改革。

日本当明治七八年乃至十四五年之间。共和政体之论。遍满于国中。气焰熏天。殆将爆裂。向使彼两国者。非深观大势。开放民权。持之稍蹙。吾恐法国一千七百八十九年之惨剧。将再演于海东西之两岛国矣。今惟以民权之故。而国基之巩固。君位之尊荣。视前此加数倍焉。然则保国尊皇之政策。岂有急于兴民权者哉。而彼愚而自用之辈。混民权与民主为一途。因视之为蜂虿。为毒蛇。以荧惑君相之听。以窒天赋人权之利益。而斫丧国家之元气。使不可复救。吾不能不切齿痛恨于胡广冯道之流。不知西法而自命维新者也。[2]

1　文集三，第76页。

2　文集三，第77页。

文中需要注意的词是“民主”。该词作为 democracy 的翻译词语广泛流传是在之后，这里是 President 的意思。所以，受到君主保证的民权与否定君主制的民主体制这时期是相对的概念。梁启超的意思是，英国虽然很遥远，但对于已经确立民权并获得发展的君主立宪国日本，仍然可以视之为范本。

此处的叙述虽然很平实，但梁启超的政体论已基本尽言。在后来的《日本预备立宪时代之人民》[1]中，他的研究进一步发展。该文在具体阐述日本自由民权运动的历史过程的基础上，提出要学习日本自由民权运动的经验，模仿板垣退助等人的自由党，组织政闻社进行活动。另外，他还在《新民说》第16节“论尚武”中称赞“武士道、大和魂”。[2]当然，他也曾批评二道茶的日本文明非常幼稚[3]，但基本上还是对日本持信任态度，希望无论从制度上还是精神上都要学习日本。

另外需要注意的是，梁启超并没有提及《教育敕语》。管见所及，他只在《立宪国诏旨之种类及其在国法上之地位》[4]和《违制论》[5]中提到过《教育敕语》，而且只是在解释文书格式的

1 《〈饮冰室合集〉集外文》(上)，第363页。

2 专集四，第109页。

3 《问答》，载《新民丛报》第20期，第60页。

4 文集二十六，第56页。

5 文集二十七，第70页。

时候。我认为这与梁启超重视“个人主义之教育”有关。[1]不过，他对德国威廉二世自己写的《教育敕语》却大加赞赏[2]，因此仍然有必要进一步分析。

这些问题姑且不论，1915年的“二十一条”，令梁启超对日本的信任出现极大动摇。起初，他听到日本为了达到非分之想用尽各种阴谋诡计的消息时，曾给张一麐写信说，“若有之则主座当必有以处之，决不受其播弄也”，表示此事虽然令人厌恶，但应该能够解决。[3]这是他对挚友吐露的心声，但对普通国民他说的却是：

> 吾居日本久。吾虽知日本无利我土地之心。然此意不能尽人而喻也。国中多数人民。睹日本近日举动。恒窃窃私语曰。日本人果欲友助我中国耶。抑欲翦灭我中国耶。吾辄与之辨。谓日本人为保全友邦领土之宣言。非止一度。岂其有反思翦灭之理。难我者曰。日本人宣言保全朝鲜领土。又岂止一度。且屡载之于盟约矣。而今竟何如者。吾闻此竟无以应也。[4]

1 《孔子教义实际裨益于今日国民者何在欲昌明之其道何由》，载《大中华》1—2；文集三十三，第67页。

2 《论教育当定宗旨》，见文集十，第57页。

3 “梁年谱上海本”，第710页。

4 《中日最近交涉平议》，载《大中华》第1卷，第2期；文集三十二，第91页。

这是在朝鲜前车之鉴的基础上，指出当前的时事变化——人们对日本的“保全”主义[1]已经开始持怀疑态度。同时，他还指出，在“讨伐”中国和要求“支那问题根本解决”等主张在日本各大报章杂志大行其道的环境下，提出这种二十一条，容易引发危险事态的发生，从而呼吁日本回到“保持东亚平和之本志”，收回二十一条。[2]

但是日本对“亲日派”梁启超有理有据的提议充耳不闻，强行开展谈判。梁启超见状深表失望，称“以日本号称吸受西洋文化数十年。而今兹之举动。一若全为锁国思想所蔽。退化之锐。吾实惊之。”[3]这是支撑他思想尺度的崩溃。形势已然如此，梁启超写下“今之日本，则昔之俄也”。[4]这已经是全盘否定日本文明开化的血气之言。

---

1 很久以前梁启超就曾结合确立民权否定支那保全论（《保全支那》，见专集二，第40页）。这次虽然只是在应称作读书杂记的《自由书》中的言论，但依然值得与孙中山在《东邦协会会报》上对日本人的发言同样受到关注。（狭间直树著，任骏译:《关于孙文的“支那保全分割合论”》，载《民国档案》第66号，2001年）

2 《中日最近交涉平议》，载《大中华》第1卷，第2期；文集三十二，第93—94页。

3 《示威耶挑战耶》，载 *Peking Gazette*，1915年4月6日；文集三十二，第112页。

4 《再警告外交当局》，载《大中华》第1卷，第5期；文集三十二，第109页。

结果，二十一条以军事力量的威吓作为最后通牒，1915年5月9日暂获解决。[1]梁启超的日本观由此受到深深的伤害。当时还有另外一个决定性的经历，那就是袁世凯的帝制活动和梁启超反对帝制的活动。为对抗筹安会而发表的《异哉所谓国体问题者》这篇文章，虽然引起了轩然大波，但与日本没有直接的关系。问题是此后的护国战争。

袁世凯用尽各种手段想要刺杀梁启超。梁启超逃离北京，在警惕刺客袭击的同时，辗转上海、香港、越南，最后进入广西。其踩着死亡线逃亡的紧迫情景，通过年谱中收录的众多书信映入读者脑海。日本民间人士自然不用再说，日本的军人和外交官也都明里暗里帮助他与死亡同行的这次逃亡。对于这次帮助，梁启超也曾思考，为什么日本这么帮我？对此，他晚年时这样回想道：

> 余在护国之役略前，脑海中绝无反日之种子。不但不反日而已，但觉日人之可爱可钦。护国一役以后，始惊讶发现日人之可畏可怖而可恨。“憎日”“恶日”与“戒备日”之念，由微末种子培长滋大而布满

1　王云生曰：“二十一条要求照会所用之纸，有无畏舰和机关枪之水印。”（《六十年来中国与日本》第6卷，北京：生活·读书·新知三联书店，1980年，第77页）

全脑。[1]

也就是说，当看透日本的真实意图时，他感到恐怖和憎恶，并开始警惕。虽然二十一条让他开始憎恶日本人的侵略，但当时他虽然知道日本的“凶恶”，却不知道日本的“毒性”。他甚至还说日本人比虎狼还可怕，灭我国者不是白人，而是“倭人”。[2]梁启超的这种对日观确立下来，有巴黎和会上山东问题的处理以及拒绝签订《凡尔赛条约》这一系列过程的介入。不过可以确定的是，梁启超的政治立场在民国初年开始变得不再亲日。

补充一句，被孙中山等革命派称作三次革命的反袁斗争，也得到了日本相当规模的帮助。相关实际情况的部分内容，可参见小野信尔的作品。[3]对于孙中山 1919 年以后对日本态度的巨大转变，虽然藤井升三曾有过详细的论述[4]，但管见所及，孙中山并没有像梁启超那样对日方的深意发表任何意见。

1 吴其昌:《梁任公先生别录拾遗》，载《子馨文在》，见沈云龙编:《中国近代史料丛刊续编》，台北：文海出版社，1974—1982，第 81 辑，第 456 页。

2 吴其昌:《梁任公先生别录拾遗》，载《子馨文在》，见沈云龙编:《中国近代史料丛刊续编》，第 81 辑，第 457—458 页。

3 《“策电”舰袭击事件——第三革命与日本海军佣兵》，见［日］小野信尔:《青春群像——从辛亥革命到五四运动》，汲古书院，2012 年。

4 ［日］藤井升三:《孙文研究》，劲草书房，1966 年；其中第三章的论述最为重要。

三、日本人的对华态度——吉野作造

既然连与日本渊源极深的梁启超都感到畏惧，那么很容易想象，日本的做法在普通中国人的眼里更加令人讨厌和可怕。中华民国留学生为表抗议二十一条和军事协定而回国，导致在日留学生人数骤减也是证据之一。据实藤惠秀研究，1914 年原本有约五千名在日留学生，但 1919 年就已经减少至一半以下。[1]

而身为压迫一方的日本人，不但对本国政府侵略邻国的政策甚为迟钝，还认为这种政策理所应当。内藤湖南的《列国共同统治论》就是这一对华态度的极端表现。[2]

日本人对二十一条的一般理解就是如此。不久后成为大正民本主义旗手的吉野作造〔见图 6.1〕起初也是这样理解的："此次的对华要求，从表面来看或许是对中国主权的侵害，或者说损害了中国的面子，但是若从帝国的立场来看，这基本上是最低限度的要求。"同时他还认为，提出二十一条的时机"也选择了最为合适的时候，从帝国将来在中国地位的发展来看，是

1 ［日］实藤惠秀：《中国人日本留学史》，黑潮出版，1960 年，附表 1。中译本请参阅谭汝谦、林启彦译：《中国人留学日本史》（修订译本），北京：北京大学出版社，2012 年。

2 陶德民：《明治的汉学家与中国——安绎、天囚、湖南的外交论策》，关西大学出版部，2007 年，第 229—230 页。

图 6.1　吉野作造
（1917 年 2 月摄影，吉野作造纪念馆提供）

非常适宜的措施”。[1]

这是一种完全支持的口吻。而且这本《日支交涉论》（警醒社书店）的出版过程也非常特别。其口述的开始时间是日本为二十一条发出最后通牒的承诺期限 1915 年 5 月 9 日，三天

1 《日支交涉论》，见《吉野作造选集》第 8 卷，岩波书店，1996 年，第 154 页。

后结束口述，22 日完成全稿，6 月 15 日出版。[1]这说明该书的出版是为配合政府谈判而为。这也符合东京帝国大学政治学助教授的工作。

然而，此后吉野对中国的认识发生了巨大的变化，契机就是对中国反袁斗争真相的理解。

为了在日本扩大对孙中山革命的帮助，头山满、寺尾亨请求吉野撰写中国革命史。接受这一任务的吉野为了获取基本知识，在他人的推荐下开始阅读宫崎滔天的《三十三年之梦》。由此他理解了“中国革命的真精神”。另外他又通过“在身边提供资料”的寺尾的介绍，通过戴天仇、殷汝耕，了解了正在进行中的反袁斗争的实际情况。[2]

因此，吉野最初撰写的文章都是以孙中山等革命派为轴心而对反袁斗争进行描写。《中央公论》1916 年 2 月刊登的《南支那动乱》以及 3 月刊登的《南支近来的形势》都属此类。不过，后来这些文章集结成单行本《第三革命后的支那》时，删掉了以孙中山为中心的叙述。在对事态进行客观的观察以后，吉野认识到孙中山等的运动不过是支流。据吉野研究，担负运动的核心力量应该是“支那将来永远的中心势力”“青年支那党”。[3]

1　松尾尊兊解说，《吉野作造选集》第 8 卷，第 352 页。

2　《吉野作造选集》第 12 卷，第 314 页。

3　狭间直树解说，《吉野作造选集》第 7 卷，第 410—413 页。

这个“青年支那党”并不是所谓政党。它以“活着的精神（生きた精神）”为宗旨开展活动，是一群满怀爱国热情的青年领袖结合在一起的比较松散的组织。其革命活动虽然也以救国为目的，但组织的核心力量是梁启超和蔡锷。吉野判断“青年支那党”才是“支那将来永远的中心势力”，是因为他确立了“活着的精神”才是在思想战争中能够取得最后胜利的思想。[1]

在二十一条中拥护日本政府政策的吉野，仅一年后便打心底开始支持梁启超等人在中国的运动（吉野也把它称作革命），有其相应的思想依据。继前文引用的《日支交涉论》中“最低限度的要求”“适宜的措施”等完全侵略主义的主张之后，吉野还写下了这样一段话：

> 对于这个问题，我想利用这个机会恳切向国民大众倾诉的是，帝国对支那的理想政策，是无论何时何地都帮助支那，成为支那的力量，谋求支那完全且健全的进步，今天对支那提出这样的要求，暂时引起他们的反感，其实是各国在华竞争形势所逼迫，绝不是日本的本意，这一点请大家深深地记在各自脑中，将来要以更大的同

---

1 《支那时局私见》,《吉野作造选集》第 8 卷，第 199 页。该文是对抗内藤湖南《支那时局私见》(《外交时报》第 277 号，1916 年 5 月 15 日;《内藤湖南全集》第 4 卷)，在《外交时报》第 278 号（1916 年 6 月 1 日）以同一个题目写的。吉野反对代替中国考虑它的将来的内藤的干涉论，推行中国的将来应该由中国人决定的非干涉论。

情和尊敬对待支那的事情。[1]

正因为吉野认为二十一条是日本在列强竞争形势下不得已而为之，所以他才能写出《日支交涉论》。贯彻这篇文章的主线是从上往下的目光。但是吉野在这一现实的思考深处，确立了更为根本的思想，即以“同情和尊敬”对待对方的基本精神。“同情和尊敬”是现代化人际关系的根本。由于吉野确立了这一基本精神，所以他在中国的革新运动中发现“活着的精神”的时候，能够与这些运动者站在同一条战线上。

1917 年 8 月，吉野把在杂志上发表的文章集结成册，以《支那革命小史》为名由万朶书房出版发行。该书把从辛亥革命到护国战争的历史以从“第一革命”经“第二革命”到“第三革命”这样一种连续的观点理解，提出贯彻革命始终的是“弊制改革”这一史观。

对于这一事情，吉野在该书开头称，“首先阐明一下支那革命运动的实际情况”，如下：

> 我之所见，最近的革命运动自然不说，过去所有革命运动其根本都在于“弊制改革”这一具有政治意义的

1 《吉野作造选集》第 8 卷，第 155 页。楷体部分为作者所加。

内容。[1]

京都大学附属图书馆的《支那革命小史》（1917 年 9 月再版）是吉野的寄赠本〔见图 6.2〕。第 2 页的上引文章里，有读者用铅笔画了竖线（在这里成为下划线），并在栏外空白处骂道："为了弊政改革的革命运动云云，支那可能有吗？认识太

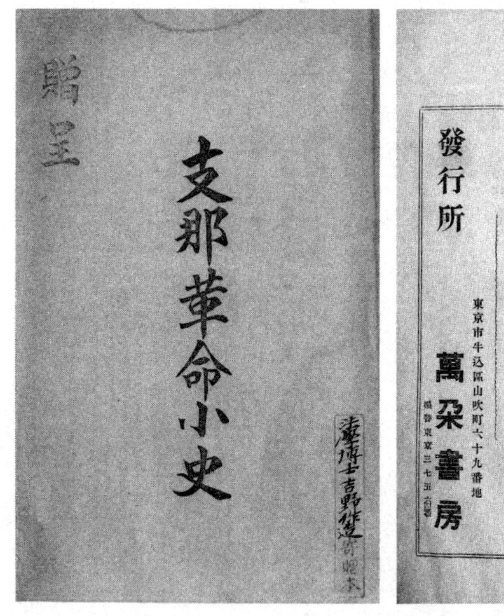

大正六年七月廿八日印刷
大正六年八月一日發行
大正六年九月十三日再版發行

支那革命小史
不許複製

定價金壹圓

著作者　吉野作造
東京市牛込區山吹町六十九番地
發行者　長橋香悟
東京市小石川區西江戸川町二十一番地
印刷者　藤澤松次郎
東京市小石川區西江戸川町二十一番地
印刷所　江戸川印刷株式會社

東京市牛込區山吹町六十九番地
發行所　萬朶書房
振替東京三七五六番

图 6.2 《支那革命小史》
（左：封面 / 右：版权页）

1 《支那革命运动的实体》第一章第 2 页，《吉野作造选集》第 8 卷，第 11 页。楷体部分为作者所加。

不够……”〔见图 6.3〕

在下一页吉野又写道：

> 如果把革命运动当作是有着过去现在和未来的一种有生命的运动来看的话，我等就不能无视其根本之中始终横亘着“弊政改革”这样一种激烈的思想。

对此，这位大骂吉野的读者又在这段文字旁用笔画出（引

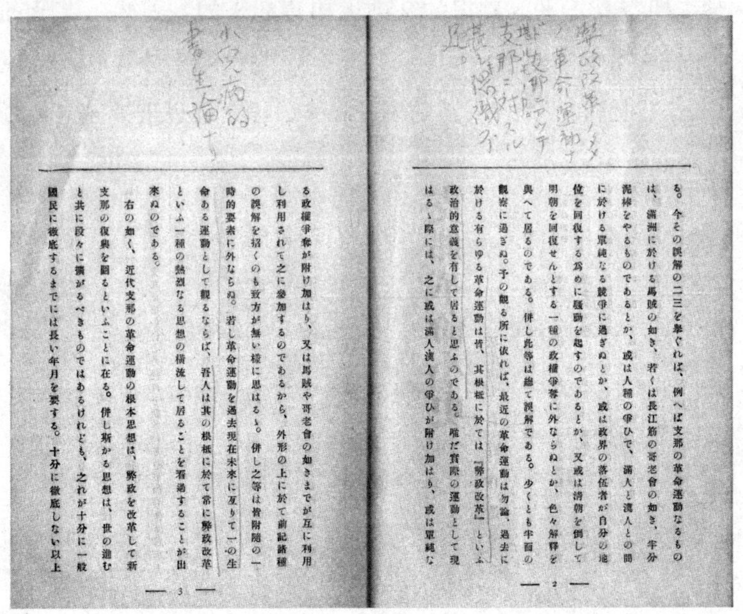

る。今その誤解の二三を擧ぐれば、例へば支那の革命運動なるものは、滿洲に於ける馬賊の如き、若くは長江筋の哥老會の如き、半分泥棒をやるものであるとか、或は人種の爭ひで、滿人と漢人との間に於ける單純なる競爭に過ぎぬとか、或は政界の落伍者が自分の地位を回復する爲めに騷動を起すのであるとか、又或は清朝を倒して明朝を回復せんとする一種の政權爭奪に外ならぬとか、色々解釋を與へて居るのである。併し此等は總て誤解である。少くとも半面の觀察に過ぎぬ。予の觀る所に依れば、最近の革命運動は勿論、過去に於ける有らゆる革命運動は皆、其根柢に於ては『弊政改革』といふ政治的意義を有して居ると思ふのである。唯だ實際の運動として現はるゝ際には、之に或は滿人漢人の爭ひが附け加はり、或は單純な

— 2 —

る政權爭奪が附け加はり、又は馬賊や哥老會の如きまでが互に利用し利用されて之に參加するのであるから、外形の上に於て前記諸種の誤解を招くのも致方が無い樣に思はるゝ。併し之等は皆附隨の一時的要素に外ならぬ。若し革命運動を過去現在未來に亙りて一の生命ある運動として觀るならば、吾人は其の根柢に於て常に弊政改革といふ一種の熱烈なる思想の横流して居ることを看過することが出來ぬのである。

右の如く、近代支那の革命運動の根本思想は、弊政を改革して新支那の復興を圖るといふことに在る。併し斯かる思想は、世の進むと共に段々に擴がるべきものではあるけれども、之れが十分に一般國民に徹底するまでには長い年月を要する。十分に徹底しない以上

— 3 —

图 6.3 读者在《支那革命小史》中的批注

文中的下划线），写下“幼稚的书生论”〔图 6.3〕，即断定中国人没有改革本国政治弊政的能力。无须赘言，此种看法与吉野所说的“同情和尊敬”正相反，而且很有可能在当时的日本非常普遍。回过头来看吉野，他的看法超越了时空，即使没能体现出十分的成果，我们仍然要认识到在一个世纪以前侵略不断激化的那个时代，他为建构人际关系作出了努力。

伴随二十一条而来的日本侵略政策的激进改变了梁启超的亲日态度。与侵略相对抗的“活着的精神”，是吉野作造在对华拥有真正平等意识的基础上构建起来的。因此，吉野对“九一八事变”也是持反对态度的。但是已经忘却要以人类共有之“同情和尊敬”对待邻国的日本，不久便迈进排外主义的侵略战争中。

第七讲　梁启超与历史学

——1920 年代东亚人文科学形成史的一个横断面

一、《中国历史研究法》

上一讲介绍的是梁启超作为政治家在 1910 年代的活动。而在此后的 1920 年代，梁启超基本上是作为一名文化人在生活。1918 年秋梁启超表示退出政治活动以后，12 月 28 日与丁文江、张君劢等人一起访欧，1920 年 3 月 5 日回国。当时他 48 岁。1929 年 1 月 19 日梁启超逝世，这之前约十年时间应该是他的晚年生活。1925 年，他在新开设的"清华学校研究院国学门"任教授，这也是此次讲座产生的缘分。对所谓西方没落的亲身体验，以及访欧的经历，对梁启超的思想产生了极为巨大的影响，不过这里并不直接涉及这个问题。

在梁启超的晚年生活中，他的写作、讲演活动中的确有一些令人眼前一亮的内容，涉及领域从中国的思想、历史、文学到佛教、图书馆学，范围极为广泛。其中 1921 年 2 月由商务印书馆出版，被定位为"中国学术史第五种"的《清代学术概论》[1]最为脍炙人口。不过这里我要谈的是1922年1月同样由商务印书馆出版的“中国文化史稿第一编”《中国历史研究法》。[2]因桑原骘藏等人曾对该书发表过书评[3]，由此可以了解当时中日两国的学术状况。此外，书中还有对19世纪后半期以来作为“科学”而逐渐形成的历史学问题性质的各种讨论。“科学”是带有近代色彩的意识形态，所以无论是梁启超还是桑原，都试图把历史学发展成“科学”。[4]

《梁启超年谱长编》对《中国历史研究法》评价如下：

> 此书出版后，颇风行一时，其给与学术界尤其是史学界的影响非常之大。不过当时在国内为有系统之批评者尚不多见，其在国外则有次年日本史学家文学博士桑原骘藏《读梁启超的中国历史研究法》一篇（原文见

1　专集三十四。

2　藏于京都大学大学院文学研究科桑原文库。需要注意的是，《饮冰室合集》专集七十三所收录的并不是初版。

3　桑原从其学生冈崎文夫那里获得《中国历史研究法》。书评刊登在冈崎等人发行的《支那学》上，“桑原文库”的藏书里有其精读的痕迹〔见图7.1〕。此外，还有田中萃一郎发表在《史学》第一卷第三号（1922年）的文章，虽然只是一篇短文，但却得到了极高的评价，被称作“欲修中国史之人必读文章”；这篇文章还指出了本次讲座提到的居庸关、莫高窟六体文字在理解上的错误。

4　在已有研究成果中，桑兵的《梁启超的国学研究与日本》（见《国学与汉学——近代中外学界交往录》，杭州：浙江人民出版社，1999年）可谓佳作。

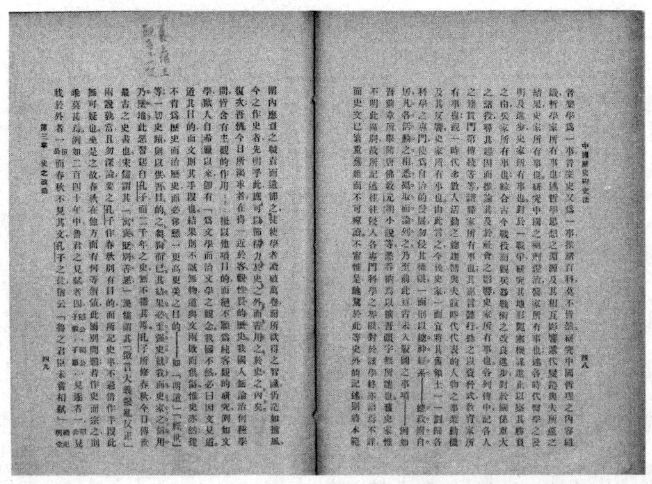

中國歷史研究法　四八

音樂學爲一事，音樂史又爲一事，推諸百科，莫不皆然。研究中國哲理之內容組織，哲學家所有事也；述哲學思想之淵源及其相互影響遞代變遷與夫所產之結果，史家所有事也。研究中國之藥劑證治，醫家所有事也；述各時代醫學之發明及進步，史家所有事也。對於一戰爭，研究其地形阨塞機謀進止以察其勝負之由，兵家所有事也；綜合古今戰役而觀兵器戰術之改良進步，對於關係重大之諸役，尋其起因而推論其及於社會之影響，史家所有事也。各列傳中記各人之籍貫門第傳統等等，譜牒家所有事也；其嘉言懿行，摭之以資矜式，教育家所有事也；觀一時代多數人活動之總趨勢與夫該時代代表的人物之事業動機及其反響，史家所有事也。由此言之，今後史家，一面宜將其舊領土一一劃歸各科學之專門，使爲自治的發展，勿侵其權限，一面則以總神經系——總政府自居，凡各活動之相，悉攝取而論列之。乃至前此亘古未入版圖之事項——例如吾前章所舉隋唐佛教元明小說等，悉吞納焉以擴吾疆宇，無所讓也。舊史家惟不明此區別，故所記述往往侵入各專門科學之界限，對於該學終末詒爲不詳，而史文已繁重蕪雜而不可殫讀。不寧惟是，馳騖於此等史外的記述，則將本範

圍內應盡之職責而遺卻之，徒使學者讀破萬卷而所獲得之智識，仍泛如捕風。今之作史者，先明乎此，庶可以節縮其力於史之外，而專用之於史之內矣。

復次，吾儕今日所渴求者，在得一近於客觀性質的歷史。我國人無論治何種學問，皆含有主觀的作用……擱以他項目的，而絕不願爲純客觀的研究。例如文學，歐人自希臘以來，即有「爲文學而治文學」之觀念。我國不然，必曰因文見道。道其目的，而文則其手段也。結果則不誠無物，道與文兩敗而俱傷。惟史亦然；從不肯爲歷史而治歷史，而必侈懸一更高更美之目的——如「明道」「經世」等；一切史蹟，則以供吾目的之芻狗而已。其結果必至強史就我，而史家之信用，乃墜地，此惡習起自孔子，而二千年之史，無不播其毒。孔子所修春秋，今日傳世最古之史書也。宋儒謂其「寓褒貶，別善惡」，漢儒謂其「微言大義，撥亂反正」，兩說孰當，且勿深論，要之孔子作春秋，別有目的，而所記史事不過借作手段，此無可疑也。坐是之故，春秋在他方面有何等價值，此屬別問題，若作史而宗之，則乖莫甚焉。例如二百四十年中，魯君之見弒者四（隱公、閔公、子般、子惡），見逐者一（昭公），見戕於外者一（桓公），而春秋不見其文，孔子之徒猶云「魯之君臣未嘗相弒」（禮記明堂位）

第三章　史之改造　四九

图 7.1　梁启超《中国历史研究法》初版

（桑原骘藏爱读本之其中一页）

《支那学》第二卷第十二号《天行》译文，见民国十六年七月二十三日《庸报》)，该文对先生此书虽也有几处纠正的地方，但是对于全书大体则颇加推重，由此可见其书的价值了。[1]

上面这段引文的主张有三：

第一，该书的出版引起了极大的反响；

第二，国内没有系统评价的人；

1　“梁年谱上海本”，第 949—950 页。

第三，把日本学者桑原骘藏的评价代为自己的评价。

《梁启超年谱长编》的编纂工作是在1930年代的上半期，比《中国历史研究法》的出版晚了约十年，所以此处的编者说明中存在一些值得注意的问题，具体内容将在第八讲展开。

桑原骘藏（1871—1931）与内藤虎次郎都是京都帝国大学东洋史讲座的创始人。他从［东京］帝国大学文科大学汉学科毕业以后升入大学院，师从坪井九马三。在这期间，他撰写了长期以来被当作中学标准教材的《中等东洋史》。[1]与此同时，桑原还引进西方史学研究的方法，通过客观公正的史料批评和明晰的史实考证，为确立“科学的”东洋史学发挥了重要作用。桑原所说的“科学的”，基本上是指对文献的广泛搜集和正确的解读，以及在此基础上对事实的考证。“东洋史”这一单词就是经由该书而广为人知，东方各国的历史从此以与西方各国历史相对应的方式问世。

桑原的书评，就像年谱编者所说，对该书的出版基本是持欢迎态度的。即其在书评中所言，“梁启超氏根据欧美的史学研究法，提倡革新中国史学乃急务”，高度评价其“书中的说明……全部举支那例证，引支那记录”。他还明确表态，“希望

1　桑原骘藏:《中等东洋史》(上、下)，大日本图书株式会社，1898年。《桑原骘藏全集》第4卷（岩波书店，1968年）收录了再版本。

怂恿”有志研究中国史的人阅读此书。[1]

但是桑原对于史实方面的问题却进行了非常严厉的批评。上述所引文章中说桑原“虽也有几处纠正的地方”，其“纠正”的地方基本上就是关于史实方面的。桑原的批评共有八条，其中关于论述不完全的两条在这里不再列出。接下来的五条是关于外国史料与研究方面的。第三条说，梁启超在该书第四章“说史料”中“(己)金石及其他镂文”一项，提到应该参考外国的记录，但却对日本嗤之以鼻，说:“若日本。则自文化系统上论。五十年前。尚纯为我附庸。其著述之能匡裨我者甚希也。故我国史迹。除我先民躬自记录外。未尝有他族能为我稍分其劳。”[2] 对此，桑原指出也应该参考日本（和朝鲜）的记录，以上足可见两者之间的分歧。

但是到第四条，情况出现不同。同是第四章，“(庚)外国人著述”一项，梁启超提到西方人用“科学方法”研究历史，虽然在个别研究中往往会有新的发明，但在通史方面，中国人必须担起责任。对于日本，他将其一脚踢开，称“日本以欧化治东学，亦颇有所启发，然其业未成，其坊间之东洋

1 《桑原骘藏全集》第2卷，岩波书店，1968年，第469页。顺便补充一句，岸本美绪曾指出，内藤虎次郎（内藤湖南）著名的中国社会论《乡团论》就是受了梁启超《论中国人种之将来》(文集三，第48页)的“启发”。《中国中间团体论的系谱》，见岸本美绪编《东洋学的磁场》，岩波书店，2006年，第260页。

2 《中国历史研究法》，初版，第97页；专集七十三，第60页。

史支那史等书充架，率皆鲁莽灭裂，不值一盼”，更大叹中国教育现状，称“而现今我国学校通用之国史教科书，乃率皆裨贩逡译之以充数，真国民莫大之耻也”。[1]梁启超曾经高度评价桑原的《中等东洋史》，因此这段话让桑原大感意外，称“政治上从亲日变成反日的梁氏，莫非学问上也从亲日变成排日了”？

《新民丛报》第9期和第11期刊登的《东籍月旦》，在第一编设有“普通学”一栏，作为分科，特别提出了日本中学中被当作普通科目的“伦理、国语及汉文、外国语、历史、地理、数学、博物、物理及化学、法制、经济”十科，是一本希望以“东籍”为媒介，尽快吸收各科西方近代文明知识的实现的指南书。当然，与六年前的《西学书目表》相比，它也是一本反映梁启超对西方近代文明的内在已经有飞跃性理解的重要作品。《新民丛报》仅刊登了第一章“伦理学”和第二章“历史”便中断了。在第二章“历史”中，其第二节“东洋史（中国史付）”里的第一个项目讲的便是《中等东洋史》，内容如下：

> 现行东洋史之最良者。推“中等东洋史”桑原骘藏著二册定价一元：此书为最晚出之书。颇能包罗诸家之

---

1 《中国历史研究法》，初版，第97—98页。该部分在《饮冰室合集》专集七十三第61页中被删掉了。

> 所长。专为中学校教科用。条理颇整。凡分全史为四期。第一上古期。汉族膨胀时代。第二中古期。汉族优势时代。第三近古期。蒙古族最盛时代。第四近世期。欧人东渐时代。繁简得宜。论断有识。[1]

《丛报》第14期卷头曾刊登过要出《东籍月旦》单行本的《本社广告》，称已经写成的原稿就有二百多页，若在期刊上连载，一年也登不完，所以下个月出单行本。但是很遗憾，这本书目前还不清楚是否已出版，不过基本可以断定其最终并没有问世。

回到桑原的书评上来，接下来的四条都是指出梁启超在史实方面的误解。第五条，虽然桑原非常专长于讨论他曾精心考证过的阿拉伯人 Abou Zeyd 的记录等内容，但日本学界对此已有定论，所以桑原只要求梁更为注意日本的成果。

值得注意的是第八条。即前面提到的“(己)金石及其他镂文”一项下面的记录。梁启超举出了有名的“居庸关”过街塔和敦煌“莫高窟”的刻文。梁启超把前者的六体刻文记述为“蒙古·畏兀·女真·梵·汉五体”[2]，然后将后者六体刻文的图录写在“注”中〔见图7.2〕，并称“其何体属何族，则吾未能

1 文集四，第98页。

2 《中国历史研究法》，初版，第89页。《饮冰室合集》专集已删除了相关部分，在此不再一一列出。

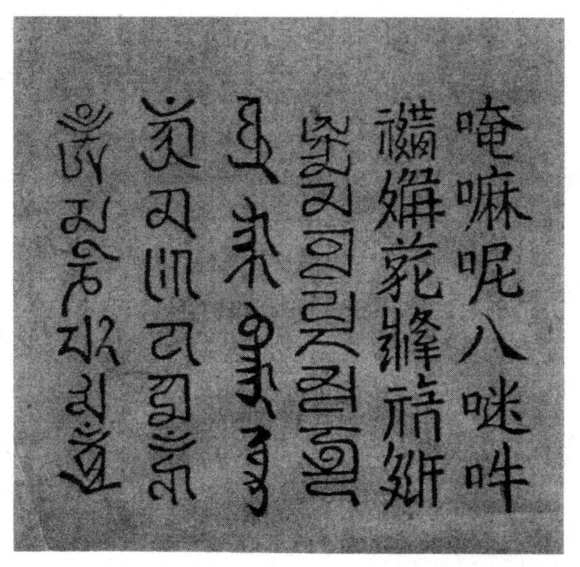

图 7.2　莫高窟的六体刻文
（《中国历史研究法》初版第四章注二十一所载）

辨也”[1]。其实，梁启超在注释中所载的六体刻文，正如图 7.2 所示，从右往左依次是“汉 · 西夏 · 八思八 · 畏吾儿 · 西藏 · 梵”，桑原指出“居庸关”的刻文与此相同，在这里放上“莫高窟六字真言碑”的拓本〔见图 7.3〕。[2]“六字真言”是被看作一切智慧、福德根本的喇嘛教的祈祷语，意思是“啊，莲华上的宝珠”。

---

1 《中国历史研究法》，初版，第 93 页。《饮冰室合集》专集中已删除。

2 该图的获取和对“六字真言”的解释，皆受教于京都大学人文科学研究所船山馨教授。

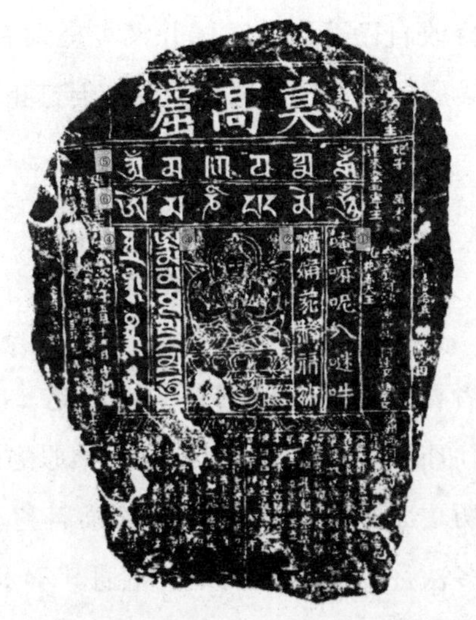

图 7.3　莫高窟“六字真言碑”
（备注：①汉②西夏③八思巴④畏吾儿⑤藏⑥梵）

对于桑原骘藏的批评[1]，梁启超几乎全部接受了。不过他并不是从正面接受批评，而是将他认为不合适的地方删除或修改，如他称日本人写的东洋史等书籍“率皆鲁莽灭裂，不值一盼”等处后来就被删掉了。我希望大家注意的是这样一个事

1　桑原的学问观是以当时国际学界的研究法为基准的，其对梁启超的批评带有当时的时代性。这一点吉泽一郎在《东洋史学的形成与中国——桑原骘藏之情况》（见岸本美绪编《东洋学的磁场》）中已明确指出。而就中国学本身而言，如内藤虎次郎就接受了章炳麟的批评，也声称日本的汉学落后了七八十年。（《支那学问的近况》，见《内藤湖南全集》第 6 卷，筑摩书房，1972 年，第 48 页）

实，即梁启超修改自己著作的时候并没有提到有桑原的意见。应该说，虽然梁启超并不吝于承认错误，但订正错误的方法存在问题。

二、对桑原骘藏的评价

年谱编辑者称桑原骘藏的书评对梁启超《中国历史研究法》“大体则颇加推重”，是因为以下这段桑原的评语。

作为一名历史学家已经自成一家的梁启超“似有相当的语学修养，且多次往欧美各国观光，略通其学术政治”。如此具备学者资格的梁启超“不满于以往的历史，为了推进其革新，乃把此次新著推向社会，对他来说应该是非常合适的一项事业”。

接着桑原又说，在中国，历史自古就备受重视，修史事业非常发达，这是实情。但是在目的和方法上，多有令人遗憾之处，要让中国史学发达，必须脱离过去的旧习。为此，首先需要批判甚至超越司马迁、班固等人记述的模范历史书以及刘知幾、章学诚等人提出的过去的史学。当今，梁氏提倡根据“欧美史学研究法”来革新中国史学，桑原对此表示欢迎。这一点前面已有叙述。那么史学革新应该向哪个方向发展？桑原向志在史学研究的中国人士首先推荐了这部新著作为参考，同时也表示期望该书的发行能给未来的中国史学界带来相当的影响。

对于梁启超试图大大改变《史记》以来中国史传统的举动，桑原确实给予了高度评价。那么梁启超希望怎么做呢？大致有两点。第一，所谓历史是人类社会活动的总体，必须对今天的中国国民有用。桑原引用该书第一章“史之意义及其范围”的开头，说：

> 史者何。记述人类社会赓续活动之体相。校其总成绩。求得其因果关系。以为现代一般人活动之资鉴者也。其专述中国先民之活动供现代中国国民之资鉴者则曰中国史。[1]

这表明了桑原赞成梁启超这一观点的基本态度。梁启超要求确立了新立场的历史家为“国民”而研究，并列举了“今欲成一适合于现代中国人所需要之中国史”的重要项目，“中华民族之政治组织”等二十多条。[2]

在中国史的四条主要目的中，第一条写的是：“说明中国民族成立发展之迹。而推求其所以能保存盛大之故。且察其有无衰败之征。”[3]这里使用了“民族”这一术语，并在第二条中

1 专集七十三，第1页。如果与初版没有差别，只注释专集。

2 专集七十三，第5页。

3 专集七十三，第7页。

提到在“中国境内”活动的“他族”，由此可以了解，梁启超思考的是包括汉族以外各民族在内的、以中国民族为基础的中国国民的构想，同时也是在与人类整体的关系上的思考。接下来还说:“历史为死人（古人）而作耶。为生人（今人或后人）而作耶。据吾侪所见。此盖不成问题。得直答曰为生人耳”[1]，——讲的是历史是为了今天活着的我们。

历史是为了国民——这是梁启超很久以前就大声疾呼的内容。《新民丛报》创刊号“史学”一栏刊登的《新史学》开篇这样写道:

> 于今日泰西通行诸学科中。为中国所固有者。惟史学。史学者学问之最博大而最切要者也。国民之明镜也。爱国心之源泉也。今日欧洲民族主义所以发达。列国所以日进文明。史学之功居其半焉。然则但患其国之无兹学耳。苟其有之。则国民安有不团结。群治安有不进化者。虽然。我国兹学之盛如彼。而其现象如此。则又何也。[2]

梁启超并上承此句，以“上自太史公、班孟坚，下至毕秋

---

1 专集七十三，第29页。

2 文集九，第1页。《新史学》在《新民丛报》自第1期始到第20期为止（1902年2月至11月）连载六次。

帆、赵瓯北，以史家名者不下数百。兹学之发达，二千年于兹矣。然而陈陈相因、一邱之貉、未闻有能为史界辟一新天地。而今兹学之功德普及于国民者，何也”为由，指出以下四条必须克服的旧史缺点，“一曰知有朝廷而不知有国家。二曰知有个人而不知有群体。三曰知有陈迹而不知有今务。四曰知有事实而不知有理想。”[1]

在朝廷与国家、个人与社会（群体）、过去与现在、现实与理想中各自进行两项对比以及应取后者的态度，简单明了地提出了为近代该把轴心放在何处的口号，完全没有半点让人指责的地方。这些成对的词语，同时也包括几个不同的用词，比如在第五节“论公德”中讲述作为社会存在的人格形成，就是在《新民说》中反复倡导的内容。补充一句，“太史公、班孟坚”在这里被当作应该克服的对象，意思是摒弃传统史学的最高峰。

在《新史学》中展开的论说，可以说早在《中国史叙论》中几已成形——

> 史也者。记述人间过去之事实者也。虽然。自世界学术日进。故近世史家之本分。与前者史家有异。前者史家。不过记载事实。近世史家。必说明其事实之关系。

---

1 文集九，第3—4页。

> 与其原因结果。前者史家。不过记述人间一二有权力者兴亡隆替之事。虽名为史。实不过一人一家之谱牒。近世史家。必探察人间全体之运动进步。即国民全部之经历。及其相互之关系。以此论之。虽谓中国前者未尝有史。殆非为过。[1]

需要注意的是，这段话是以法国人波留（Beaulieu）所说为例，称历史必须是“国民发展史”，并引用德国人埃猛埒济（Rudolf Hermann Lotze）的话，确定历史不能只流于一家势力圈的记录，强调近代是以国民为基础的时代。

第二个必须转变的是，历史不能仅限于对事情的叙述，而是一门要找出存在于事情与事情之间法则（梁启超称为“因果律”）的学问。《中国历史研究法》第六章“史迹之论次”如下说：

> 说明事实之原因结果。为史家诸种职责中之最重要者。近世治斯学之人。多能言之。虽然。兹事未易言也。……历史为人类心力所造成。……心力既非物理的或数理的因果律所能完全支配。则其所产生之历史。自

1　文集六，第1页。《中国史叙论》，见《清议报》第90册（1901年9月）。这是以桑原骘藏《中等东洋史》等书籍为基础，能够体现梁启超开始关注近代史学的文章。

> 亦与之同一性质。今必强悬此律以驭历史。其道将有时而穷。故曰不可能。……然则吾侪竟不谈因果可乎。曰。断断不可。不谈因果。则无量数繁赜变幻之史迹。不能寻出一系统。而整理之术穷。不谈因果。则无以为鉴往知来之资。而史学之目的消灭。[1]

这里梁启超讲的是，历史是人类“心力”即精神所生，“心力”并不受“物理”“数理”的“因果律”规定，但是它活动的轨迹中包含有原因与结果的关系，找出这一规律性，对历史学家来说是最重要的责任和义务。这一说法表现了梁启超把历史学看作与物理学和数学等基本性质相同的“科学”这一理解。虽然梁启超曾在《新史学》中认为历史学与自然科学（梁启超使用的是“天然科学”一词）之间的距离极大[2]，但二十年后，史学范围里所内包的各领域成为诸门“独立科学”；史学也成为与“自然科学”并列的“社会科学”中的一部分成长为一门完整的学科。[3]接下来要探讨的就是在这一点上，梁启超与其书评者桑原骘藏之间的理解有无差异。

1　专集七十三，第110—111页。

2　文集九，第8页。

3　专集七十三，第30、36页。但梁启超还指出，“史学所以至今未能完成一科学者。盖其得资料之道。视他学为独难。”（同上书，第37页）

三、作为“科学”的历史学

桑原骘藏自称在“不仅是史学，所有的支那学都必须在科学的基础上重建”这一点上，与梁启超的想法完全一致。“科学的研究”说的是以“材料批判和比较调查、讨论为第一”。虽然桑原的基本想法已经阐释清楚，但由于书评非常短，所以并没有涉及关于史学“科学研究”方面的讨论。[1]因此，在考虑桑原也赞同老师坪井九马三《史学研究法》的说法这一事实的基础上，笔者拟对此作进一步探讨。

坪井九马三（1858—1936）于1881年毕业于东京大学文学部政治及理财学科，1886年就任帝国大学文科大学讲师，次年至德国等地留学四年，回国后于1891年成为文科大学教授。自1893年起，他负责史学和地理学第一讲座，为近代历史学的确立作出了卓越的贡献。[2]日本官学知识体系中的历史学属兰克（Ranke）学派，虽然对其根据需要变迁的情况多有讨论，但这里将讨论的焦点集中在坪井的著作上。

1　桑原骘藏的《支那学研究者的任务》（刊登于《太阳》第23卷第3号，后被收录于《桑原骘藏全集》第1卷）被J.H.C.生翻译成《中国学研究者之任务》刊登在《新青年》第3卷第3号。文章以君主的在世年代为例，是一篇向普通读者阐释“科学的方法”的文章。目前还不清楚梁启超是否读过该篇文章。

2《坪井九马三年谱》，东京大学百年史编集室编刊:《坪井九马三史料目录》（东京大学史料目录12），1987年。

京都大学大学院文学研究科图书室的“桑原文库”中，收藏着坪井著两个版本的《史学研究法》。[1]坪井在“序”中列举了弗里曼（Freeman）、伯伦汉（Bernheim）、瑟诺博司（Seignobos）三人的名字，明确说“吾虽无才，但谈史学研究法已多年，将科学研究法应用于史学，自信有所得”。《史学研究法》是他试图引进兰克创立的近代历史学“科学的研究法”的一部作品。[2]简单来说，“科学的研究法”指的就是在19世纪末知识的基础上进行资料收集、考证和统合，由此描绘出人类全体即社会活动演变的趋势。

坪井在正文的总论中，定义“史学是研究社会细胞人的动作发展的一门科学”。[3]在提到人类——构成“社会”这一集合体的“细胞”——的活动时，明确体现了他的科学观。简单来说，他的这一科学观是以国家有机体说为背景的。接着他又解释“发展”，称“一个东西通过其内部包含的力量，自行伸展完善，逐渐变成各种各样的形态”[4]，由此可知他认为，作为人

1　1903年早稻田大学出版部的初版和1926年京文社的改订增补版。从书评撰写的年份来看，桑原所说的应该是1903年本。

2　早稻田大学出版部，1903年，序。

3　同上书，第37页。

4　同上书，第42页。

类活动的历史是从认识主体的主观变化到独立的客观存在。[1]再看“吾侪今日所渴求者，在得一近于客观性质的历史。我国人无论治何种学问，皆含有主观的作用……搀以他项目的，而绝不愿为纯客观的研究”[2]这一叙述，可以说梁启超的客观历史学也成为其中的一派。

科学的旗帜被鲜明地树立起来。虽然是只言片语，但坪井指出，“能够科学地研究社会”乃是达尔文阐明“人是怎样的生物”带给我们的福利。[3]同样的认识，梁启超在《进化论革命者颉德之学说》中已经有稍详细的书写：

> 自达尔文种源说出世以来。全球思想界。忽开一新天地。不徒有形科学为之一变而已。乃至史学。政治学。生计学。人群学。宗教学。伦理道德学。一切无不受其影响。……伟哉近四十年来之天下。一进化论之天下也。[4]

“有形科学”指的是自然科学，管见所及还未有其他的用

1 这是船山信一所说的明治哲学史的第三期，是井上哲次郎等人提出的现象即实在论（该理论在日本型观念论确立期已完成其主要内容）的史学版。船山信一：《增补·明治哲学史研究》，ミネルヴァ書房（Minerva），1965年，第14页。

2 专集七十三，第31页。

3 坪井九马三：《史学研究法》，第35页。

4 文集十二，第79页。

例。如果将其用在史学上来论述的话，就成为“历史者叙述人群进化之现象而求得其公理公例者也”。[1]不用说，梁启超在这里所说的“进化论”指的是社会进化论，这已成为他思考框架的基准。

坪井承认史学（人文科学）与“数学、星学、物理学、化学”等完全靠“演绎法”的自然科学不同。但是同为自然科学的“动物学、植物学、矿物学、地质学”与物理学相比也不是同一次元的科学（进而言之，即是依靠“归纳法”的学问），而史学更是在复杂次元上研究事物的学问，所以其科学性通过把“可然程度”作为判断标准可以得到保证。[2]坪井的《史学研究法》通过具体的举例对比较考证中的“可然程度”的判定进行了详细的说明。

对于这一问题，首先来看梁启超对自然科学的叙述。

> 自然科学的事项。常为反复的完成的……自然科学。常在必然的法则支配之下。缫演再缫演。同样条件。必产同样结果。且其性质皆属于可以还元。其研究对象之原子分子或生殖质。皆属完成的决定的……故自然科学可以有万人公认之纯客观的因果律……[3]

1 《新史学》，文集九，第 10 页。

2 坪井九马三:《史学研究法》，第 385 页。

3 专集七十三，第 111 页。

如上所见，自然科学（这里被归类为坪井的“演绎法”）是以原子、分子等终极物质存在为基础建构起来的“学”，即“必然的法则，纯客观的因果律”的体系。“缫演再缫演。同样条件。必产同样结果”说的是通过第二次试验出现的再现性。“客观的因果律”如此得以保证。

我们接连发现了阳子、电子等超越原子、分子的终极物质，由此我们知道梁启超当作真理的这个“学”的完成性和决定性已经被颠覆。但是梁启超按照这个大的框架进行思考，认为数学、化学中的“事项”都是“普遍的”事物，“如二加二必为四。轻养二合必为水。数学上无不同质之‘二’。化学上无不同质之‘轻’与‘养’。故二加二之法则。得应用于一切之四。轻养二合之法则。得应用于一切之水。”[1] 在这个延长线上，才能够说“二加二为四。轻养二合为水。亿万年前如是。亿万年后亦有然。中国如是。他国他洲有然。乃至他星球亦有然”，“自然科学的事项，为超时间、空间的”。[2] 估计坪井也有同样的认识。

其次来看一下他关于史学的论述。自然科学的事项是反复的、完成的，而历史的事项则是一次性的、不完成的。前者受必然法则支配，为普遍的超越时间、空间的，而后者则不受必

1 专集七十三，第 111—112 页。

2 专集七十三，第 112 页。

然法则支配，具个性化，与“当时”“此地”相结合。[1]对这一说法若作普通性的解释，则会出现自然科学如何与史学包含于同一种“科学”体系中的疑问。但是19世纪中叶形成的近代科学是在能够法则性地认识客观存在的外界现象的思考上构建起来的。如学习孔德实证主义学的西周，一直在努力构建一种基于贯通“五学”即“天文学、格物学（物理学）、化学、生体学（生物学）、人间学”这五个级别学理基础上的体系。[2]也就是说，“科学”的整体性是在假设原本没有关系的地方有关系的基础上创造出来的。

此后约三十多年，坪井九马三、桑原骘藏和梁启超认为，立足基础不同的自然科学与史学同为“科学”，在某种意义上可以理解为理所应当的。他们都在努力把史学改造成“科学”。然而，他们两者之间又存在一些微妙的不同。坪井认为史学的活动向前面提到的“可然程度”的判定，也就是对个别史实确实性的判断集中。而梁启超则说，历史是有意志的许多的人编织而成的“极广大极复杂极致密之‘史网’”，“史家之职责，则在此种极散漫极复杂的个性中而觑见其实体描出其总相，然后因果之推验乃可得施”。[3]注意到这一点，就可知道梁启超是

1　专集七十三，第111—113页。

2　狭间直树:《西周留学荷兰语西方近代学术之移植》，载《中山大学学报（社会科学版）》总第236期，第20页。

3　专集七十三，第112页。

在努力把重点放在对整体全貌的把握上。

明治日本的官学学院派通过对文献的解读和考证确定事实，以此来追溯欧美近代的历史研究；而中国，这里特指当时的梁启超，却明显在文献解读方面存在欠缺。这一缺憾不久被下一代学人所克服。但是不可忽视的是，在梁著与书评之间，映射出包含在近代中的“压抑 = 被压抑”的时代构造。

彩图 1　洋人翻译、清国人执笔之情景

（Medhurst, *China: States and Prospects*，卷首）

彩图 2 《新大陆游记》(《新民丛报》临时增刊)

彩图 3　神户西方舞子（须磨附近）海岸风景

（安藤广重画《大日本六十余州名所图绘》）

彩图 4　康有为寓居旧址

（原住址现已不存，图片中的建筑物是康有为当时居住的）

第八讲 《梁启超年谱长编》的编辑与翻译

——梁启超年谱在近代东亚文明圈中的意义

梁启超字卓如，号任公，别号饮冰室主人等。为开辟中国的近代，他把学术文化与政治结合在一起，开展了别人不可比拟的活动。

梁启超生于1873年2月23日（同治十二年正月二十六日），逝世于1929年1月19日，享年满55岁，以今天的眼光来看，可以说比较短寿。如果活得再长一点，他必定会在后来的岁月中继续进行各种各样的活动——尤其是他在晚年时曾倾注心血的文化方面。因此，他的去世，不仅对中国，对东亚以及整个世界，都是巨大的损失。

梁启超去世后不久，他的朋友和家人为了表彰他过人的业绩，马上开始筹划全集和年谱的编纂。他晚年最亲密的朋友林志钧（宰平，1897—1960）负责全集的编纂工作，丁文江（在君，1887—1936）负责年谱的编辑。

无论是全集还是年谱，编纂的时候都需要相应的史料，于是广泛搜集相关的书信、遗文、诗词等工作马上展开。《申报》上刊登出一则以“梁思成”名义发布的征求梁启超书信和文章的广告《征求先考任公府君遗文》。[1]半年左右的时间，仅梁启超的信函就收集到两千封；大约两年之后，相关书信已经达到约万封。[2]

相比呼吁之后新收集的内容，文章方面主要以收集和整理已出版的内容为中心，分为“文集”和“专集”，以《饮冰室合集》为题，1936 年由中华书局出版。据李国俊介绍，在那之前，1932 年上海中华书局曾出版过 44 册《饮冰室合集》。[3]“专集”共 103 卷，被整理成一册书：第一卷是《戊戌政变记》，第四卷是《新民说》，有的地方也把同一类的内容编纂到一卷当中。“文集”共 45 卷，各种文章基本上都是按发表时间排序。

《饮冰室合集》共 148 卷，总字数约一千万字[4]，规模相当庞大，比梁启超生前出版的全集要完整得多。所以，从那以后，该版本基本上被看作梁启超的标准全集，并在 1989 年由中华书局出版了影印本。尽管如此，依然有许多遗漏的内容，

1 《征求先考任公府君遗文》，载《申报》1929 年 4 月 30 日，第 3 版。

2 赵丰田：“前言”，“梁年谱上海本”，第 2—3 页。以下关于编辑工作的叙述主要以此为据，若无特殊情况，不再一一标明出处。

3 李国俊编：《梁启超著述系年》，上海：复旦大学出版社，1986 年，第 16 页。该书中的附表《各种饮冰室文集一览表》列举了 1937 年以前出版的四十多种文集。

4 梁启超研究的前辈张朋园教授称，梁一生的著作“据最保守的估计，不下于一千四百万字”。见《梁启超与清季革命》，台北：“中央研究院”近代史研究所，1964 年，第 3 页。

为补其缺憾，夏晓虹教授编纂了《〈饮冰室合集〉集外文》[1]，囊括了《合集》中没有收录的大部分文章。

接下来进入这一讲的正题——年谱。所谓年谱，是指按年份系统记录的内容，《梁启超年谱》按照年份记录了梁启超的事迹。所谓“长编”，意思是还没有正式的结论，不提出整体像的预备阶段的文章，司马光（温公）的《资治通鉴》就是在制作了《长编》的基础上开始撰写的。也就是说，梁启超的年谱长编原是为制作梁启超传记作准备而开始的。

日本虽然也有年谱，但却没有长编的概念。日本经济学家东畑精一（曾担任亚细亚经济研究所所长）年轻时并不知道“长编”在汉语里是没有正式结论的意思，所以看到中国学者使用“研究长编”作为学术杂志的名称时，曾认为其有傲慢之意。不过当了解了“长编”的真正含义时，他为自己的无知和误解大感惭愧。[2]

负责年谱的丁文江是梁启超晚年的朋友。他先是在日本留学，然后又留学英国，是一名自然科学家，也是中国地质学的创始人。20世纪20年代初，在“科学与玄学”的论战中，他是科学派的代表人物。他与梁启超的接触是在1918年受人委

1 梁启超著，夏晓虹辑：《〈饮冰室合集〉集外文》（上、中、下），北京：北京大学出版社，2005年，总字数约143万字。

2 贾思勰著，西山武一、熊代幸雄译：《齐民要术：校订译注》（上、下），亚洲经济出版会，1969年，附录第30页。

托一同“欧游”之时，所以是梁启超晚年的朋友。虽然时间不长，但二人交往颇深，据熟悉梁启超晚年的弟子介绍，梁启超与丁文江、林宰平关系最好。据说丁文江还曾为梁启超获得诺贝尔文学奖而奔走。

如何使梁启超的整体形象反映在年谱当中，丁文江为此颇费了一番心思，最后决定以书信——与公开发表的文章相比更能直接反映梁启超的思想感情——为轴心进行编纂。丁的基本构想可以从上海版“梁年谱”的“前言”中得见：

第一，人物形象要与梁启超吻合。据说这是引用了梁启超生前非常欣赏的西方人（Cromwell）“画我象我”（Paint me, as I am）的名言。（不仅肖像，传记也不写坏事，而且赞扬的事情多超出实际。这里的意思是不要这样，要按照实际情况写。）

第二，以信札为主要材料。信札是最直接反映出场人物之间人际关系、了解写信之人“原本”意图的最好史料，这一点无须赘言。

第三，编纂格式的问题。（省略不记）

第四，即用白话文，是丁文江面对梁氏家人希望按照社会上比较流行的纪念名人去世的方式——用文言文编纂“年谱”——不顾情面坚持下来的做法。

在丁文江看来，梁启超的历史存在感非常强大，且无人出其右，所以他坚持不做早有定论的“年谱”，而将编辑令人们可以以此为素材进行思考的“年谱长编”作为方针。白话文的使用也是与之相对应的措施。因此，我们今天才可以看到这份中国近代年谱中颇为罕见的珍贵材料。

当然，并不是说所有需要的内容都有与之相符的信札留世，在十几年亡命生活这种恶劣的环境下，丢失的部分要多得多。准备庚子勤王运动时（也就是 1900 年唐才常的自立军起义，原本是一个推举保皇派、孤注一掷的大起义计划）在檀香山的一些信札，可以确定是梁启超的就有数百封，但目前只有百余封流传至今。从中选出的二十多封登载于《梁启超年谱长编》中，其带来的临境感、充实感的确摄人心魄。

这里列举一个具体的例子，光绪二十六年（1900）三月十三日的《与夫子大人书》，即起义时梁启超致信总帅康有为要求他做阵前指挥：

> 先生亲自入营统军与否，又一大问题也。据来书之意，商量星洲、澳洲、日本三处驻扎之地，则似无入营亲统之意……虽然我辈今日之事，决不可稍存尝试之心也……若一击不中，则再难举矣……若不成，则何颜复见天下，抑且无地可以自容……若是乎先生之亲统军，万不可以已也。自古未有主将不在军中，而师能用命者……故弟子之意，即定以某军为正军，则先生必当入而亲率之，即弟子亦然；或随先生赞帷幄，或入别军为

应援，要之万不能置身于军外也。先生谓何如！[1]

要保留与反体制运动人物相关的史料，需要克服各种困难的条件。接到信札的一方，有人明确记载着梁启超曾指示读后烧掉。即便没有指示，为了规避风险，烧掉也是最好的办法，所以大量的信札永远无法再见天日。

尽管如此，收集到的相关信札和电报数量也有近万件（包括梁家保存的），所以原来的数字应该是我们无法想象的。《汪康年师友书札》[2]已经令日本研究者惊讶，中国的文人竟然如此看重信札，但全部四册约四千页的大册中收录的也只有约四千封，所以一万件是个什么概念，由此可以比较容易想象。

能够收集到大量信札的根本条件是梁启超与许多人之间都有大量的书信往来；其次还需要收信人保存起来。虽然伴随着危险，但梁启超是一位自年轻时就声名远扬的人，所以人们都把他的信札好好地保存了下来。但仅此还不够，还需要人们呼应梁家属的提供申请。表彰梁启超事迹本身就拥有唤起人们积极性的文化向心力，因为需要让这种社会风气浸润人们的心灵。

若是逃亡时期的东西，那就是二三十年前的了。对许多的

1　“梁年谱上海本”，第 218 页。

2　上海图书馆编:《汪康年师友书札》（全四册），上海：上海古籍出版社，1986—1989 年。

所有者来说，无论从哪种意义而言，那都是不可替代的“宝物”。尽管如此，还是有很多人选择把它提供给社会以作公用。通过提供这些信札，希望能为确定梁启超的历史评价尽一份力量，这种对于文化财产的公共意识在这样一种场合发挥出来，或许也会令在《新民说》中宣扬“公德”涵养的梁启超会心一笑吧。也可以说这是通过表彰梁启超，向世人展示某种社会意识的“文化运动”。

本次讲座中，以上内容并没有触及任何政治方面的背景，但这里有一点需要补充。1929 年的夏天，正是前一年底东三省改旗“易帜”，南京国民政府实现全国统一之后不久。虽然已经确定此次统一只是表面，但中国国民党，即梁启超三十多年来的政敌孙中山组织起来的政党，其力量已经发展得无比庞大，这一点明眼人都知道。

许多人都知道，就在两年前的初秋，梁启超曾到王国维墓前哀悼其勇气，将其自杀比作伯夷叔齐自裁。虽然梁启超的悼词是献给王国维的，但同时大家也明白，那是梁启超的心理写照。在 1930 年前后那样一种环境下，表彰梁启超的活动对于谋求渐进的社会发展的自由主义者而言，可以说发挥了作为一个社会轴心的作用。

丁文江进行梁启超年谱编辑工作的 1930 年代上半期，中央研究院的历史语言研究所于 1928 年成立，正是重视史料的近代史学进入新发展的时期，顾颉刚的学生赵丰田致力于这一领域。当时丁文江因其地质学界第一人的身份，每天工作极为繁忙，梁启超年谱的编纂工作没有办法按照原计划进行，于是他请朋友物色一名助手。1932年夏天，赵丰田开始参与这项工作。由于赵丰田本身做的是康有为研究（也制作年谱），所以是这项工作非常合适的人选。

丁文江和赵丰田确定了25条“例言”[1]以后，就进入编纂工作。根据赵丰田回忆：“首先是阅读和选定所需资料，交缮写员抄录并注明出处。然后我再将选录的资料按年分类连缀起来，定出纲目，加上说明性的或论介性的文字，显现谱主在有关年月中的主要活动。”

赵丰田不负丁文江所望，两年后即1934年秋就完成了一百多万字的第一稿。第一稿是把史料抄写在一种特制稿纸，即每页200字的“梁任公先生年谱稿纸”上（参照图8.2左侧）。由于太长，丁文江要求他进一步缩短，赵丰田又在两年以后即1936年5月完成了缩短至约六七十万字的第二稿。第二稿是对第一稿进行“蓝晒”处理后，在同样的稿纸上空两字剪贴而成。所谓蓝晒，不是指把照相的胶卷冲印在感光纸上，而是对胶片作化学处理后，将文字部分变成蓝底白字的简易印相法。第二稿虽然也有少部分如编者说明等手写的内容，但基本上都是对经蓝晒处理过的史料剪贴罗列而成，对于部分有删

1 《附：梁任公先生年谱长编例言》，“梁年谱上海本”卷首。

减的地方也作了说明。但不幸的是，丁文江没能看到第二稿的完成，就于当年1月死于事故。这个事故指的是事情本身，但若从事情发生后处理措施的极度不当来说，这位非常有前途的优秀研究者离开人世，令人感到遗憾。丁文江去世后，1936年6月之前，制作出了对第二稿进行修改后的油印本。此后，1958年台北[1]，1983年上海，分别出版了印刷版。

这里对照原本来看一下第一稿、第二稿与油印本的异同。此处选取的图片是有重要改变的部分。图8.1是第一稿的内容，图8.2是第二稿的内容，可作为语句变化的一个例子（光绪二十六年四月一日《(梁启超）致南海夫子大人书》的部分）。[2]

还需注意的是，虽然只有极少的一部分，但第二稿中存在被修订过的痕迹。第二稿最右边第1行用毛笔写的两个小字“中山”（抹掉了其左边的两个字）就是第一稿的“行者”。另外，第一稿的第1行和第6行中的“行者”两字在第二稿中已经被改成“中山”；第一稿第2行和第3行中的“行（党）”在第二稿中用毛笔改成了“彼（党）”；第一稿第7行中的“行（将军）”在第二稿中也用毛笔改成了“山（将军）”。也就是说，在第二稿（即蓝晒本）上，把梁启超将孙中山比作孙悟空的“行者”二字进行了修改。[3]

1 丁文江撰:《梁任公先生年谱长编初稿》(全三册)，台北：世界书局。

2 “梁年谱上海本”，第233页，第13—23行。

3 其他小字部分，稿纸第4行双行的“行者”在第二稿中也改为“中山”。

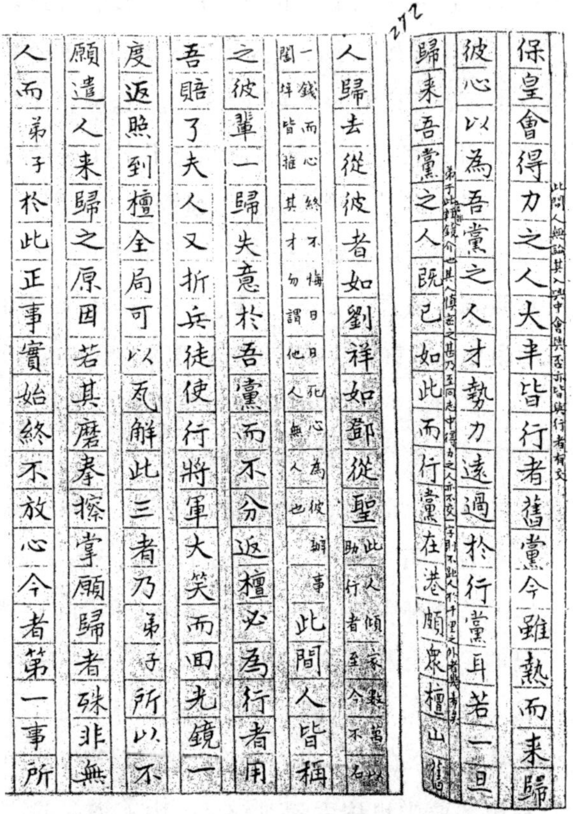

272

此間人無論其入與中會與否亦皆與行者有交

保皇會得力之人大半皆行者舊黨今雖熱而來歸

彼心以爲吾黨之人才勢力遠過於行黨耳若一旦

弟子此輩鎖介也其人傾吾之甚乃吾同志中得力之人亦不交一字則不能入於千里之外者哉者乎

歸来吾黨之人既已如此而行黨在港頗衆檀山舊

人歸去從彼者如劉祥如鄧從聖此人傾家數萬以助行者至今不名一錢而心終不悔日日死心爲彼辦事此間人皆稱

闔埠皆推其才分謂他人無人也

之彼輩一歸失意於吾黨而不分返檀必爲行者用

吾賠了夫人又折兵徒使行將軍大笑而回光鏡一

度返照到檀全局可以瓦解此三者乃弟子所以不

願遣人来歸之原因若其磨拳擦掌願歸者殊非無

人而弟子於此正事實始終不放心今者第一事所

图 8.1 《梁启超年谱长编》第一稿之一部分

（中华书局藏）

保皇會得力之人大半皆[illegible][illegible]舊黨今雖散而来歸
彼心以為吾黨之人才勢力遠過於[illegible]黨耳若一旦
歸来吾黨之人既已如此而[illegible]黨在港頗衆檀山舊
人歸去從彼者如劉祥如鄧從聖
此間人皆稱
之彼輩一歸失意於吾黨而不分返檀必為[illegible][illegible]用
吾賠了夫人又折兵徒使[illegible]將軍大笑而回光鏡一
度返照劉檀全局可以瓦解此三者乃弟子所以不
願遠人来歸之原因若其摩拳擦掌願歸者殊非無
人而弟子於此正事實始終不放心今者第一事所

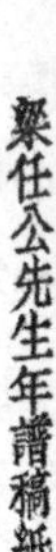
梁任公先生年譜稿紙

图 8.2 《梁启超年谱长编》第二稿之一部分
（“中央研究院”历史语言研究所傅斯年图书馆藏）

目前还不清楚这一修改是在何时、由谁进行的。但是在第二稿基础上制作成的油印本〔见图 8.3〕对以上指出的各处都根据第二稿（即蓝晒本）中的修改作了处理。所以说，这明显是有意识的修改。因为 1900 年梁启超借孙悟空使用的隐喻“行者”恐遭人指责有蔑视之意，所以 1936 年才在印油印本之前改成了“中山”等。

丁文江过世后，成为地质研究所所长的翁文灏给赵丰田编的第二稿（即“蓝晒本”）取名《梁任公先生年谱长编初稿》，并于 1936 年 6 月以前制作 50 份“油印本”分发给梁启超的家属和相关人士。赵丰田收到的是排号 11 的油印本。[1] 不过令人感到不可思议的是，这份“油印本”上完全没有丁文江的名字，分发的对象中也不包括丁家人（丁文江弟弟丁文渊等人）。除了这件事，翁文灏的做法还有其他一些需要探讨的问题。不过这里想要强调的是，1936 年 7 月之前，“油印本”梁启超年谱长编虽然只有 50 份，但可以确定已经在部分相关人士手中流传。

再简单补充一下台湾世界书局的“梁年谱”出版经过。[2] 第二稿“蓝晒本”直接受到中日战争和国共内战的影响，曾经有过极为艰难的流浪之旅。中日战争全面爆发后，“蓝晒本”

1　赵丰田：“前言”，“梁年谱上海本”，第 4 页。

2　更为详细的内容请参阅狭间直树：“解说”，见岛田虔次编译：《梁启超年谱长编》第 5 卷，第 453—456 页。

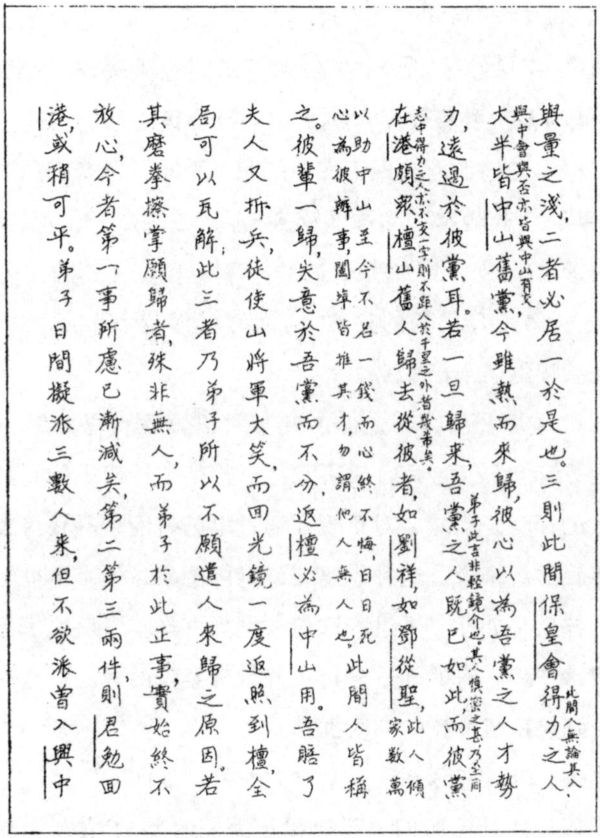

與量之淺，二者必居一於是也。三則此間保皇會得力之人此間人無論其入、
興中會與否，亦皆與中山有交，大半皆中山舊黨，今雖熱而來歸，彼心以為吾黨之人才勢
力，遠遜於彼黨耳。若一旦歸來，吾黨之人弟子此言非輕鏡介也。其人慎密之甚，乃至同既已如此，而彼黨
志中得力之人，亦不交一字，則不距人於千里之外者幾希矣。在港頗衆。檀山舊人歸去從彼者，如劉祥，如鄧從聖，此人傾家數萬
以助中山至今不名一錢而心終不悔，日日死心為彼辦事，闔埠皆推其才，勿謂他人無人也。此間人皆稱
之。彼輩一歸，失意於吾黨而不分，返檀必為中山用。吾瞻了
夫人又折兵，徒使山將軍大笑，而回光鏡一度返照，到檀，全
局可以瓦解；此三者乃弟子所以不願遣人來歸之原因。若
其磨拳擦掌願歸者，殊非無人，而弟子於此正事，實始終不
放心，今者第一事所慮已漸減矣，第二第三兩件，則君勉回
港，或稍可平。弟子日間擬派三數人來，但不欲派曾入興中

图 8.3 《梁启超年谱长编》油印本之一部分
（中国科学院藏）

被转移到临时首都重庆。据说一直追寻梁启超年谱长编原稿的丁文江弟弟丁文渊，1941年曾在重庆的地质调查所见过。战后，“蓝晒本”虽然被保存在南京的历史语言研究所，但由于各种情由，最终没能实现丁文渊的归还要求。随着国民党在内战中失败，“蓝晒本”又被转移到台湾。这份“蓝晒本”被借出后经复制印刷，再加上胡适的“序”和丁文渊的“前言”，最后成为1958年出版的这本书。而为此次出版费尽心力的是民国出版界的名士杨家骆。

虽然这是一部编著，但由此却可以读到大量的第一手资料——书信，不仅给梁启超研究甚至给整个近代史研究都带来了极大的福音。当然，对于现在通过电脑就能轻易获得大量史料的年轻学者来说，这种恩惠或许难以想象，但半个世纪前的研究条件就是如此。不过，这份“世界书局本”反映了当时台湾的政治情势，有的地方进行了些许有意识的歪曲。这一问题后来受到吴铭能教授的彻底批判。[1]

那么，以“蓝晒本”为基础制作的“油印本”情况如何？上海人民出版社出版的《梁启超年谱长编》（丁文江、赵丰田编）也是利用了陈叔通赠送给上海图书馆的“油印本”。虽然“编辑说明”第四条中提出了“凡手稿人名用隐语或某某，《初稿》已写明者，不再更改，如‘中山’原为‘行者’”的处

1 吴铭能:《台北世界书局版〈梁任公先生年谱长编初稿〉校后记》,《梁启超研究丛稿》，台北：学生书局，2001年。

理原则，但并未全部遵守，两处“行（党）”都被改成了“彼（党）”。此外，北京大学欧阳哲生教授整理的《梁任公先生年谱长编（初稿）》[1]依据的也是北京图书馆藏的“油印本”，“行（党）”被改成“彼（党）”的地方也相同。

上海人民出版社的《梁启超年谱长编》（丁文江、赵丰田编）在出版之前，中华人民共和国也经历了巨大的变迁。大陆经历了三年自然灾害以后，思想管制稍微松懈一些，据俞国林先生的研究[2]，在 1961 年辛亥革命五十周年纪念会上，中华书局近代史组组长李侃先生曾经与胡绳武、金冲及两先生商量出版《梁启超年谱长编》。当年年末，复旦大学教研组陈匡时先生开始了重版的筹备工作。他以油印本批注本（上海图书馆所藏陈叔通寄赠本）为底本开始整理，经过两年多时间，终于在 1964 年 4 月完成。但是，由于种种缘由，并未得以公开出版。“文革”后，1978 年重新开始编纂的赵丰田于次年底结束修订，1983 年由上海人民出版社出版了《梁启超年谱长编》。

自第二稿写成几乎过了半个世纪，经历了抗日战争、国共内战、中华人民共和国建国、“反右派斗争”、“文化大革命”等激荡的年代以后，梁启超年谱终于由最初参与整理的研究者

1　丁文江、赵丰田编，欧阳哲生整理：《梁任公先生年谱长编（初稿）》，清华大学国学研究院四大导师年谱长编系列，北京：中华书局，2010 年，第 115 页。

2　俞国林：《梁任公著作在中华书局出版状况》，北京：中华书局（内部资料），2012 年。

出版。只从历史的眼光看待这段经历，我们虽然也会对这份年谱长编波澜万丈的诞生剧惊叹不已，但当事人赵丰田的心境又会是如何？正如他在前言中所说，只剩下“感慨无量”了。

我们决定把这部呕心沥血之作译成日文是在1992年末。在我任职的京都大学人文科学研究所，组织共同研究班开展三至五年的共同研究，并将成果编成论文集出版，是研究人员的义务。我们这些研究中国近代史的人于1993年4月成立了“梁启超研究——以日本为媒介认识近代西方的问题”共同研究班。当时我是教授，森时彦是副教授，石川祯浩是助手。研究所内外共有二十多名人员参加，外国客座教授中，法国科学研究院巴斯蒂（Marianne Bastid-Bruguière）教授也在共同研究班待了半年。2011年她还在国学研究院作了“梁启超纪念讲座”。

就在这项工作即将开始的时候，已经退休的岛田虔次先生向我提议说，希望主办一个个人性质的读书会，以培养年轻研究人员的实力涵养。当时日本从事中国研究的人在文章读解能力（尤其是古文）方面呈现下降趋势，岛田先生对此忧心不已，所以不顾自己年事已高提出这个建议。那时岛田先生已经76岁。

岛田先生为读书会选择的教材就是近代史相关的年谱。他的想法是要加深大家对中国史学中非常重要的一个领域“年谱”的理解。选择谁的年谱，岛田先生的想法是孙中山或者梁启超。孙中山年谱虽然比梁启超年谱问世晚，但陈锡祺先生主编的《孙中山年谱长编》[1]当时刚刚出版一年多，颇受人们的关注。或许有人知道，岛田先生是一位可以被称作中华文明脊梁的儒学史专家。其中他的研究又以宋明理学为核心，一直努力将其与近代相联系。以“万物一体之仁”的思想为轴心，把宋明理学内部的发展与谭嗣同联系在一起，是他研究的一部分；另外他还主张，中国国民党改组时，孙中山强调民族固有之道德并不是像有人所说的是为了对付右派，而是来自孙中山思想的本质。

所以，无论选择哪个年谱，都能够发挥岛田先生的学识。但他毕竟是宋明理学的专家，所以要说选择哪一个，可能梁启超更为合适。再加上我们当时要开展梁启超的共同研究这个次要理由，所以当时我的提议是选择梁启超。岛田先生没有表示任何异议。就这样，在研究班以外，读书会也于 1993 年 4 月开始，原则是每隔一周于周六下午召开（每次 3—4 个小时），每年共召开 15 次左右，到 1999 年秋岛田先生身体抱恙，共召开了一百多次。

这个读书会当然不是只读《梁启超年谱长编》就算了事，研读的同时还进行翻译。岛田先生在世时虽然没能全部完成计划，但先生去世后，核心成员通过增加读书会的次数和读书的时

1 陈锡祺主编:《孙中山年谱长编》（全二册），北京：中华书局，1991 年。

间，完成了翻译和译注。2004 年，丁文江、赵丰田编，岛田虔次编译的日文版《梁启超年谱长编》出版。[1]井波陵一、江田宪治、石川祯浩、冈本隆司四个人从头到尾担任了文稿的翻译和译注的制作等工作。起初还有村尾进、斋藤希史负责部分工作，后来高嶋航也加入进来。译稿由所有翻译人员对初稿进行讨论形成定稿，最后由井波陵一负责统稿。译注的项目选定工作是由大家一起讨论决定的，由译稿初稿的撰写人或者适合相关主题的人来写作，完成后由大家对稿件进行讨论。“人名总索引”和“中国人名表”由高嶋航负责编写，“文献目录”由村上卫负责编写。这项工作获得了海内外学者的广泛支持，金冲及、杨天石和桑兵三位先生还在访日期间参加了讨论会。补充一句，森时彦利用《东邦协会会报》确认《新民丛报》等实际出版日期的发明[2]推动了这项工作的进行。

对于自己的读书会花费这么长的篇幅进行介绍，虽然感到有些不好意思，但是为了让大家了解我们按照自己的方式去深入理解梁启超的历史作用所需要的这个过程，还是斗胆在这里作了以上的介绍。诞生于东亚并发展至今的中华文明，从 19 世纪到 20 世纪被重新汇入已发展成世界规模的近代文明的东

1　丁文江、赵丰田编，岛田虔次编译:《梁启超年谱长编》(全五册)，岩波书店，2004 年。

2 《〈东邦协会会报〉受赠书目中所见〈清议报〉〈知新报〉〈新民丛报〉一览表》，见《梁启超 · 明治日本 · 西方——日本京都大学人文科学研究所共同研究报告》(修订本)。

亚。也就是说，来自古代的中华文明圈经历了向“近代东亚文明圈”框架的转换。为了让这一巨大的变化在中国产生，在如狮子般活跃并取得巨大成就的人当中，就有梁启超。

梁启超通过日本的翻译获取了他对西方文明知识的大部分认识。这一点通过日本思想史研究者宫村治雄教授（东京都立大学）的研究[1]可以了解。如梁启超介绍卢梭等西方学者的《学案》就是根据中江兆民译《理学沿革史》(原著为 A. Fouillée, *Histoire de Philosophie*）的相关部分写成。但是梁启超研究在日本并不是特别兴盛。佐藤慎一教授（东京大学）结合作为修养的汉学传统的有无，用比较的方法指出在日本推崇章炳麟而美国则常以梁启超为例的事实。

由于梁启超的整体形象依然比较模糊，尚须进一步深入挖掘，所以有了我们 1993 年开始的梁启超共同研究。研究班于 1997 年结束，报告论文集是《共同研究：梁啓超——西洋近代思想受容と明治日本》。[2]它的中译本是《梁启超·明治日本·西方——日本京都大学人文科学研究所共同研究报告》。[3]在开始共同研究的时候，我们不仅开展了对先行研究和相关文献

1 宫村治雄:《梁启超的西洋思想家论——与东学的关系》,《中国——社会与文化》第 5 号，1990 年。该文后收录在宫村治雄:《开国经历的思想史——中江兆民与时代精神》，东京大学出版会，1996 年。

2 狭间直树编，みすず書房，1999 年。

3 2001 年初版，2012 年修订增补再版。

的普通调查，也进行了特别调查。特别调查的内容是找出东京主要大学和公共图书馆收藏的在中日全面战争爆发以前出版的梁启超著作或者是以梁启超为主题的著作的数量。我们的目的是要获得一些数量上的依据——虽然只是以著作为媒介，但一方面，由此可以了解梁启超在多大程度上被日本所接受，另一方面可以了解对日本人而言，梁启超到底距离他们有多近。结果，我们找到的远比当初预想的要少，没能获得对研究有用的成果。但是，由此我们也掌握了梁启超留在日本的痕迹极少这一事实。配合我们进行这项费力不讨好的调查的是坂元弘子教授（一桥大学）和她的研究团队。

这个调查结果也符合日本的报章杂志没怎么刊登与梁启超相关的报道的情况。类似东亚同文会机关报——创刊不久的《东亚时论》那样全面支持康梁维新派的日本媒体，属极个别的现象。不仅报章杂志，就连警察国家日本的象征——外务省保存的记录，尤其是中国近代史研究人员最经常使用的《各国内政关系杂纂·支那部分·革命党相关内容》，其中梁启超的信息也远比孙中山的要少。按说梁启超在民国成立后回国之前在日本居留的天数要比孙中山长数倍，所以可以判断梁启超的在日生活不仅没怎么得到官府的注意，也甚少得到民间的注意。

了解了大体的情况以后，我们注意到在梁启超与日本的关系方面，即便是谋求其他的外部信息，也不会有太大效果。于是我们把探究梁启超文章本身反映出来的（或者说是留下的痕迹）日本的影响定为研究方法的中心。于是我们知道了梁启超来日初期在《清议报》《新民丛报》等上面发表的许多文章的底本都是日本较常见的一些作品。梁启超使用的是吸收和介绍西方思想的作品，所以他的文章起到的作用是以明治日本的形成为媒介，把西方近代文明带到中国。毫无疑问，这在“近代东亚文明圈”的形成中是非常重要的一步。

我们在这些研究成果的基础上逐步开展了对《梁启超年谱长编》的翻译和译注。翻译当然是为了让日本读者阅读。说一句最基本的知识，日本人也是在中华文明的影响下使用字和号，所以对字和号的使用多少有些习惯。但是当我们面对中国人繁杂的字、号时，依然往往不知所指。为便于我们自己阅读年谱长编，我们尝试解决了一些别称对应的人物，并把一览表登在了第五卷上。这一工作受到大家的欢迎。虽然还有一些没有解决的人名，但重要的都得到了证实。

译注首先是为了让日本的读者进一步深入理解翻译与原著的内容。但是由于梁启超的思想形成以及表现与明治日本文明的实现有非常深厚的关系，所以译注必须能够让东亚乃至全世界的研究者理解。所以我们对于梁启超与日本的关系方面，尽可能详细地为理解他的思想与行动所需要的知识作了备注。可能正是这样的地方赢得了大家的赞扬，欧阳哲生教授在整理排印的《梁任公先生年谱长编（初稿）》中继油印本、世界书局本、上海人民出版社本之后提到了岛田虔次编译的日译本，评价说“实现了原主编丁文江对《梁谱》的基本构想”。[1]这让我们感到非常的光荣。

以中华文明为核心的东亚文明已经发展了数千年，在世界史的近代，又遭遇了不得不接受西方近代文明的历史环境。在那种情况下，首先是清国，然后是日本，迎向了历史赋予它们的任务。从19世纪末到20世纪初，在中日交流中，梁启超留下了尤其巨大的足迹。跨越一国史框架的近代东亚文明圈的历史研究才刚刚开始，希望我们各相关国家的学者们携起手来为它的发展尽绵薄之力。

1 丁文江、赵丰田编，欧阳哲生整理:《梁任公先生年谱长编（初稿）》，“整理说明”，第7页。

附 录

清朝的立宪准备与梁启超的代作上奏[1]

作为提交给“东亚王权与政治思想”论坛第六分组会“东亚君主立宪制与近代西方”的报告，我要讲的题目是“清朝的立宪准备与梁启超的代作上奏”。

一、派遣考察政治五大臣的经过与梁启超

清朝朝着采用立宪制迈出向海外派遣考察团这一大步是1905年，比日本明治政府派遣岩仓使节团晚34年；如果从德川幕府派遣访美使节团算起，那么清朝的这次派遣则更是45年之后的事。

1905年7月16日，清朝命以载泽为首的重臣出洋考察政治。这次派遣虽因革命派吴樾9月24日在正阳门车站实施自杀性炸弹攻击而被阻止，但清朝并没有取消这一计划，而只是作了人员上的部分调整。载泽、尚其亨、李盛铎以及戴鸿慈、端方五人被任命为“考察大臣”。后二人加随从共37人12月

1　本文原载于许洪兴等主编:《东亚的王权与政治思想》，上海：复旦大学出版社，2009年。——编注

19日由吴淞出发[1]，历访美国、德国、奥地利、意大利，翌年8月10日返回北京；前三人加随从共24人（加上先遣人员总共42人），1906年1月14日由上海出发[2]，历访日本、英国、法国、比利时，同年7月23日返回北京（但李盛铎作为驻比利时公使留下了）。诚如大家所知，根据考察报告，便有了9月1日的所谓“预备立宪”上谕。

这份“考察大臣”的报告，对慈禧太后迈出所谓“预备立宪”的一步具有决定性的重要意义，这一点无须赘言。五大臣并非都是有实力的人物，但也都各有一定的身份：载泽是皇族；戴鸿慈考察回国后一直做到军机大臣；李盛铎曾当过驻日本公使，是办外交之人；尚其亨受命之际，正做山东布政使；而关于端方，则有浅原达郎的秀作《“热中”之人——端方传》[3]，介绍得很详细。关于五大臣的“出洋考察”，该传写得也很详细，本文亦蒙惠甚多。

载泽《考察政治日记》和戴鸿慈《出使九国日记》是关于这次五大臣“出洋考察”的基本资料。正像戴鸿慈仅以“出

1　戴鸿慈：《出使九国日记》，长沙：岳麓书社，1986年，第320—321页。［日］浅原达郎：《“热中”之人——端方传》（六），见《泉屋博古馆纪要》第10卷，1994年，第83—84页；该文呈现了随从人员的选出经过（附记当时的官职、出身以及后来的官职），可由此确认全体人员的情况。

2　载泽：《考察政治日记》，长沙：岳麓书社，1986年，第571—572页。其中包括在浅原达郎上及论文中没出现的人。

3　浅原达郎：《“热中”之人——端方传》（一）—（七），《泉屋博古馆纪要》第4卷—第11卷，1987—1995。

使”而载泽则以“考察政治”所称，此项任务基本是考察外国（九个先进国）的政治。然而，正如浅原所指出的那样，五大臣要去“考察”的所谓“政治”，只是“立宪政治”，吴樾的炸弹恐怖活动已经明确地表明了这一点。因为吴樾确信清朝派遣五大臣“考究宪政”，向立宪政体转移，对革命派不利，才付诸行动[1]。换句话说，这也反映出期望立宪政体的氛围已在相当程度上酿及朝廷外部。也就是说，尽管在考察的名称上留下了若干保留的痕迹，但对五大臣来说，取得出访成果以促成采用立宪政体，便是至高无上的命题。

因此，上面提到的两部日记都把“考察政治”的成果记录得格外认真。尤其值得一提的是，载泽《考察政治日记》记1906年1月27日（光绪三十二年正月初三）下午，受日本政府委派法学博士穗积八束和大藏省主计局长荒井贺太郎前来宿舍（芝离宫）讲课的事，前者讲“日本宪法”，后者讲“日本财政沿革”，共计上课约三小时[2]。该讲演以当时最普通的译法——一名随从口译，另一名将其整理成文——被记录下来。

穗积强调，“日本宪法……皇位为主权之本体”，三权有“立法权、大权、司法权”，相当于行政权的“大权”为“君主所独裁，不委任于他种权限之内”，具有独尊位置（也就是说，

1　浅原达郎：《“热中”之人——端方传》（六），第76—79页。

2　载泽：《考察政治日记》，第575—578页。

并非三权分立）。荒井讲的主要是作为近代国家财政基础的预算制度。

接下来的28日，从下午2点开始，伊藤博文花两个半小时时间就宪法问题答疑[1]。第一个问题是："敝国考察各国政治，锐意图强，当以何者为纲领？"伊藤就此答道，"立宪"第一。那么取范于哪国好呢？答曰，贵国是君主国，同日本一样"主权在君而不在民"，"似宜参用日本政体"；进而又对"天皇神圣不可侵犯"以及天皇与议会的关系等作了恳切的说明。

这些都无疑具有开扩载泽等人知识的作用。不过，在海外接受这种入门讲义，在半年多的出洋考察时间里所能掌握的知识和理论够用吗？足以应付祖国体制向立宪政体的转移吗？而且，日本是初访之国，此后的日记便不再有类似的记述。另外，在戴鸿慈的日记里也看不到类似的记载。

因此也就只能期待那些随从了。据出版载泽等人日记的钟叔河介绍，在随从当中对西方多少有些了解的是"伍光建、施肇基、温秉忠、夏曾佑、钱恂、熊希龄等"[2]。伍光建（1866—1943）是在英国学海军的留学生，施肇基（1877—1958）在康奈尔大学读完硕士，温秉忠（1860—？）在华盛顿大学和哥伦比亚大学学习，夏曾佑（1863—1924）与严复等人在天津办

1　载泽:《考察政治日记》，第578—583页。伊藤自备《皇室典范义解》和《宪法义解》。

2　钟叔河:《关于"五大臣出洋"》，见《出使九国日记》，第269页。

《国闻报》宣传新学，钱恂（1853—1927）1890 年曾跟随驻英等国公使薛福成赴欧，熊希龄（1867—1937）参与创办湖南时务学堂并赴日本考察过教育和工商业。可以说，这些人在当时都是直接或间接掌握海外知识的新型知识分子。

不过，尽管和五大臣相比，这些人要多知道一些外国事情，但把留下文章相对比较多的熊希龄的东西找来看，觉得依那种程度要完成回国所需的报告恐怕也有困难。于是，能接那白令箭的便非梁启超莫属了。让一个正在逃亡的国事犯来起草朝廷改革奏折，虽令人难以置信，但在当时这种事又的确发生了。梁自己所言“近所代人作之文，凡二十万言内外”[1] 便是指这件事。

与梁启超实际接触的是曾与梁一起在湖南推行变法的熊希龄。熊此时作为随从跟着端方访问欧洲。不过据浅原考证[2]，熊途中离队回国，5 月 27 日以后由上海来日本，直到 7 月 16 日抵达奉天之前的几天一直逗留在日本。也就是说，长则从 6 月初到 7 月 10 日前后他是可以一直在日本的。熊在来日本之前先给梁写了信，梁接到此信时，满脑子装的似乎都是《新民丛

1　梁启超：“光绪三十一年（光绪三十二年之误）致徐佛苏信”，见丁文江、赵丰田编：《梁启超年谱长编》，上海：上海人民出版社，1983 年，第 353 页；日译岛田虔次编译：《梁启超年谱长编》全五卷，岩波书店，2004 年，卷二，第 251 页。写信年份之误，浅原早已详细探讨［《“热中”之人——端方传》（七），第 111、114—115 页］。

2　浅原达郎：《“热中”之人——端方传》（七），第 113—114、133 页。

报》与《民报》的应酬[1]，因此可以认为，替端方等人代作上奏当是熊来日本后密谈敲定的。在熊给梁的信里，还附一封托梁转交徐佛苏的信，熊也打算与徐接触的吧。

梁启超与熊希龄见面日期不详。不过，梁在与熊密谈后便突然非见徐佛苏不可。徐正在国内，梁催他速来日本，说没路费这边可以给出[2]。梁高度评价徐，是因为看了徐给《新民丛报》的投稿，感佩他“法律上的知识”和“有关法学的学识”[3]。徐的论文是刊载在《丛报》第 4 年第 6、8 号上的《论责任心与名誉心之利害》，今天看来是讨论国民国家之形成问题的，属于“政治学”范畴。

梁启超一方面想紧急见徐佛苏，另一方面又以“继母之不幸”为借口回避见思想不一致的蒋智由，通知蒋智由说打算搬到京都一带住，正加紧作着出发的准备[4]。连要搬的地方都没定下来便说要日夜准备搬家，这的确令人感到不可思议，但如果

---

1 梁启超:“光绪三十二年春致徐佛苏”，见《梁启超年谱长编》，第 363 页（日译卷二第 263 页）。这里不一一涉及，从杂志的发行状况看，这封信恐怕是 5 月下旬写就。浅原认为信中的“第五号，第六号”是指《民报》（同上，第 114 页），但实际是《新民丛报》。

2 梁启超:“光绪三十二年闰四月致徐佛苏”，见《梁启超年谱长编》，第 362 页；日译卷二第 261 页。

3 梁启超:“光绪三十二年二月致徐佛苏”，见《梁启超年谱长编》，第 358 页；日译卷二第 255 页。

4 梁启超:“光绪三十二年致蒋智由”，见《梁启超年谱长编》，第 362 页；日译卷二第 262 页。

认为是找借口谢绝日常性接触便也合情合理。另外，他也有半年多没与康有为联系，事后致歉久疏音讯的理由也是“继母之不幸”[1]。这也是不再需要顾忌吉凶之后的招呼。

倘若再找一种状况证据，那么是《新民丛报》出现的混乱。《东邦协会会报》第 136 号（版本记录 6 月 20 日刊）受赠杂志栏里载《新民丛报》第 8 号（版本记录 5 月 8 日刊），此后一空就是半年，直到该报第 143 号（版本记录 1907 年 1 月 20 日刊）有《丛报》第 13 号（版本记录 8 月 20 日刊）出现。《丛报》因是半月刊杂志，在本应出 12 本期间只出 4 本，而且除了第 12 号《杂答某报》开头的“顷以事故，无暇为报中属文者殆两月余……”一句之外，对这种异常并无辩解之辞（内容上的异常也很明显，在此从略）。发行《新民丛报》对当时的梁启超来说，是最重要不过的工作。如果说有一种事态（而且是一种连朋友都不许知道的事态），能使他放弃这项工作，那么还有什么比得上代作上奏这件事呢？

不管怎样，梁启超在 6 月的某一天见了熊希龄，商定之后便开始动手代作，并在大约 7 月中旬带着这份折子上船，8 月 3 日（或在此之前）交给熊希龄。3 日晚，戴鸿慈“阅定各奏折，计定国是，改官制，审外交，设财政调查局，立中央女学

1　梁启超:“光绪三十二年十一月致康有为”，见《梁启超年谱长篇》，第 362 页；日译卷二第 262 页。文面有“师友”二字，因此是把行迹也向同志们隐瞒了的吧。

院，凡五折”[1]。折稿交出，完事大吉，梁折身返回日本。

一般认为，梁启超恐怕是在8月10日前后回至日本。他最先向徐佛苏报告了事情的经过。此事他只能对这个心腹之友谈。这是一次“尔来送生活于海上者二十余日，其间履陆地者，不过三十余小时”的秘密旅行。前引“近所代人作之文，凡二十万言内外”，是在这段话之后出现的。他先把其中的两篇眷清呈徐，接着又眷送最为重要的《请定国是折》以求教。在稍后不久给蒋智由的信里，也提到一个月前替人代作文章谈“官制改革”[2]。

这里说的《请定国是折》和《官制改革》，便是戴鸿慈3日晚阅定的“定国是”和“改官制”两个折子，进而是《端忠敏公奏稿》卷六所收《请定国是以安大计折》（约九千字）和《请改定官制以为立宪预备折》（约一万四千字）——浅原的这一判断[3]，我认为是正确的。

顺附一句，梁启超在8月10日以前就回到了日本，但《新民丛报》却乱了一整年，其最主要原因是梁启超此后的“抱病

---

1 戴鸿慈:《出使九国日记》，第528页。

2 梁启超:“光绪三十二年致蒋智由”，见《梁启超年谱长篇》，第366页；日译卷二第267页。

3 浅原达郎:《“热中”之人——端方传》（七），第116页。

颇久”[1]。

另外，梁启超在当年秋天搬到神户华侨麦少彭的别墅“怡和山庄”。这是个偏僻之地，用梁自己的话说，是“神户附近八十里之一荒村”[2]。搬家的正确日期是1906年11月10日[3]。此时是病愈搬家吧。以前曾对蒋智由说过的搬家，终于变成现实（不是京都，而是神户）。神户是日本通向外国的窗口，即使是位于须磨之西的“一荒村”，利用铁路去神户中心在交通上也没什么不便。梁实际将此地当作了生活和活动的据点（即双涛园），直到他在中华民国成立后回国。然而，从以上所述来看，伴随代作上奏而出现的活动内容的变化（与清朝重臣的秘密接触等），无疑是梁此次移居的重要原因之一。

二、梁启超之代作奏折——《请定国是折》

过渡到立宪政体，当然意味着要把王朝统治的政治体制改造为近代国民国家的政治体制（此时是君主立宪制）。这不论在谁看来都是件伴随文明范式转换的难事。大致说来，那些与

1　徐佛苏：“光绪三十二年九月致梁启超”，见《梁启超年谱长编》，第368页；日译卷二第270页。这是1906年11月9日的信，因为在日本报纸登载“预备立宪”上谕时徐写此信。

2 《梁启超年谱长编》第357、369页；日译卷二第254、272页。

3 《外务省记录》，“各国内政关系杂纂：支那之部 ·革命党关系”，440708。

近代西方文明相关的术语，所谓“和制汉语”，大多是经由日本被拿到中国的。而在近代中国承担这项工作的最大队伍，就是 20 世纪初到日本来的那些留学生。

日语虽然使用汉字，但理解和制作汉语的意思也是件相当吃力的事。举一个具体的例子：在浙江留学生办的《浙江潮》杂志上就有一篇文章，题目叫《新名词释义》[1]，说有很多新名词让人琢磨半天仍不解其意，在此特加以说明，以有助于读者的理解。作为难解之词的“健将”，该文举出了“社会”和“国家”这两个词，并加上一大段详细的说明。不过，词汇问题一碰就很复杂，这里避繁就简，只以这两个词为例，以示时代气氛。倘做附言，则下面要多次提到的《新尔雅》[2]这部用语解说书也是从“国家”开始的：“国家者，国民全体之集合体也。”而这一说明是取了伯伦知理的国家“有机体”说[3]。

留学生是为寻求新知而来日本的青年知识人，其背后还有一支希望中国改革的更广大的队伍，而站在这支队伍最前列的，就是代作上奏的梁启超（关于在文明史的这一转换当中梁

1 酙癸：《新名词释义》，载《浙江潮》第二期，1903 年。在第六期登载的第二回里列出了“帝国主义”和“孟鲁主义”。

2 汪荣宝、张澜：《新尔雅》，国学社，光绪二十九年（1903）。本文据沈国威编著：《〈新尔雅〉及其词汇——付研究 · 索引 · 影印本》，白帝社，1995 年。

3 《新尔雅》“释政”，第 2—3 页。

启超发挥作用的具体情况，请参照我们的研究[1]）。在此只想指出一点，梁在代作的当时已中断《新民说》的写作，不再鼓吹新国民的形成，而开始作《开明专制论》，主张在开明君主之下建设新国家。

这里，我想通过收在端方奏稿里的文章[2]来看一下《请定国是折》。梁启超在代作上奏中说，这是一篇最重要的文章。上奏的对象，当然是最高当权者西太后。因此文章花了不少功夫，以使其能比较顺利地获得西太后的批准（当然，也应考虑到有端方等人经手）。

首先是阐述奏文的主旨。使团为寻求可成为“中国振兴之时机”的“列邦之善政可以实行中国者”，考察了各国政治。结果只有一策，那就是采用“立宪政治”，为此应首先确定“定国是”的大政方针。

回顾自开国通商以来的历史，清法战争、甲午战争、八国联军，接连战败，以“洋务”追求富强，又无果而终。失败之原因，在于不理解实现富强需要“内政之整理”，而内政整理之首要之事，又是选择“政体”。

政体有“专制”和“立宪”二种，在“专制政体”之国，

1 拙编:《梁启超 · 明治日本 · 西方——日本京都大学人文科学研究所共同研究报告》，北京：社会科学文献出版社，2001 年。

2 端方:《请定国是以安大计折》，见《端忠敏公奏稿》卷六，28 叶表—43 叶表。本节在此文中的引用，出处从略。

“君主一人”承担全部“责任”，如俄国沙皇所示，由于其委任以国事的官吏做坏事，招致民怨，致使他自己也死于炸弹，这是全部责任必由君主承担的结果。因此实行此制，君主和国家都处在危险之中。相反，“立宪政体”之国，拥有“宪法”作为“根本之法律”，宪法中明记“君主无责任”。政治由“责任内阁”担当，并由人民“选举”的“议会”来决定内阁的方针。由于“租税”的用途都明确于“预算票”和“决算票”，国民也会自觉承担起“纳税之义务”。因此采用此制，将确保君主和国家的安泰，实现富国强兵。

若稍作一点补充的话，就是这里出现了许多新名词。本奏折的主眼是“立宪政体”，例如《新尔雅》关于该词的解释是“立宪法议会，以组织国家统治之机关，使人民赞助参与者，是之谓立宪政体”[1]，讲明是“人民”参政。而奏折为强调“君主无责任”，竟把说明的重点挪到“任法而不任人”（法治主义）的政治上来（当然也不会让“人民”这个词出现）。“选举”和“议会”都解释得通晓易懂，但“责任内阁”以二语相接使人感觉很难会被正确理解。

奏折还强调，在“帝国主义”时代的现在世界中，中国不应停留在与沙俄相同的专制政体，而应取范打败俄国的日本，采用立宪政体。“帝国主义”在此被加上一条说明，指为劫财

1 《新尔雅》“释政”，第 9 页。

掠地的“霸国主义”。此等话语是连西太后也能明白的吧！值此之际，还提到安南、朝鲜分别被法、日两国所夺之事，“与其以此责法与日之横强，不如责安南朝鲜之自取灭亡也”。而这是敦促发愤的措词自不待言。

只是在历史悠久的中国，所有“制度文物”都盘根错节，故许多事物不能马上采用，需设“预备”期间。“夫中国非立宪不可，而速立宪又不可。”那么怎么办才好呢？回答是学日本。日本于明治元年（1868）定了五条“国是”，又于十余年之后的明治十四年发诏开设国会，并于明治二十三年开设了国会，其准备期间有二十多年。故中国也应首定“国是”。

中国应定之“国是”为以下“六事”：

一曰，举国臣民，立于同等法制之下，以破除一切畛域。

二曰，国事采决于公论。

三曰，集中外之所长，以谋国家与人民之安全发达。

四曰，明宫府之体制。

五曰，定中央与地方之权限。

六曰，公布国用及诸政务。

诚如所见，这与日本的“五条誓文”有很大的不同，不过前三条与“五条誓文”倡导的立宪政体原则还是相对应的。后三条则是在向君主立宪政体过渡期间所应采取的具体策略。第四条把宫廷与政府之别视为至要，第五、第六两条亦与此相关。也就是说，依照日本的情况看，起草者（梁启超）是站在起点与终点两点合一之处来考虑问题的。

最后的结论是，若以此“国是”作为“宪法”推进“立宪之预备”，“一二十年后……中国转危而为安，转弱而为强，亦能愤然崛起为世界第一等国”。

文章是在深思熟虑的基础上完成的。在一般看来，这是受命于西太后的出洋考察使团所提交的回国报告，是否连保守派也会赞成转向立宪政体，那么，结果将会是怎样呢？

三、梁启超代作奏折之时代位置
——以“阶级”为媒介

由梁启超代作的《请定国是折》是促请清朝转行君主立宪制的文章。进而，诚如以上所见，还可以说，这是一次认真的努力和尝试，旨在借鉴明治日本国家建设的经验，经由日本把在日本被吸收了的西方近代文明导入中国。

这里想就《请定国是折》作进一步的具体考察，以观其在东亚文明圈里究竟有着怎样的时代相位。材料取上述“国是六事”之第一“举国臣民，立于同等法制之下，以破除一切畛域”。虽稍有些长，姑引全文如下：

> 诗曰，率土之滨，莫非王臣。此言王者之德，一视同仁，对于举国臣民，本无可以重轻歧视之外。惟是各国内政未修之际，国中阶级制度，实所难齐，因而人民同处一国之中，无故而生畛域之见。阶级既殊，即利害相反，畛域不化，则离德易生于此。而欲求举国一致之效，必为势所不能。各立宪国知其如此，故于宪法之内，皆载入人民同等之文。今中国既欲为立宪之预备，则此宪法之精神，亦不可不于此时予定之，以示一国之标准而求人民之同德焉。所谓法者，凡一切刑法、民法、商法等之法律，皆是也。所谓制者，凡一切官制、兵制等之制度，皆是也。[1]

前面已经说过，文章中出现的“宪法”“立宪”等新名词都不易解。在“刑法”“民法”“商法”之类的术语中，“刑法”姑且不论，“民法”“商法”有几人能懂呢？至于“人民同等”，即使字面看得懂，也很难认为会达致对其含义的理解。

关于“民法”，譬如《新尔雅》的解释是：“规定私人相互之关系者，谓之民法。”[2]而又在接下来的三页篇幅里，按照

1 《端忠敏公奏稿》卷六，37 叶里—38 叶表。

2 《新尔雅》“释法”，第 30 页。

“自然人”“法人”“未成年者”“禁治产者”“准禁治产者”的顺序，对近60个相关用语进行了说明。我并不是说有必要理解包括这些专业用语在内的“民法”概念本身，而是提请注意，规定“民”与“民”关系的“法”之存在理由本身，对于绝大多数官僚来说，肯定是思考范围以外的内容无疑。

不理解“民法”（或其他各种法）的概念内容乃至其存在的理由，将很难真正理解“任法而不任人”（法治主义）的“立宪政体”。要解答这一问题，就须把当时接受西方近代思想的情况放在接受与吸收这两个过程中来加以具体讨论。此项作业不能不围绕许多术语来进行，这里想把问题集中在“阶级”这个词来上加以探讨。

“阶级”一词，自古就用，现在的“台阶”及作为其转义的“等级”之意。近代因用来翻译英语class一词，“阶级”便在新的意义上被使用。《新尔雅》对“阶级”的解释是:“区分人群为数等，谓之阶级。享群中优特权利之阶级，谓之贵族。不能有完全人格，与物类同待遇之阶级，谓之奴隶。”[1]由此可知，“阶级”不仅指等级，也指广大的社会集体。然而正像在释义当中出现“贵族”和“奴隶”所显示的那样，“阶级”一词首先还是作为反映上下等级关系的词语来使用的。

在日本，“阶级”作为class的译词出现，可简单地通过

1 《新尔雅》“释群”，第68页。

《哲学字汇》来看。明治十四年（1881）本和十七年（1884）本，只写作“部”，明治四十五年（1912）本作“部分、级、阶级、部类”[1]。大体可以认为，这个词是明治二十年代以后在新的语义上被使用的。正像沈国威也指出过的那样[2]，《新尔雅》可认为是参考日本书翻译的，因此可推知当时日本人一般对“阶级”一词所持有的印象，也还是有着贵族与奴隶所表示的上下等级关系的含意。

其中，“阶级”一词又有具有新意的用法出现。即现在社会科学领域内所使用的、具有表示生产关系基础上的社会集团意义并表示其相互关系的用法。例如，试观幸德秋水的《社会主义神髓》[3]，便以一种关系性来说明致使包括工人在内的“多数人类”处在饥饿之下的原因，即在于“地主资本家少数阶级”“掠夺生产物”，从而使“财富分配不均”[4]。其他三十多个用例，各个涉及生产关系，无可挑剔。在此提示一句，幸德秋水在谈他翻译的用心良苦时，甚至提到以“阶级的自觉”来对

1 《哲学字汇》，明治十四年，明治十七年，明治四十五年。本文参照名著普及会 1980 年复制本。

2 沈国威编著:《〈新尔雅〉及其词汇——附研究 ·索引 ·影印本》，第 2 页。

3 幸德秋水:《社会主义神髓》，朝报社，1903 年 7 月。本文使用版本为岩波文库，1965 年第 10 次印刷。

4 幸德秋水:《社会主义神髓》，第 18、45、24 页。

译“class consciousness ”的情况[1]，由此可窥知幸德的学识。

《社会主义神髓》出版仅过三个月就被译成了中文[2]。译文问题很多。仅以“阶级”为限，幸德原文用了三十多次，而中译本却有近三分之一没有译出；译出来的当中也有相当数量存在是否准确的问题。这表明译者“栽”在了“阶级”这个词上，他还不大理解这个社会科学用语的含义。

那么，在梁启超那里，情况又是怎样呢？检索《变法通议》和《自由书》[3]，梁启超到日本来以前没有“阶级”的用例，来日本后有六个用例，但其中有四个可置换为“等级”。值得注意的是下面这句：“今日资本家之对于劳力者，男子之对于妇女，其阶级尚未去。”[4]恐怕是从什么地方译过来的。

在稍后的《新民丛报》时期，可检索到数千个“阶级”的用例。其中虽有一些仍可置换为“等级”，但绝大多数已具有了当时最为普遍的表示上下关系的意思。例如，“贵族政治者，最不平等之政治也，他国以有贵族故，故常分国民为数种阶

1　幸德秋水:《翻译的苦心》，载《文章世界》3—4，1908 年；见《幸德秋水集》，改造文库，第 88 页。

2　达识译社译，浙江潮编辑所，日本东京牛込区东五轩町九番地，光绪二十九年八月十五日（1903 年 10 月 5 日）。

3　梁启超:《变法通议》，《饮冰室合集》文集一。《自由书》，《饮冰室合集》专集二。

4　梁启超:《论强权》，载《清议报》第 31 期，1899 年 10 月 25 日;《饮冰室合集》专集二，第 33 页。

级”，并举了印度种姓（喀私德）制度的例子[1]。

而且还有虽不多见，却处在这条延长线上的对“资本家”与“劳力者”两个“阶级”走向两极分化的论述，如在论“外资与中国劳力者之关系”时，区分为三，即“富者”“次富者”和“贫者”，用以谈“贵贱之阶级”“贫富之阶级”“分配之阶级”[2]。这些都不妨视作达到了与社会科学相同的对“阶级”的理解程度，不过这种例子并不多见。

这里要回到本节开头的引文。其中“阶级”的用例是，“国中阶级制度，实所难齐……”和“阶级既殊，即利害相反，畛域不化……”。前者毫无疑问是指上下“阶级”；后者或许可以说是出于对生产关系前提下的“阶级”的理解，因为梁启超毕竟也到达了这种认识程度，但判断为基于上下“阶级”之理解也读得通[3]。

而且，譬如对政治考察使团的首席大臣载泽来说，这里所使用的“阶级”一词，亦大概是可以理解的。因为他在前述与

1　梁启超：《中国专制政治进化史论》，《新民丛报》第17期；《饮冰室合集》文集九，第72页。

2　梁启超：《新民说14·论生利分利》，《新民丛报》第20期；《饮冰室合集》专集四，第86页。顺附一句，其中所列“不劳力而分利者”，第一是“乞丐”，第十是“土豪乡绅”。

3　这个时期，《新民丛报》和《民报》正展开论争，多有文章言及“阶级”。其中，对生产关系意义的“阶级”体现出最深刻理解的，是革命派人物朱执信（拙著：《中国社会主义的黎明》，岩波新书，1976年，第三章）。梁启超虽似已开始与这种阶级的理解保持距离，但仍不失他理解上的一种选择。

伊藤博文的问答中，提过有关君主赏罚的问题，并在日记里记下了伊藤对此所作的说明，后者举日本帝国宪法第 15 条曰："民主国以平等为主义，大统领退职后，与齐民无异。君主国必有阶级，表异于齐民。"[1]正因如此，载泽才努力去实现向立宪政治的转行，在他看来，这是清朝统治得以重新获得强化所必须迈出的一步。至于端方，则走得更远，并在这方面留下了显著成绩，那就是连上奏都让梁启超来代作。

1906 年 9 月 1 日出台的所谓"预备立宪"上谕，写得很明白：根据派遣出洋考察政治之载泽等人上奏，清朝决定"仿（各国）行宪政，大权统于朝廷，庶政公诸舆论，以立国家万年有道之基"；而先自官制改革入手，教育绅民，以备立宪之基，万事齐备之后，"妥议立宪实行期限，再行宣布天下"[2]。表明要实行立宪，却并不明示期限。而首先着手的官制改革在两个月后的 11 月 6 日便有了结果。看到这份上谕的徐佛苏在致梁启超的信中说，"政界事反动复反动，竭数月之改革，迄今仍是本来面目。政界之难望，今可决断，公一腔热血，天空洒云天，诚伤心事也。"[3]梁读到这封信，对共促其事之同志的大失所望，将会作何种感想呢？

1　载泽：《考察政治日记》，第 580 页。

2　朱寿朋：《光绪朝东华录》（四），北京：中华书局，1968 年，第 97—98 页。

3　徐佛苏："光绪三十二年九月致梁启超"，见《梁启超年谱长编》第 368 页；日译卷二第 270 页。

“历史家”和其所写的传记[1]

——关于梁启超撰两种《谭嗣同传》及其他

【内容提要】亡命日本后，梁启超写了两篇《谭嗣同传》，一是1899年1月在《清议报》第4册上发表的，二是在1901年10月刊行的《仁学》单行本（国民报社刊）里附录的。前者明显记载为梁启超撰，后者没有写明撰者姓名。《饮冰室合集》所收为前者，因此它成为最普遍的《谭嗣同传》。

1898年12月，《知新报》第75册已经登载过谭嗣同传。其传包括谭嗣同给康有为和梁启超的那两份《绝命书》。此工作是跟梁启超等有关的。很奇怪，《清议报》的《谭嗣同传》没有包括这两份《绝命书》。对传记而言，《绝命书》是绝对重要的史料，而且作者正是梁启超本人。

《仁学》所附的《谭嗣同传》就是删节《清议报》所载《谭嗣同传》而成的。但是，两者之间有相当大的差别。特别让人惊讶的是，与康有为和梁启超有关的部分在前者中全部被删除了。这是不可否定的事实。

1　本文原载于《北大史学》第13期，2008年，李冬木、房雪霏校。——编注

序 言

众所周知，中华文明是尊重历史的文明。“历史”本来是一个源于西洋语的译词，根据传统的说法，历史就是“史”。四部分类中，“史”排在“经”之后，居于第二位，可见其地位之高。据《说文解字》记载，“史”之原义为“史，记事也，从又持中，中，正也”。中国古代，持中书正，即记录事实的史官不乏其人。春秋时代齐国史官南氏，以直笔著名。《春秋左氏传》襄公二十五年曰，“大史书曰，崔杼弑其君。崔子杀之，其弟嗣书，而死者二人，其弟又书，乃舍之，南史氏闻大史尽死，执简以往，闻既书矣，乃还。”

梁启超是中国近代历史学的奠定者。他高举“建设新史学”的旗帜，撰写了很多方面的文章。人物传记方面，他赞成格林伟儿（Cromwell）的说法：“Paint me as I am!”[1] 可以说，他所主张的是，描写事实乃是弄清真实。

作为历史家，梁启超的态度认真严肃。那么，体现在具体作品中又是如何呢？本文将通过分析他所写的两种谭嗣同传，

1　梁启超:《论李鸿章》，见《饮冰室合集》，中华书局，1936 年，专集三，“序例”。亦《康南海先生传》，见《清议报》，中华书局，1991 年影印，第 100 册。

来初步探讨历史事实及历史真实的问题。在此先作一下说明，本文仅以拙稿《梁启超笔下的谭嗣同》和《谭嗣同〈仁学〉刊行与梁启超》两篇文章[1]为基础资料。

一、《知新报》中的《谭嗣同传》

1899年初，梁启超在《清议报》第4册上发表了《谭嗣同传记》。[2]《清议报》是由梁在1898年末创刊于横滨的旬刊杂志；当初最重要的使命就是发表以《戊戌政变记》为中心的相关文章来宣传他们维新派的政治观点。梁之《谭嗣同传》是作为《戊戌政变记》[3]中的一部分发表的。无论是在几个月后刊行的《戊戌政变记》（九卷本）中，还是在三年后编辑的《清议报全编》[4]中，这篇谭传都没有被重新加工的痕迹，基本上是照原样收录下来。甚至在几年后被大幅度改订过的《戊戌政

1 《梁启超笔下的谭嗣同》，见李喜所主编:《梁启超与近代中国社会文化》，天津:天津古籍出版社，2005年;《谭嗣同〈仁学〉刊行与梁启超》，载《东方学》第110辑，2005年。

2 梁启超:《戊戌政变记》第五篇《谭嗣同传》，载《清议报》第4册（1899年1月22日）"支那近事"栏。

3 《清议报》自创刊号起开始连载《戊戌政变记》，直到第10册，发行有单行本。关于其成书的复杂原委，参照拙稿《〈戊戌政变记〉成书考》，载《近代史研究》总第100期，1997年。

4 《清议报全编》，1902年，第6集第21卷，《戊戌政变纪事本末》第一"国士略传"。

变记》（八卷本）中，也是照原样收录。此后，到了三十年代编辑《饮冰室合集》时，林志钧将《戊戌政变记》排在了《合集》之首。《合集》所收为八卷本，此后八卷本更加流行。因此，提到梁启超的《谭嗣同传》，基本就是指这篇谭传，这似乎已形成了一种一般性的认识。本文把这篇梁撰谭传称作《清议报》本《谭嗣同传》。[1]

政变一个星期后的 9 月 28 日，谭嗣同被杀害。可以说这是一部出现极早的谭传，但是，还有比这更早的。1898 年末，《知新报》第 75 册已经登载过包括谭嗣同在内的《清国殉难烈士传》。[2] 其中，谭传内容有 1700 余字，占全部烈士传的三分之二；分量之大，显现出谭嗣同的重要性。

《知新报》的《清国殉难烈士传》一文没有署名，题下仅有双行注记“译十一月二十七号日本东京报”。此“日本东京报”是指在日本东京刊行的《日本》报。《日本》是著名新闻记者陆羯南编辑发行的标榜国民主义、支持维新变法的报纸。11 月 27 日以后，该报确实刊登了包括谭嗣同在内的《清国殉难六士传》。[3]

1　本稿使用流传最广的《饮冰室合集》（中华书局，1936 年，专集卷一）所收版本（八卷本）。

2 《知新报》，上海：上海社会科学出版社，1996 年影印版，第 75 册（1898 年 12 月 23 日）“亚洲近事”栏。

3 《清国殉难六士传》，载《日本》，1898 年 11 月 27—29 日。谭嗣同部分刊登于 27、28 日报纸。《知新报》译载了三日间的全部文章。

但有一点需要注意，《日本》报《清国殉难六士传》篇首有弁言称“译自刚刚收到上海刊行的《亚东时报》”。《亚东时报》是日本亚洲主义团体乙未会在上海创刊的汉文日文双语月刊杂志。主编人山根虎之助，是比较有名的大陆浪人。11月中旬，该报确实刊登了逸史氏的《六士传》。[1]作为问世于六君子被处刑一月之余后的传记，可以说《六士传》的内容相当充实。

《日本》登载的《清国殉难六士传》是《亚东时报》中《六士传》的训读日译文，而《知新报》登载的《清国殉难烈士传》则又是《日本》所载《清国殉难六士传》的中译文。因此可以说，《六士传》就是《清国殉难烈士传》的原本。如果按照版权页中的刊行日期作一下整理的话，11月15日登载在上海发行的《亚东时报》中的汉文谭传，由东京发行的《日本》于11月27日译成训读文发表。而这篇日文谭传又于12月23日由在澳门发行的《知新报》回译成汉文发表。上海至东京之间相隔12天，东京至澳门相隔26天。在这里，需要加以注意的是，一篇文章从上海经过东京然后又传到澳门这一事实。从地理概念上说，这不合理，但从用词造句方面来看，其传播途径是毫无疑问的，澳门方面没有直接使用上海《亚东时报》的文章。之所以如此，正如下文所述，是因为东京已经成为康梁维新派政治活动（包括阴谋活动）和情报发送的根据地。

1 逸史氏:《六士传》，载《亚东时报》第4号（1898年11月15日），文章是正格汉文。

虽然有若干修辞上的变化和有意修改的地方，但《知新报》上的《谭嗣同传》，除去个别增添部分以外，基本上可以说是《日本》谭传的直译，至于《知新报》究竟增添了什么，倒是值得注意的。《日本》的谭传，如上所述，是《亚东时报》谭传的训读日译文。因此，我们可以把《知新报》的谭传和《亚东时报》的谭传作一下直接比较。

从字数上来看，《亚东时报》约1390字，《知新报》约1720字。这330字左右的差异基本上是由于后者收录了谭嗣同的两种《绝命书》所致。两传之间的相异之处，共有一百多条。作为篇幅只有一千多字的文章，出现一百多条异处虽显得过多，但大部分异处只属于修辞性质。应该知道，把训读文回复成原汉文比较容易，但不可避免地会出现一些助词等方面的变化。

其中，值得注意的异处不到十条，而尤其值得注意的是以下三条：（一）关于谭嗣同父亲的记述，“才劣而性贪”一句在《知新报》中为“性好守旧”；（二）关于康梁活动的记述，“孔子改制孟子民贵之谊”在《知新报》中为“保国保教保种之义”；（三）关于谭嗣同对康有为变法的态度，《知新报》于“嗣同起而和之甚力”的句下增添“且自居弟子之列”六字。其中第三项是《亚东时报》的谭传中完全没有的新添内容。

《知新报》的文字修改是否东京方面也作了，尚未见可靠史料。但是，如下所述，第三项是在东京的康梁准备加以宣传的主要内容之一，澳门方面不可能自动增添。前两项，有可能由澳门方面修改，但是不排除东京方面考虑到国内情况而作出修改的可能性。基本上可以估计，修改文字的不是澳门方面而是东京方面。

谭嗣同的两份《绝命书》，一份是致梁启超的（约180字），另一份是致康有为的（约100字），均记有“八月初十日（阳历9月25日，即被逮、处死前三天）”的日期。此等《绝命书》都收录在《谭嗣同全集》里，其要点如下：

> ……啮血书此，告我中国臣民，同兴义愤，翦除国贼，保全我圣上。嗣同生不能报国，死亦为厉鬼，为海内义师之助。卓如未死，以此书付之，卓如其必不负嗣同、皇上也。
>
> ……天若未绝中国，先生必不死。……嗣同为其易，先生为其难。魂当为厉，以助杀贼！裂襟啮血，言尽于斯。[1]

很明显，康、梁借壮烈牺牲者的荣誉，故意夸耀亡命海外者的任务，极力夸大他们三个人的同志关系。既然黄彰健先生

1　蔡尚思、方行编：《谭嗣同全集（增订本）》，北京：中华书局，1981年，第519、532页。

早已充分考证[1]，指出此绝命书的伪造事实，那就更能突出康、梁造假的政治意图之所在。

戊戌政变（9 月 21 日）后，梁启超避难于日本公使馆，9 月 26 日他跟王照搭乘日本军舰大岛号赴日本，于 10 月 21 日到达东京。之后，他马上开始了救皇、宣传活动。[2]梁的活动频繁但属正常。10 月 25 日康有为也到达东京。之后的活动性质就开始发生有些带有阴谋性的变化。11 月中下旬，他们似乎便开始了秘密伪造文献的工作。后来，王照暴露了康梁的伪造行为，冯自由也对王照的告发情况有所记录。[3]

当时，在上海的白岩龙平书简曰：康及其弟子们散发奇怪的文章（《数西太后十四罪》等檄文），虚张声势以造谣惑众，特别可恶的是“现在康有为在日本宫城内；康有为来朝，大隈伯、近卫公迎接他于横滨；首先提倡东亚同文会的就是康有为，于明年某月他们将起义于湖南等的谣言”。[4]宫城是天皇的居住区域，即日本的“紫禁城”；大隈（重信）伯爵是内阁总理大

1　黄彰健:《康有为衣带密诏辨伪》，见《戊戌变法史研究》，台北:“中研院”历史语言研究所，1970 年，第 452 页。

2　拙文:《初到日本时的梁启超》，见广东康梁研究会编:《戊戌后康梁维新派研究论集》，广州：广东人民出版社，1994 年，第 218 页。

3　王照:《复江翊云兼谢丁文江书》，见《小航文存》卷三。冯自由:《戊戌后孙康二派之关系》，见《革命逸史》初集，台北：台湾商务印书馆，1965 年，第 72 页。

4 《白岩致近卫书翰》（1898 年 12 月 25 日），见《近卫笃麿日记》第三卷，鹿岛研究所出版会，1969 年，第 231 页。

臣，近卫（笃麿）公爵是贵族院议长；东亚同文会是由东亚会和同文会合并起来企图统一日本亚细亚主义诸团体的组织，于1898年11月2日创立于东京，由近卫担任会长，发行机关杂志《东亚时论》。本来，同文会是以在华活动的日本人为主体的组织，而白岩是其中心成员之一。他是在华经营航运公司的实业家，且与近卫关系非常密切。[1]因此，白岩特别愤慨地谴责康、梁借着近卫等日本方面的权威来掩饰他们造谣生事的丑恶行为。

同时，12月21日，日本驻上海总领事代理小田切万寿之助向外务省提交了报告书，其中收录有《钦差督办报事工部主事康有为撰奉诏求救文》。[2]在这篇《奉诏求救文》的附录中，附上了七篇伪书。其中，第一篇和第二篇是伪造的衣带密敕，第三篇和第四篇正是上文所述写给康、梁的伪造《绝命书》。有关《绝命书》的来历，目前只能追溯到这份小田切报告，但可以确定，这是于12月上旬之前在东京伪造出来后而寄给上海等地他人手中的。

一般来说，遗书在一个人的传记中应该占有核心地位。《知新报》中的谭传，将在康有为的指导下伪造出的《绝命书》

1 ［日］中村义:《白岩龙平日记——亚细亚主义实业家的生涯》，研文出版，1999年，第67页。

2 《小田切致都筑外务次官报告》（1898年12月21日），见《日本外交文书》第31卷，日本国际连合协会，1954年，第725页。

加进《日本东京报》的谭传中，赋予读者以一种客观性。因此，《知新报》上的谭传既可以说是逸史氏文章的汉文回译，某种意义上也可以说是出自康梁之手的文字。

于此，我们需要探讨一个令人迷惑的问题。《东亚时论》第 2 号登载了梁启超《清国殉难志士故谭嗣同君传》。[1] 该文题目下面没有笔者名字，然而仔细加以研究之后，发现这谭传不外乎逸史氏《六士传》中的谭嗣同传。除去三处误排以外，文章完全相同。《东亚时论》第 2 号的谭传，将于下节进行分析。

二、《东亚时论》中的《谭嗣同传》

《东亚时论》是东亚同文会的机关报。如上所述，在华进行实业活动的白岩龙平等对于该会与康梁亡命者之间的密切关系很不高兴。的确，由于康梁流言的影响，曾发生张之洞、刘坤一等中断合作计划之事。所以，白岩发现《东亚时论》创刊号[2]登载了康梁文章之后，在上引书简中很有礼貌地向会长近卫公爵表示，为了避免东亚同文会和康梁派组织之间的密切关系带来误解，请求该报不要登载梁启超等人的文章。创刊号登载的文章是梁启超的《上副岛、近卫两公书》、更生的《唇齿

1　1898 年 12 月 25 日，“杂录”栏。《东亚时论》是半月刊的杂志。第 1、2 号上没写刊行日期，因此由以后的刊行日期推测而得。

2　刊行日期可推测为 12 月 10 日。

忧》以及梁的《论支那政变后之关系》。副岛是副岛种臣，近卫是近卫笃麿，他们分别是另一个亚细亚主义重要团体东邦协会的会长和副会长。这篇《上副岛、近卫两公书》是梁启超来日后所写出的最重要的政治性书简。此后，《知新报》第 79 册转载了“录《东邦协会报》”中的该书简。[1] 包括更生（即康有为）和梁的文章在内，这三篇都是为救出光绪皇帝、收复维新派势力而向日本方面请愿要求支援的文章。《东亚时论》编辑部对康梁派政治运动积极支持的态度显而易见。这样，白岩还有忧虑便是理所当然的。

接着，《东亚时论》第 2 号刊载了《清国殉难志士故谭嗣同君传》。并且，更加令人惊奇的是，该号卷首公然登出了谭嗣同的照片。其相片为合掌半身像，是梁启超、汪康年等七人合影的一部分，摄于光绪二十二年八月十九日（1896 年 9 月 25 日）。[2] 照片题字“支那大侠浏阳谭君遗象”，梁启超书体墨迹淋漓。“大侠”一词，无疑是褒扬之辞。登有照片版背页有

1 《新党某君上日本政府 / 会社论中国政变书（录东邦协会报）》，载《知新报》第 79 册（1899 年 3 月 2 日）。

2 丁文江、赵丰田编:《梁启超年谱长编》，上海：上海人民出版社，1983 年，第 57 页。岛田虔次编译:《梁启超年谱长编》，岩波书店，2004 年，第一卷刊登七人合影照片（根据 Timothy Richard, *Conversion by the Million in China, being Biographies and Articles,* Vol.1, Shanghai: Christian Literature Society, 1907）。其中，谭作出类似佛家弟子拜师般“偏袒左臂右膝著地”而合掌状。其他四个人为宋恕、吴家瑞、胡惟志和孙宝瑄。下述单行本《仁学》所载的半身像亦与《东亚时论》第 2 号相同，为该合影之局部。

更生的《哀谭京卿复生题其像》、佛尘（唐才常）的《挽谭君联》和梁启超的《亡友浏阳谭遗像赞》三篇吊辞。

并且，“杂录”栏中还登载了上述《谭嗣同传》以及“梁启超寄《政变始末》”。这样，此号便似乎成了谭嗣同纪念专号。很明显，编辑人员对维新派抱有好感。如上所述，这篇谭传与《亚东时报》逸史氏谭传为同一篇。(《亚东时报》和《东亚时论》是姊妹杂志，所以代用不成问题。）这样，即使不是白岩，换上任何人，也会把东亚同文会看作支持康梁维新派的日本人团体吧。

《政变始末》一文，上面有“第四篇”一句。此指《戊戌政变记》之第四篇，大约同时刊行的《清议报》创刊号上明示为“戊戌政变记 第四篇 政变前纪”（即八卷本的第三篇《政变前纪》)。该报第 3 号连载续篇。[1]

12 月 31 日，近卫收到上述白岩书翰，他的日记中有特别记载“保护康有为等不利于我国，此与我意一致”。他积极同意白岩的提议。当时，日本政府已经开始策划“驱逐”康有为（表面上“礼送”，3 月 22 日离日）。大概在过了正月之后，近卫便把自己的意见传达给了编辑部负责人。

虽然担任实际编辑工作的人大概是某某新闻记者，但该志

1　这里有需要注意的问题，但在此处从略。另外，梁启超把刊载在《东亚时论》创刊号中的《论支那政变后之关系》一文收录在《戊戌政变记》九卷本之卷五中（后来，八卷本中删除）。

版权页中的记载却是"发行兼编辑人 志村作太郎"。从近卫的《日记》上看，志村是近卫的忠实部属，可能是一个对会长意见言听计从的人物。1月5日，志村与近卫就《东亚时论》问题会面。他将近卫的意见忠实地纳入编辑方针中，到《东亚时论》第4号（1899年1月25日）的《光绪圣德记》为止，以后该志不再登载《戊戌政变记》等康梁维新派的文章。

当然，梁启超也知道东亚同文会方面发生的变化。并且，1月19日，近卫把梁启超叫到家中吩咐说，"就现在的情况来说，写文章给横滨《清议报》有些欠妥当，应当跟该社断绝关系。"当时，康梁的周围形势日益严峻，维新派知识分子大概也已觉出，通过伪造《绝命书》等方式搞造谣宣传的环境和条件已经不具备了。

三、梁启超笔下的谭嗣同：其一《清议报》中的《谭嗣同传》

再把话题回到梁启超在《清议报》第4号（1899年1月22日）上所写的《谭嗣同传》。这是一篇最脍炙人口的谭传，全文约3280字（其中本传2800余字，论赞475字）。

首先，需要加以说明的是，虽然此文比《知新报》中的谭传长了差不多一倍，但是这里并未包括谭嗣同给康有为和梁启超的那两份《绝命书》。收到遗书的人却又在给一书作者写传时完全不提及遗书之事，这是非常不可思议的。可以推测，梁启超毕竟还是讨厌使用那份写给自己的伪造《绝命书》，这样也同时排除了写给康有为的那一份。从当时的情况来看，伪造文献大概是在康有为之命令下开始操作的吧。

其次，与《知新报》中的传记（即来源于逸史氏的）相比，《清议报》本（即梁启超）的《谭嗣同传》有明显特征。关于谭嗣同和康有为、梁启超的关系，前者的记述都是比较一般性的，没有特别提到个人心情方面。例如，关于梁启超只有四条记述:（一）甲午以后，梁启超等“昌言变法，嗣同起而和之甚力”;（二）梁启超就任时务学堂总教习，“讲授春秋经世之学”;（三）徐致靖疏荐谭嗣同、梁启超等“五人可大用”;（四）政变后，梁启超、王照“亡命海外”。这些记述都是客观性的事实。

反之，后者在指述他们之间的关系时则很强调自己的心情。

首先，谭和梁的关系便是如此:（一）1895年，梁启超对前来访问康有为的谭嗣同谈到了“南海讲学之宗旨、经世之条理”，谭感动雀跃“自称私淑弟子”。（二）戊戌八月六日，谭梁对坐擘划，政变消息一到，谭就从容说“……吾已无事可办，惟待死期耳。足下试入日本使馆谒伊藤（博文）氏，请致电上海领事而救先生焉。”……谭待捕者。（三）次日，谭在日本公使馆拜访了梁，劝梁以亡命，以“程婴、杵臼，月照、西乡[1]”的故事为例，提出了责任分担，“遂相与一抱而别”。（四）在那个时候，谭将带来的“著书及诗文辞稿本数册、家书一箧”托付给梁。（五）谭的《兴算学议》等著作以及家书，“并《仁学》皆藏于余处”。（六）梁收集了包括书信在内的文字，打算编集“谭浏阳遗集若干卷”。（七）关于《仁学》，“先择其平易者，附印《清议报》中”。[2]

以上七项给人的印象是，在短短的三四年交友期间，交友关系是在大义之下建立起来的。但是，传中的记述，除去托付《仁学》以及附印《仁学》等项以外，其他部分都是基于记忆或者感情来记述的。

“程婴杵臼、月照西乡”的责任分担场面，使任何人都能感觉到比《绝命书》有过之无不及的效果。原稿、著作都托付在身，已经开始以《仁学》为首的著述刊行，还有编纂遗著的计划。对亡友后事的处理，可以说是无微不至。为了给读者造成深刻印象，比起使用《绝命书》，其效果可能会更好吧。

第二，关于谭与康的关系。（一）谭嗣同听梁启超讲了

1　两者均为维新之士，勤王和尚月照先死，西乡隆盛（号南洲）活了下来。两者的关系被作为生者、死者责任分担的模范。在亡命途中所作的《去国行》，梁早就用这比喻：“不幸则为僧月照，幸则为南洲翁。”《去国行》就刊登在1898年11月1日发行的《日本》报纸的“文苑”栏上。日本著名汉诗诗人桂湖村在讲评中称赞“清国志士”梁启超，表示了全面的共感和同情。这首乐府无疑予以日本知识界一定的影响。

2　《谭嗣同传》，见《戊戌政变记》第106、108—110页。

“南海讲学之宗旨，经世之条理”，便自称“私淑弟子”。（二）在金陵，谭“闭户养心读书，……衍绎南海之宗旨，成《仁学》一书”。（三）政变当天，谭说“……今欲救先生亦无可救，足下（梁启超）试入日本使馆谒伊藤氏，请致电上海领事而救先生焉”。（四）为救南海先生，谭说“程婴杵臼、月照西乡，我与足下分任之”。（五）对于谭《狱中题壁诗》的“两昆仑”，梁提出自己的解释，即“去留肝胆两昆仑。盖念南海也”。（六）谭的学问如此：“既而闻南海先生所发明《易》《春秋》之义，穷大同太平之条理，体乾元统天之精理，则益大服。又闻华严性海之说……则益大服。”[1]

以上六项内容都是赞扬康有为的。为阐释师说而著述《仁学》，为救出先生而杀身成仁，谭的存在完全摆脱不了从属于康有为的地位。享有烈士盛名的谭嗣同是康有为的弟子，若其遗著是依据康有为的学说所作的话，其师之地位就会变得无限之高了吧。但是，梁之所述都不外乎是他的个人心情以及解释范围内的事情。

顺便提一下，梁启超从《清议报》第2册开始连载谭嗣同遗稿《仁学》。[2]该文前面附有梁启超的《校刻浏阳谭氏〈仁学〉

1　同上引书，第106—107、109页。

2　谭嗣同:《浏阳谭氏仁学》，载《清议报》第2册（1899年1月2日），“支那哲学”栏。以后，第2—14册（1899年5月10日），连载了大约一半就中断了。在第44—46册（1900年5月9日—28日）刊登了十分之一强，再次中断。剩下的十分之四弱在一年半以后的第100册（1901年12月21日）上，总算刊登完毕。

序》。《序》中，梁明确说明谭嗣同“服膺南海”，《仁学》是为了“将以光大南海之宗旨，会通世界圣哲之心法，以救全世界之众”的著作。[1]第4册谭传中所描写的康谭关系，在开始刊载《仁学》时，就已经被考虑到，《序》与《传》的共鸣关系就很明显了。附带说一下，如上文所说，其发端已出现于对《亚东时报》作出修改的《知新报》谭传中。

如果试图探讨梁启超的这种记述在学术上的是非，当然是无意义的。但必须确认的是，梁如此写道：刊载《仁学》的意义在于使康有为的学说更有光彩。换而言之，由于谭嗣同的《仁学》被如此定位，才得以开始在《清议报》上连载。那么，有一点在这里必须注意到，就是关于删除方针的问题。在第4册的《谭嗣同传》中，作了“其仁学一书，先择其平易者，附印清议报中，公诸世界”（这即意味着删掉与“南海之宗旨”相异之处）的解释。[2]本来，这应该是第2册的《〈仁学〉序》中所记叙的事项。尽管如此，还是特意采用这种将遗稿删除后发表的做法。对这件不应该做的事，梁启超留下了自我辩解的痕迹。可以看出，《序》和《传》不但互相共鸣，而且还构成互相补充的关系。

1　梁启超《校刻浏阳谭氏〈仁学〉序》，载《清议报》第2册。《哲学杂志》第145号也刊登了这篇序。

2　《谭嗣同传》，见《戊戌政变记》，第110页。删除部分，例如《谭嗣同全集》增订本的第八条（否定三纲、忠孝）、第十条（主张男女平等）等。

为了提高康有为的地位，这样来写谭康关系，会发挥出更大的效果吧。

四、梁启超笔下的谭嗣同：其二《仁学》单行本中的《谭嗣同传》

1901年秋，国民报社刊行了谭嗣同《仁学》的单行本。全书122页，铅字排印本，于1901年10月10日由“上海国民报社出洋学生编辑所”刊行。该书卷首附有那张谭嗣同半身像，且附了一篇无署名《谭嗣同传》。

如上所述，梁启超的《仁学》已开始在《清议报》连载，此时尚未连载完毕。《清议报》第85册卷末有“新刻谭壮飞先生仁学全书出售”[1]的广告。但是，关于单行本和以前在《清议报》上登载的《仁学》的关系，这个广告未作任何说明，只说：“鄙人三年以来，但闻其书，惜其秘而不传。今得之友人之后，焚香诵之”。这样，其真意何在，便不可推测。但是又说：“寄售处在横滨清议报馆”。所以，可以充分肯定，这部《仁学》单行本的刊行，与清议报馆乃至梁启超之间有着密切的关系。

迄《清议报》第100册，梁启超的《仁学》全文连载完毕。之后，《新民丛报》创刊号上载有介绍《仁学》的小文。

1　1901年7月16日，署名“四和主人”，未详。

那篇文章，书名下写着“故浏阳谭嗣同遗著 横滨清议报馆印 东京国民报社再印　定价五毫”[1]。由此，国民报社单行发售的《仁学》和《清议报》间歇连载的《仁学》之关系洞若观火。但是，梁启超却非常小心地掩盖两者关系。此外，《新民丛报》上没有登载与这本重要著作[2]相关的广告或文章。从该报到处登满书籍广告的特征来看，这是很难理解的事情。其中一定有一些不得不掩盖的微妙关系吧。

单行本《仁学》附录中的《谭嗣同传》，文字数约1900字，比《清议报》本的《谭嗣同传》短得多。仔细看，两者论赞部分均为470余字，可以说几乎是同一文章。因此，虽然它是一篇无署名文章，但可以推测作者仍然是梁启超。[3]论赞以外的传文字数，前者（单行本谭传）约1430字，是后者（《清议报》本谭传）2800余字的一半。梁对文章作了大幅度修订，而大部分的修订都是删除记述。其删除方法也证明该文出自梁本人之手。

被删除的记述部分是与康有为、袁世凯以及梁启超本人有关的内容。对于谭嗣同，他们都是关键性人物。而且，更有意思的是，此三人以外其他人的记述几乎没有任何改变。下面简

1　1902年2月8日，“绍介新著”栏。

2　梁启超自己总结《清议报》的历史意义，说最重要的文章正是谭嗣同《仁学》。（梁启超:《本馆第一百册祝辞并论报馆之责任及本馆之经历》，载《清议报》第100册，1901年12月21日。）

3　其他，参看拙论《谭嗣同〈仁学〉刊行与梁启超》第129—130页。

单分析一下。

首先看看康有为。上述康谭关系中的六项记载中，自称“私淑弟子”云云一段（59字），和遗著《仁学》是“衍绎南海之宗旨”一句（7字）被删除。此外，对“南海先生所发明”之学理（大同平等的条理）“则大服”，对其佛学解释（华严性海之说等）“则益大服”的三句（共14字）也被删除。同时，甚至连谭嗣同著名的《狱中题壁诗》“望门投宿思张俭，忍死须臾待杜根，我自横刀向天笑，去留肝胆两昆仑”[1]以及有关记述，也被删除（44字）。两条希望救出南海先生的记述也被删除了（前后一千余字）。其他有关“南海先生”组织强学会、光绪帝欲重用“康先生”、“赐衣带诏”[2]等记述也都被删除了。简言之，《清议报》本中与康有为有关的部分，在单行本中完全被删除掉了。

《狱中题壁诗》是流传于江湖的真作。删除这首诗是比较武断的做法，然而梁却能索性这样做，怕是为了达到取消昆仑即指南海这一解释的目的吧。

其次是梁启超。上述谭梁关系中的七项记载，全部被删除掉了。连显示两者特殊关系的比较“程婴许臼、月照西乡”也未能幸免。《清议报》谭传之最精彩的几个场面中，单行本

1　此诗在《知新报》《亚东时报》中都被刊登，但第一句中“投宿”改作“投止”。但删除诗本身的做法应该说是失当的措施。

2　《清议报》谭传里的密诏是提到康有为的伪诏。

谭传中保留下来的，只有“各国变法，无不从流血而成。今中国未闻有因变法而流血者，此国之所以不昌也。有之请自嗣同始”一段而已。尤其需要注意的是，谭著作中“并仁学皆藏于余处”之内容不仅被删除[1]，而且还被改成了“君死后皆散逸”。还有，“又政论数十编，见于湘报者……共搜集之，为谭浏阳遗集若干卷”一段，被改成了“又政论数十篇……均逸去，其见于湘报者，仅十之一二耳”。这一只能说成是“不可思议”的巨大转换，虽然与《清议报》第 85 册所载的上述广告内容相呼应，但却与《清议报》登载《仁学》的事实相矛盾。也许可以作出这样的推测，为了避开这一前言不搭后语的矛盾，梁启超将单行本拿到了国民报社去出版，而不是由清议报馆刊行。

再附带着说说袁世凯。《清议报》谭传中，政变前夜的八月三日，在法华寺谭嗣同要求袁世凯举兵的场面异常仔细。作为传记，这一比例明显失去平衡。然而，将前后一千余字的有关记述进行彻底删除实为反常。结果便出现了一篇只有陈宝箴、黄遵宪、徐仁铸、徐致靖、杨锐、林旭、刘光第等名字而没有康有为、梁启超、袁世凯等名字的谭嗣同传。

在《清议报》本传记中，为宣传其政治立场，谭嗣同被披上了康有为学徒的外衣，而在这本单行本传记中，这件外衣却

1　当然，将《仁学》中平易的部分登载在《清议报》上、编辑谭嗣同遗著的内容，也与之相呼应，被删除了。

由梁启超自己将它脱了下来。这是与对康有为“诀别宣言”[1]相呼应的一种表态。而且，对于康有为在庚子勤王起义中的表现，梁觉得康缺乏“诚”之精神，因此，对康的批评越发严厉。

反之，梁对烈士谭嗣同的感情越来越深。之所以如此，是因为梁启超认为，这“诚”之精神对他们的实践来说，才是最为必要的根本基础。上文所引《〈绍介新著〉的〈仁学〉》一文云:“著者至诚之人也。诚积于心而形诸言。此书非徒教授学者以理论，而感化学者以精神也。读其书，当学其为人，则浏阳死而未死矣。”此时，梁与已经丧失“诚”之精神的康有为在思想上的诀别，业已达到了决定性阶段。进一步地说，为了读者体会谭嗣同《仁学》的思想核心，梁启超必须描画作为独立思想家的谭嗣同像。如此，梁启超写跟康有为完全没有关系的谭嗣同传。但梁不能同康有为诀别，所以，他故意地消除谭和自己的关系。[2]

---

1 梁启超指出，康有为的缺点就是他没有国家主义。而他本人现在已经移向国家主义(《南海康先生传》，载《清议报》第 100 号，第 6311、6334 页)。可以认为这是包含在《传》里的一种诀别宣言。

2 参照拙文《谭嗣同〈仁学〉刊行与梁启超》第 131—132 页。

结 语

亡命日本后，梁启超写了两篇《谭嗣同传》，一是1899年初在《清议报》第4册上发表的，二是在1901年秋刊行《仁学》单行本里附录的。

这些传记，如上所述，虽然对象是同一人物，但其内容却完全不一样。以谭的代表著作《仁学》为例，前者（《清议报》本谭传）说：梁启超亲自发表亡友遗著《仁学》于自己所编刊的《清议报》。据我所知，这是可以肯定的事实，虽然判断不出梁之所述的委托情形之是非（这与该书学理性格攸关）。相反，后者（单行本谭传）说：梁启超与《仁学》完全没有关系。但是，若去鉴别史料，就会发现，这种说法是不成立的。

那么，后者谭传便是没有价值的文章么？不一定，事情并不那么简单。《仁学》不是一篇如同前者谭传那样依据康有为学理精神写就的著作，而是一篇舍命认真追求人生意义的独立思考作品。所以，在1901年秋需要总结由庚子失败而崩溃的勤王运动时，梁启超觉察出了“诚”对于实践之重要性，并且发现，从这一角度来说，《仁学》正是最值得推荐的书籍。因此，他就非使谭嗣同脱下康有为学徒的外衣不可。这样，令人困惑的单行本谭传便诞生了。

应该理解的是，史料存在于变形的三维空间。因此，从现代人的观点来看，有的史料好像是不对的。但应该知道，就当时人的立场来说，那却是对的。具体地说，梁启超在总结《清议报》的历史意义时说：就“广民智振民气”这一任务而言，功绩最大就是“谭浏阳之《仁学》”。[1] 如果缺乏上述认识，我们就不能正确理解这个总结的复杂含义。历史学者的任务，就是要通过分析变形空间里的事实来追求历史的真实。

1 任公:《本馆第一百册祝辞并论本报馆之责任及本馆之经历》，载《清议报》第100册，第6198—6199页。

《新民说》略论[1]

导 言

梁启超的《新民说》是近代中国的国民精神形成史上闪耀着光辉的重要篇章。其影响力之大无须赘言，只要想到15年后毛泽东等人在湖南长沙将其发起的改造中国的组织命名为“新民学会”就可见一斑了。

关于《新民说》的重要性的研究已有很多积累。既往的研究一般认为，《新民说》是梁启超在一种独特的构想下，基于“中国之新民”的立场写下的一篇完整文章，而且在他长期执笔的过程中，其论调尽管有着表面的变化，却贯穿着始终如一的思想。不过，对这方面的具体探究应该说是远远不够的。

无疑，将逃亡日本后的梁启超单纯地称作“政治家”是有失妥当的。但同时也要承认，梁本人绝对没有把自己只看作学者、思想家。他的“启蒙”文章首先是为其政治实践服务的。他的所有挥洒着报人天分、充满了情感、意在开启民智的灿烂篇章，都是从政治实践的角度写就的。经历了从变法维新到戊

1 本文原载于狭间直树编:《梁启超·明治日本·西方》(修订版)，北京：社会科学文献出版社，2012年，第62—86页。——编注

戊政变激烈变局的梁启超，在亡命日本时只有 26 岁，在开始执笔《新民说》时也不过 29 岁。虽然他是兼具深厚的旧学功底和新学兴趣的最先进的知识分子，但是他要开创的未来对于全体中国人（包括他自己在内）来说，属于完全未知的领域。因此，他的论述出现“摇摆”是必然的。

另外需要特别留意的是，梁启超上述以启蒙为目的的知识创造活动，是在甲午战争到日俄战争期间展开的，而这一阶段正是明治日本的鼎盛时期。梁自己曾强调赴日之后“思想一变”，那种“一变”无疑是置身于日本、体验和摄取了明治时代的文化状况之后的结果。正是通过对日本所摄取的西洋文明进行吸收，梁启超才迈出了新的一步。虽说这一点属于周知的事实，但除了极少数先觉性的研究之外，很少有学者对于作为“媒介”的日本予以必要的注目。

本文力图从梁启超执笔时的历史状况出发对《新民说》加以考察。目的不在于从该文后来所达到的历史高度来评价其思想含义，而是从与他如何解决所面临任务的关联上加以分析。与这样一种可以称作历史主义的想法有关，我在具体的考察中将充分注意日本所起到的“媒介”作用。

一、《新民说》与“中国之新民”

一般都知道，《新民说》是在梁启超发行于横滨的《新民丛报》上刊载的。但实际上可以说正是为了发表《新民说》才创办了《新民丛报》。自1902年2月创刊至1907年11月的近六年间,《新民丛报》(以下简称《丛报》)半月刊共出版了96期，相当于整四年的数量。《新民说》的前20节分26回刊登于前72号（1906年3月）的“论说”栏。若算上相关言论，直到梁氏访美之前的第29号（第17节“论尚武”）可以说是每期连载的，而第38、39合刊号（第18节“论私德”）以下，都是访美后撰写的，系相隔近一年的间歇刊登，直到第72号没有任何说明就搁笔了。《丛报》此后继续出版了一年半左右，但其性质随着专栏名称的改动而变化很大，夸张地说已经不再是《新民说》时代的《新民丛报》了。

创刊号上所登《丛报》发刊的宗旨是这样的。所谓“新民”，系取《大学》三纲领之一的“新民”之义，“以为欲维新吾国，当先维新吾民”。而中国之不振的原因，在于民众“公德缺乏”“智慧不开”，因此，要通过结合了“中西道德”的“德育之方针”与网罗了“政学理论”的“智育之本原”来加以克服。当此之际，需以“教育”为主而“政论”为从，按照当时世界之趋势而致力于“国家主义”的教育和“国家思想”的培养。立场方面当不偏于党派之见，而以“国民公利公益”为目的，并且“不为危险激烈之言”，渐进地引导“中国进步”。就是说，梁启超创办《丛报》的大目标在于，与现实的清朝政治保持一段距离，通过创出包容了“中西道德”与“政学理论”的“新民”，来将中国改造成类似于欧美和日本那样的近代民族国家。不用说，《新民说》正处于这一目的的核心位置。

尽管梁启超关于国家主义和国家思想的认识过程有着独自的脉络可寻，但导致他撰写《新民说》的质的飞跃的，是刊登于《清议报》终刊号上的《南海康先生传》。在该文里，梁高度评价了他导师的伟大，认为康有为是可以与卢梭、玛志尼、吉田松阴比肩的“先时之人物”“造时势之英雄”，是中国民权的首倡者。与此同时，他也批评说，康尽管具备“个人的精神”和“世界的理想”，但缺少中国立足于今日之国际竞争舞台上所需要的“国家主义”。[1]

而且，上述批评是与提倡民权系《清议报》的唯一宗旨[2]这一论断直接相关的。实际上，康有为在当时已主张“当言开民智，不当言兴民权”，开始反对提倡民权。[3]如果仅仅以此当

1 《南海康先生传》，载《清议报》第100号；《文集》（六），第66页。《清议报》系1898年创刊于横滨的旬刊，出版至1901年12月第100号。

2 《本馆一百册祝辞并论报馆之责任及本馆之经历》，《清议报》第100号；《文集》（六），第54页。但发刊的“宗旨”中并没有民权的字眼，所谓唯一的宗旨是梁启超独特的修辞用法。

3 《致南海夫子大人书》（1900年4月），《年谱长编》，第236页。梁在信中讽刺说那简直像是张之洞的话，并反问：“夫不兴民权则民智乌可得开哉？”另外，关于下文的思想上的独立，与学问上脱离康有为的“三十以后已绝口不谈伪经，亦不甚谈改制”（《清代学术概论》，专集三十四，第63页；小野和子译，平凡社东洋文库，第278页）相对应。

作问题的话，那么梁启超只需捡起导师所丢掉的旗帜而继续高举就足矣。而他所以在评价导师时重新指出这一点，意在主张自己的关涉国家主义的民权与康有为的不同。也可以说，梁启超在《南海康先生传》中已发出了思想上“独立”的信号。

在救皇运动失败后，梁启超曾以华侨为基础试图从事“原型国家”的建设。但是在夏威夷和澳洲的体验使他确信了那种理想的不可能。访澳末期写成的《积弱溯源论》总结了他当时追求历史根源的苦涩。以此为界，梁确立了他的实践方向，即通过改造国民性来促进祖国的革新。在该文里，他所追求的是通过克服“积弱之源于风俗者”的“奴性”等内在缺陷而将国人改铸成“国民”的方法。比如就“怯懦”而言，他主张没有“尚武之精神”就难以确立民权和国权，因此必须以“日本魂”为范本来唤回“中国魂”。[1]要强调的是，当随后提出的诸多论点[2]与国家主义一道被体系化的时候，《新民说》的出现就很自

1 《积弱溯源论》,《清议报》第 80 号；文集五，第 26 页。此为《中国近十年史论》全部 16 章构想的第 1 章，但该书没有继续写下去。另外，“国民”的用法在《时务报》时期的《变法通议》中只出现过一次（文集一，第 25 页），而在到日本后经常使用。

2 他在《十种特性相反相成论》里，阐述为确立民权就必须通过爱国确立国权的必要性（《清议报》第 84 号；文集五，第 49 页）。另外，他在《过渡时代论》一文中，呼唤具备冒险性、忍耐性、选择性这三种德行的“芸芸平等之英雄”的辈出（《清议报》第 83 号；文集六，第 32 页）。从类似角度的接近是该时期的特征。

然了。

众所周知，《新民说》发表时的笔名是“中国之新民”。关于梁的笔名可概括如下。《清议报》创刊当初是“任公”，而在第 6 号《爱国论》以后，出于对日本政府强令他离开日本的冷酷态度的悲哀，举凡该志上的论说都开始改署“哀时客”。其后，在踏上通往“世界共和政体之祖国”（《二十世纪太平洋歌》）的旅途时，又宣布使用“少年中国之少年”。但充满少年之豪气的这一笔名实际上几乎没用[1]，在返日之后，又继续使用“任公”。而在构想《新民说》时又想出了包含新意的“中国之新民”。

黄遵宪曾经评论道：“《清议报》胜《时务报》远矣，今之《新民丛报》又胜《清议报》百倍矣。”[2]就杂志而言，《丛报》的水准确实达到了相当的高度。其内容之丰富可以从栏目略见一斑。仅在学术和文艺领域，《丛报》的专栏即达 20 余个，在所有专栏里都有梁的撰述，若以连载作一篇计的话，总数达 176 篇。其中“论说”“学说”“学术”“历史”“地理”“传记”“政治”“法律”“生计”“宗教”“教育”“时局”栏的文章，皆署名“中国之新民”。

上述专栏之外，“文苑”栏的《诗话》以及“谈丛”栏的

1 《少年中国说》，《清议报》第 35 号；文集五，第 12 页。“少年中国之少年”的署名仅见于《十五小豪杰》（《丛报》第 2 号以下，专集）和《爱国歌》（《新小说》1，文集四十五下）。

2 《年谱长编》，第 274 页。

《自由书》等所谓文人之作，则冠以“饮冰室”，其他杂栏则并用“饮冰”“社员”。政治评论性的“国闻短评”（后改为“政界时评”“国闻杂评”），初期并无署名（“社员”不应看作正式署名），第51号以后起用“饮冰”。要强调的是，《开明专制论》(《丛报》第73号以下）的署名也是“饮冰”。

由此可见，只有在那些与国家主义的教育和国家思想的培养密切相关的“中西道德”及“政学理论”的文章中，梁启超才使用笔名“中国之新民”，而且这仅限于《新民说》的执笔时期。在梁看来，理论有“理论之理论”（哲学、宗教）和“事实之理论”（政治学、法律学、群学、生计学等），而《新民说》属于前者。[1]如此说来，政治、法律等专栏的文章无疑带有后一含义，而“中国之新民”这一署名也无疑是为了显示二者之间的有机联系的。在《新民说》中断之后，“中国之新民”的署名就绝迹了，这大概是理所当然的。

二、《新民说》中的国家和国家思想

1. 国家与国民，国权与民权

关于国家，梁启超在《新民说》的开头说：“国也者，积

1 《新民议》,《丛报》第21号；文集七，第105页。与“理论之理论”相照应的有“事实之理论”，该文是针对《新民说》的这一点而作的，但是在第2回就中断了。

民而成，国之有民，犹身之有四肢五脏筋脉血轮也”（专集四，第 1 页；以下只标出《新民说》专集版的页数）。“国也者积民而成”这句话，最早出现于《商会议》一文。[1]与前文提到的原型国家建设的实践有直接联系的就是该文，虽然他的实践失败了，但他仍然继续坚持其中的观点。

但是在与民权的关系上论述“积民而成”的国家，却是在附有副题“民权论”的《爱国论》第 3 回。[2]在该文里，他以“国也者积民而成”开篇，继而论道：“故言爱国必自兴民权始”，“故民权兴则国权立，民权灭则国权亡”。他认识到，要想让国家值得爱，就必须树立成为国家内核的民权，而民权即为国权。考虑到在前面的第 2 回里，国家只是被看成家族的扩大，可以断言，正是在确立了这一认识之后，梁才在长期中断之后以“民权论”为副题写下了第 3 回。

当然，民权的提倡早在变法维新运动时期就是一项重要任

1 《商会议》，《清议报》第 10 号；文集四，第 1 页。这一观点在后来的《论近世国民竞争之大势及中国前途》（《清议报》第 30 号；文集四，第 56 页）、《积弱溯源论》（《清议报》第 77、82 号；文集五，第 16、34 页）、《国家思想变迁异同论》（《清议报》第 94 号；文集六，第 14 页）、《论立法权》（《丛报》第 2 号；文集九，第 106 页）、《论中国国民之品格》（《丛报》第 27 号；文集十四，第 5 页）、《论独立》（《丛报》第 30 号；文集十四，第 6、9 页）等文章中都是始终一贯的。

2 《爱国论》第 3 回（《清议报》第 22 号；文集三，第 73 页）、第 2 回（《清议报》第 7 号；文集三，第 70 页）。

务。但当时所说的民权只是与君权相对立的[1]，而此时的民权则是与国权相联系的。这就意味着，要做到真正的爱国，促使国权进展的民权的确立是非常必要的。正是这一点，成为梁启超来日后“思想一变”的重要一环，也是他所达到的能够批判康有为缺乏国家主义的新的思想高度。

关于国家思想方面，梁启超在《新民说》第 6 节中说：“一曰对于一身而知有国家，二曰对于朝廷而知有国家，三曰对于外族而知有国家，四曰对于世界而知有国家。”（第 16 页）关于第一项的国家与个人的关系，正是《新民说》要论述的。关于第二项的国家与朝廷的关系，只有提出针对君权的国权才有可能进行理论上的武装，而他提倡写非为朝廷而“为国民”的历史，就是这方面的展开。在第三项的国家与外国的关系上，实际上体现了由一个独立“世界”的中华转变成作为“国家”的中国方面所需要的概念转换，这是与在“二十世纪民族竞争之惨剧”中把自国视为弱者、劣者而加以重新反思密切相关的。[2]

饶有意味的是第四项，国家与世界的关系。“大同”“世界主义”本来是康有为独有的，而梁启超将其当作“理想界”的东西从现实世界加以追求（第 17 页）。原因在于，在立足于竞争乃“文明之母”这一社会进化论的进化史观的梁启超看来，

1　例如《西学书目表》后序，文集一，第 126 页。

2　《新史学》，《丛报》第 1 号；文集九，第 3 页。《论民族竞争之大势》，《丛报》第 5 号；文集十，第 35 页。

人类的历史是“由一人之竞争而为一家，由一家而为一乡族，由一乡族而为一国”的过程。国家作为“最上之团体”，是演出“竞争之最高潮”的主体，而且也是“私爱之本位，博爱之极点”。直至半年前的《国家思想演变异同论》一文里，梁还设计了作为“万国大同主义时代”的“未来”，而在这里，他不仅抹杀了那种“未来”，甚至还认为竞争的消灭就是文明的终结，作为其结果的大同世界的实现是向野蛮时代的回归（第18页）。既已把国家当作最高阶段，在理论上就不可能再设计出位于它之上的“世界”。[1]

这样，将培养国家思想当作紧急任务而加以呼吁的梁启超，他所要揭示的具体内容首先就成了“公德”。他在“论国家思想”之前的第5节安排了“论公德”一节，强烈主张公

1 梁启超以前也强调国家主义，认为世界主义不过是理想而已（《自由书·答客难》，《清议报》第33号；专集二，第39页）。但那时显示的是一种即使被说成是“思想退步”也无所谓的毅然决然，而在这里他则从完整的逻辑关系上论证大同是向野蛮的逆转。另外，从《自由书·论强权》（《清议报》第31号；专集二，第29页）中可以明显看出，梁的进化史观实际上就是优胜劣败的强权论，这是受到加藤弘之《强者的权利与竞争》（『强者の権利と竞争』）的影响。关于这一点，可参照坂出祥伸《梁启超的政治思想》（「梁啓超の政治思想」，『関西大学文学論集』第23卷第1号，后收进『中国近代の思想と科学』，同朋舍，1983年）。

德是中国之新民所必需的要素。[1]他认为，在中国的旧道德里，“独善其身”的私德异常发达，“相善其群”的公德却延至今日而近乎无，现在必须树立起立足于自由平等的人际关系这一原理的，以新的家族、社会、国家为核心的新道德，来取代“三纲”所代表的、以歧视和服从为特征的旧道德。关于公德的内容，他分别设立权利思想、自由、自治、进步、自尊、合群等节，议论驰骋。其中的关键在于将社会（群）与个人的关系建立在自由与平等的基础上，创造出体现等同于公共观念的公德的新民，这才是形成“积民而成”的近代国家的途径。

针对梁启超关于权利、自由、自治、进步、自尊、合群等的论述，黄遵宪曾击节赞赏为自己所欲言而未能言的“精思伟论”。这对梁来说当然是值得自豪的。可是黄同时也认为，虽然冒险、进取、破坏主义等作为理想是必要的，但如果一旦被当下“无权利思想、无政治思想、无国家思想之民”所持有，就

---

1 关于这个问题，准备另外撰写 “Liang Qichao's Views of ‘Public’ and ‘Private’: the Section ‘Gongde’ and ‘Side’ in the Xin min shuo” 加以论述。在此想简单指出的是，在《维新图说》的“维新心述图”里有“公 = 国民”这一图式（《自由书》，《清议报》第 93 号；专集二，第 57 页）。另外，关于下文的“合群”，是呼应《新民说》第 13 节的，前文提到的《十种特性相反相成论》（《清议报》第 82 号；文集五），也应留意。Hazama Naoki, “On Liang Qichao's Conception of Gong and Si : ‘Civic Virtue’ and ‘Personal Virtue’ in the Xingmin shuo,” *The Role of Japan in Liang Qichao's Introduction of Modam Western Givilization to China*; ed. by Joshua A. Fogel, University of California. Berkeley, 2004.

等于将利刃赋予幼儿，最终必将使其自戕。[1]这一批评不久就被梁启超自己用来指向那些“破坏主义之徒”的革命派。

2. 作为“有机体”的国家

梁启超所说的“积民而成”的国家，当然是近代的民族国家。按照他的进化史观，近代是实现“民族主义”的时代，欧美和日本已经完成了国民对国家的建设，正处于其能量外溢的“民族帝国主义”阶段。与此相对，中国尚处于国民形成以前的“部民”[2]阶段，要摆脱帝国主义侵略的灭亡危机，就必须通过“新民”来“行我民族主义”，组织起独立自治的“完备之政府”，为此只有“淬历其所本有而新之”，“采补其所本无而新之”（第4—5页）。

要注意的是，前引“四肢五脏筋脉血轮”系基于生物的有机体说对国家的阐释。梁启超的国家论是依据伯伦知理的国家学说，这可见于刊登在《清议报》第11号至第31号、没有译

---

1 《年谱长编》，第302页。以“道德”为基准的国民形成的理论，很可能是受到了福泽谕吉所谓不靠宗教单依道德也能成立的观点的影响（《德教说》，《福泽谕吉全集》第9卷，岩波书店，1960年，第285页）。此外，关于梁脱离孔教的原因可以从伯伦知理那里去寻找，这一点巴斯蒂在《梁启超与宗教问题》（《东方学报》70）一文中有精到的论述。

2 关于部民、国民的论述来自伯伦知理的说法，可参照山田央子：《伯伦知理与近代日本的政治思想》（「ブルンチュリと近代日本政治思想」，『東京都立大学法学会雑誌』第33卷第1号，第272页）。山田还指出，在1903年前后，梁启超的国家思想是始终一贯的，笔者对此表示赞同。

者署名的《德国伯伦知理著国家论》。该文在《丛报》创刊之后即以“饮冰室主人”译的名义出版为单行本《政治学小丛书之一——国家学纲领》。另据《丛报》第38、39合刊号的学说介绍栏的文章说，所谓国家，与人同样兼有“精神与形体”，是由相当于“肢体各官”的政府各部和议会等的形体，以及相当于精神的宪法组成的有机体。而国家既为有机体，“不成为有机体者不得谓之国家，中国则废疾痼病之机体也，其不国亦宜”。[1]也就是说，中国只是有机体之前的“部民”之国，既然如此，就必须进行新民的创造。

在梁启超看来，国家有机体说是作为对自然法的国家理论的批判学说出现的，他对于伯伦知理学说的接受，也是与批判卢梭的民约论适合于社会而不适合于国家相联系的。但是正如“若谓卢梭为十九世纪之母，则伯伦知理其亦二十世纪之母焉矣”这一断语所示，梁在这里是把学说理论按时间序列加以对应的，对卢梭的批判是在承认卢梭的历史意义的基础上进行的。[2]总之，他是把伯伦知理的学说当成中国所需要的处方来

1 《政治学大家伯伦知理之学说》，《丛报》第38、39号；文集十三，第71页。《国家论》在《清议报》刊登时突然中断，其单行本《国家学纲领》（广智书局，1902年）系《清议报》所载的卷一。

2 《政治学大家伯伦知理之学说》，《丛报》第38、39号；文集十三，第69、89页。后文所引用的句子在《论学术之势力左右世界》（《丛报》第1号；文集六，第114页）中也可以看到，说以访美为界梁启超从卢梭转向了伯伦知理不太合适。另外，《论政府与人民之权限》（《丛报》第3号；文集十，第1页）明确指出，民约论受到政府——而非国家——成立的原理的约束。

接受的。

然而，虽然今日之中国尚处于国民之前的“部民”阶段，但围绕中国的国际环境却已达到了民族主义之后的民族帝国主义时代。从优胜劣败的进化史观而言，既然文明统治野蛮是“天演上应享之权利”[1]，是历史发展的必然过程，那么照此下去中国就只有服从文明之国的统治。因此，在民族帝国主义的时代，中国要想实现民族主义，迈向文明之途，就必须朝着由“新民”建设民族国家的方向前进。也就是说，对外作为国家存在的中国，在其内部的核心领域也必须能够与民族帝国主义诸国比肩。这样的话，面对列强，处于野蛮阶段的中国在内外两方面就需有不同的对应，在这一内外条件不同的二重性的历史条件下，所构想出的中国之新民必须能够承担这种双重任务。

3. 作为“理念投影形态”的“新民”的国家像

由上文可见，梁启超所说的国家，国与民被严整地合到了一起，而且作为有机体承担着各自的功能。他认为，连接处于民族帝国主义阶段的列强与面临必须实现民族主义的“部民”国家中国的，是“政府”。而在政府和人民之上，“别有所谓人格之国家者，以团之统之，国家握独一最高之主权，而政府人

---

1 《张博望班定远合传》，《丛报》第 3 号；专集五，第 1 页。

民者皆生息于其下者也。”[1]

顺便说明，关于“政府”，梁启超在呼吁当权者要有爱国心的文章[2]里说，《新民丛报》上的言论“非为诸公言也”，至今为止，本刊与作为“民”之对立面的“官”的诸君“不欲有一语之交涉”。从意在“破旧立新”的《新民说》的设想来说这似乎是理所当然的。但考虑到“诸君”也算包括在广义的“民”之中的“国民之一分子”，故而也呼吁他们往新民方向转化。也就是说，依照梁的主张来做的话，“旧”民也可以转变成新民。这里要强调的是，“积民而成”的新中国是被想象成包括了所有国民的。

在此有必要对梁的观点加以确认。在他看来，只有“新民”出现以后才能有“国家”的形成，而如果令“政府”（朝廷）的范畴夹杂在其中，则可以设定与处于不同发展阶段的文明诸国的关系。

纵然作为国家的中国要等新民形成后才会出现，但是当今的政府依然可以与列强在国际上进行折冲。

1 《论政府与人民之权限》，《丛报》第 3 号；文集十，第 1 页。

2 《敬告当道者》，《丛报》第 18 号；文集十一，第 36 页。这篇文章作为《丛报》的论说显得有些不协调，但是与《敬告留学生诸君》（《丛报》第 15 号）、《敬告我同业诸君》（《丛报》第 17 号）为一个系列。1902 年 7 月，驻日公使蔡钧借助日本警察的力量强行使吴敬恒等人回国，引起了留日学生的愤怒，梁从拥护国权的角度写下了《论学生公愤事》，并取代已经组成版面的《新民说》（“论自尊”续）而作为《丛报》的论说加以刊载，前述三篇《敬告》文章皆系承其文脉。

由此可以看出，由新民组成的国家正是《新民说》所构想的国家，它既是存在于欧美和日本的现实国家的立体投影，也是“部民”国家中国的平面上的投影，处于双向度的交点。在立体面的投影过程中，通过抽象化的滤镜，《新民说》所论述的国家被纯化成“理念的投影形态”。而在平面投影的过程中，由于要以“部民”到新民的“飞跃”为前提，《新民说》里的新民自然也就是“理念投影形态”的国民。

大概正是从这一意义上，梁启超才谓《新民说》是“理论之理论”。如是，中国将“纯化”了的先进的欧美和日本当作国家的未来模式而予以仿效，并最终要变成这种国家，同时实现了“飞跃”的“新民”将成为她的主人公。可以认为，《新民说》所带有的冲击力量正体现在与此相关的三个方面，即第一是与现实脱钩了的理念性，第二是要变成这种理念型国家的革新性，第三则是与这种国家吻合的“新民”的完整性。

三、《新民说》与日本

1. 作为楷模的欧洲、美国和日本

正像上文所揭示的那样，处于民族帝国主义阶段的欧洲、美国和日本，作为文明国家可以说被当成了“一组楷模”。但具体而言，由于各个国家都有其独自的历史和文化背景，对于中国的含义当然也就不同。梁启超对此是加以充分辨别和论述

了的，应稍加观看。

首先，作为“民主”国家的美国和法国是被区别对待的。对两国的评价有着 180 度的不同，美国被高度评价为“一切举动，悉循公理”的文明国家，而法国则由于大革命中“恐怖之惨剧”的流血牺牲和随后的政局不安，被认为该加以回避。梁启超尽管也承认法国大革命的历史贡献和意义，认为它开辟了新的时代，将欧洲带入了“人群进化之第二期”[1]，但是并不将其当作现实所需要的处方，这一点是与对卢梭的评价相呼应的。[2]

因此，具体可效法的是英国、德国和日本。根据梁的进化史观，作为“天演界之公例”的盎格鲁－撒克逊处于最高位置，德国和日本居于其后（第 9 页）。但在确立国民教育这一点上，三国都是现代世界的典范。具体说来，最有荣誉的英国是造出“自由独立、活泼进取之国民”的模范，新秀德国是造出“团结独立，自负不凡之国民”的模范，而亚洲的先进国家日本则是造出“君国一体、同仇敌忾之国民”的模范。[3]

1 《论中国国民之品格》，《丛报》第 27 号；文集十四，第 1 页。《服从释义》，《丛报》第 32 号；文集十四，第 13 页。《地理与文明之关系》，《丛报》第 2 号；文集十，第 115 页。

2 这一双重评价承认作为社会之全面变革的革命是必要的，而且对于要回避中国革命的梁启超尤为必要。其极尽繁琐的议论可参看《释革》，《丛报》第 22 号；文集九。

3 《论教育当定宗旨》，《丛报》第 2 号；文集十，第 59 页。

日本和德国都建立了民权与君主制方面的理想关系，即“伸民权以护君权”，是应该学习的对象。另外，鉴于日本和英国都是“享尽天地间第一奇福”的君主国家，中国当今的圣明皇上也该仿效。[1]照此看来，说到最适合的模式，还数“君国一体”的东洋国家日本。

2. 梁启超眼中的日本国家

众所周知，作为唯一创立了近代国家的非西洋国家，日本在康梁的变法运动中是被学习和仿效的先例。梁启超在逃亡日本后发现，与中国的洋务运动不同，日本的明治维新是有“精神”的，而其中最令他瞩目的是“尚武”。具体说来，“尚武”就是“日本魂”（大和魂）即“武士道”。他认为，日本所以能够摄取“欧西文明”而成为“亚洲文明之魁”，关键在于将“武士道”与“尊王爱国”主义合为一起，把“尚武”精神当作教育的根本宗旨，以此迅速地促进国家思想的发达，把独立自主的气概推广到国家的每一个角落。[2]

促使梁启超注意“尚武”精神的，是有名的所谓“祈战

---

1 《答某君德国日本裁抑民权事》,《丛报》第 20 号；文集十一，第 55 页。应注意的是，梁启超对德国皇帝威廉二世自撰的《敕语》给予了很高的评价，但是对日本的《教育敕语》却完全没有提及。

2 《积弱溯源论》,《清议报》第 83 号；文集五，第 38 页。《论教育当定宗旨》,《丛报》第 20 号；文集十，第 57 页。

死”的壮行场面。他由此发现，“欧日尚武，中国右文”。[1] 进而，基于日本之能“屹然雄立于东洋之上也，曰惟尚武故”（第110页）这一认识，1902年他编纂了《中国魂》，力图发扬中国人的国民精神和爱国思想，三年后进而刊行《中国之武士道》，致力于弥补精神教育的缺点，唤醒中国魂。[2] 在后者的序文里，蒋智由和杨度为了引起读者的关心，都强调说武士道正是“维新革命之功”的源泉。

前文已经提到，在执笔撰写《新民说》之际，梁启超依据的是伯伦知理的国家有机体学说。但据后来的研究，伯伦知理的国家学说在日本的影响，主要不在它本来具有的自由主义立宪思想，而是在以国家概念为中心的国家学的形成方面，正是后者赋予了官僚思想以学问上的根据。如山室信一所精密论证的那样，它在确立明治国家的体制方面起到了非常重

1 《祈战死》，《丛报》第33号；《自由书》，专集二，第37页。《积弱溯源论》，《清议报》第83号；文集五，第38页。

2 《中国魂》，广智书局刊，没有刊行年月，但《丛报》第5号（1902年3月）上有出书广告。《中国之武士道》，广智书局刊，同样没有刊行年月，但蒋智由的序是在1905年1月。

要的作用。[1] 可惜到了 19 世纪末，“为世间所不顾，终等同废品屑物”[2]。

而梁启超所以从这一所谓落伍于时代的学问中汲取营养，当然是因为日本方面提供了这种可能而非别的因素。前述《清议报》所载没有译者署名的《德国伯伦知理著国家论》，实为善邻译书馆刊行、吾妻兵治翻译的《国家学》的几乎原封不动的印刷。根据内藤湖南的记述，善邻译书馆是为了提供对中国人有所帮助的汉译名著而设立的。在那里，“吾妻某氏与冈本监辅翁等人正从事翻译。”[3]

据序文记载，吾妻兵治翻译这本书的理由在于，伯伦知理的学说“公而不偏，正而不激，于我亚细亚人，可谓有鸿益无小弊者”。《清议报》第 11 号宣布，改正《章程》，致力于介绍“立国之本”的“政治学，理财学”方面的文章。也正是从该号起，开始借用吾妻的翻译而连载，可见梁启超是认同了上述

1　蜡山正道:《日本近代政治学的发达》(『日本における近代政治学の発達』)，新泉社，1974 年，第 68 页。对伯伦知理的译介还被说成“不过是译出了被认为有益于当时日本的制度的部分”，对蜡山的观点进行批判性分析的安世舟也同意这一点。参见安世舟:《关于明治初期接受德国国家思想的考察》(「明治初期におけるドイツ国家思想の受容に関する一考察」,『明治初期における西洋政治思想』，岩波书店，1975 年，第 140 页)；山室信一:《法制官僚的时代》(『法制官僚の時代』，木铎社，1984 年，第 1 章第 4 节)。

2　《明治文化全集 · 补卷 2 · 国法泛论》，木村毅题解，日本评论社，1971 年。

3　内藤湖南:《燕山楚水》，博文馆，1900 年;《内藤湖南全集》第 2 卷，筑摩书房，1971 年，第 60 页。关于吾妻的翻译，可参照巴斯蒂:《中国近代国家观念溯源》，载《近代史研究》第 100 期。

评价的。

对于1898年秋逃到日本的梁启超来说，已经颁布宪法、开设国会、确立了民权的日本，可谓新民之模范的近代国家。故此，他自然会接受吾妻兵治的评价。尽管伯伦知理的学说在日本已失去影响，但对于开始从事国家建设的中国来说，成为日本之现实的国家脊梁的学说当然具有压倒性的存在感。如此，已成为日本官僚性国家建设之“体”的伯伦知理的国家学说，再一次被动员为改造中国之“用”。也正是这一点，鲜明地体现了日本在以特有的方式摄取西洋近代文明方面形成的“知识层垒”积累。[1]

3. 梁启超所说的国权与民权

借用梁启超的论述，以国家有机体说为核心的国家主义可以归结为：“以国家自身为目的者，实国家目的之第一位，而各私人实为达此目的之器具也。”[2] 国家既已被当作最高主权者，国权优越于民权就理所当然。同样的道理也适于自由，“自由云者，团体之自由也，非个人之自由也。”（第44页）在民族帝国主义的时代，要建设它的前一阶段民族主义国家，必须首

1　拙文:《梁启超研究与“日本”》，载《近代中国史研究通讯》第24期。

2 《政治学大家伯伦知理之学说》，文集十三，第88页。这种把握方法早在访美前的文章中就以“国家全权论”的形式作了说明：“人民恃国家而存立，宁牺牲凡百之利益以为国家矣”（《丛报》第17号；自由书《干涉与放任》，专集二，第86页）。

先确立作为民族帝国主义列强之对抗轴心的中国国家，正是基于这一点，梁启超将国家思想的培养视作紧要的任务。

但即便如此，梁启超也并非毫不承认国民之权利的国家主义者。他明确地说："一私人之权利思想，积之即为一国家之权利思想，故欲养成此思想，必自个人始。"（第 36 页）

在这一点上，梁启超依据的是福泽谕吉著名的"人民独立"的精神说。他在《新民说》"论自尊"一文里开篇说："日本大教育家福泽谕吉之训学者也，标提'独立自尊'一语，以为德育最大纲领。"而在前半部分结尾（《丛报》12 号），他特意标示为"庆应义塾讲师演绎福泽先生独立自尊之义一四条"。[1] 从"新民"必须具备中国人所缺乏的"自尊性质"这一认识出发，他围绕"自也者国民之一分子也，自尊所以尊国民故，自也者人道之一阿屯也，自尊所以尊人道故"（第 68 页）这一主线，博引古今东西的名言故事展开了论证。

关于福泽谕吉在尽力于确立"人民独立"的精神方面的贡献，已不须多言。但正如他明言的那样，"于国内主张民权，实为对外国伸张国权也"。[2] 这幅"内则民权，外则国权"的构图，是当时的民权论者共同认可的，是明治时代日本的民族主

---

1 《专集》中作了删除。关于"一四条"的原文，可以参照和田博德:《福泽谕吉在中国的影响》(「中国における福沢諭吉の影響」)，见《福泽谕吉全集》第 19 卷 ·附录，1962 年。

2 福泽谕吉:《通俗国权论 ·绪言》，庆应义塾出版社等，1878 年;《福泽谕吉全集》第 4 卷，1959 年，第 603 页。

义必须担负的历史任务。这样，对于高举国家主义纵论民权的梁启超来说，这幅构图正是求之不得的。而且如前所述，梁启超在构思《新民说》时，由于认为中国处于维新以前，所以将其措定为脱离现实的“理念投影形态”的“国家”和“新民”，并将这里的国家与新民的关系定义为“集人民之意以为公意，合人民之权以为国权”（第11页）。因此，由于国家与新民在其外延和内涵上是完全重合的，理论上并不存在对立的可能，所以他能够做到在将国家主义作为第一义述说的同时而正面切入“个人”的问题。

概而言之，梁启超的阐述以个人为出发点，以国家之优位为归结。由于国家与新民并无矛盾，当他的国权和民权论从“国民”的观点展开时就倾向于民权主义，从“国家”的观点展开时就倾向于国家主义，可以说有两个轴心，正像椭圆有两个焦点一样。[1]

1　“The Development of Liang Qichao’s Knowledge of Modern Western Thought after His Arrival in Japan: On the Concepts of ‘State’ and ‘Citizenry’”。黄克武认为梁启超思想的核心在于“个人”，并对张灏等主张在于“群”的观点进行了批判（见黄克武《一个被放弃的选择：梁启超调适思想之研究》，台北：“中研院”近代史研究所，1994年，第83页及以下）。由于《新民说》是从两个重心中的发扬国家主义的观点写下的，因此黄先生只取其部分材料而展开论述的方法似乎不妥。

四、“论私德”之后的“中国之新民”的立场

在1903年访美后，梁启超重新开始了《新民说》的撰述，首篇即为引起广泛议论的第18节“论私德”，它从《丛报》第38、39合刊号起分三回连载（时间为1904年2—5月）。它受到注目的地方在于，在内容上大力宣扬的不是公德而是私德——而且是“固有之旧道德”——在对象上与先前面对广大民众呼吁他们向上相对照，现在则是以攻击后来的所谓“革党”为基调。[1]

“论私德”发表时，梁启超作了如下解释：关于私德，曾考虑到先圣昔贤已多有论述而无须自己赘说，故首先论述了公德，但“利国进群之事业”未有进展，以致赋予顽固守旧派以攻击新理想的口实，因此不得不重新为之。私德作为新民应具备的道德自然是必要的，但梁所以先论公德，是因为担心中国之旧道德“不足以范围今后之人心也，而渴望发明一新道德以辅助之”。

照此说来，如果公德已经确立或者确立的可能性已经有望的话，上述说辞是可以通过的。但梁的认识完全相反。他认为确立公德所需要的国民教育现在无法实施，对“新道德之输

1 有关“论私德”反映了梁启超的转变这一点，在《答飞生（蒋方震）》（《丛报》第40、41号；文集十一）、《答和事人》（《丛报》第42、43号；文集十一）的读者质问中有很好的说明。

人”不能不表示绝望。而且“破坏则无须道德”的破坏主义道德观非常盛行（第130页）。结果，源于欧洲的“自由、平等、权利、破坏”等等“最高尚醇美利群进俗之学说”，在今日之中国只是堕落为将自己的胡作非为合理化的口头禅，有鉴于此，应该对这类群小加以批判，从而维护“中国之新民”的立场（第128页）。他在访美之前也曾经主张，要从“顽固者流”的攻击中守护“自由、平等、权利、独立、进取等最美善高尚之主义，新思想家必须体现“完全之道德”（第80页）。不仅如此，在他离开日本后发表于《丛报》的文章里，还可以看出对于破坏主义者们的自由放纵之危险性的觉察和对策。[1]但在当时，梁主要还是集中于对信奉“新民说”者的呼吁。

如前所述，《新民说》意在改铸所有的民众。但现在将高尚醇美的学说加以歪曲并实践的家伙们被驱出圈外并成为批判的对象了。这明显是梁启超的转变。这是与他访美的经历，即对于美国现实的幻灭，以及同中国有着天壤之别的隔绝之感联系在一起的。这一背景固然是要考虑的，但承认现实并不一定意味着放弃理念，认识到中国的落后现状本来就是《新民说》执笔的前提。这样看来，导致梁启超转变的重要原因，应该从

1 《服从释义》，《丛报》第32、33号；文集十四。此为“论说”栏的无署名论文，同一专栏没有署名的文章还有《论独立》（第30号）、《说希望》（第31号），都收进了文集十四。这种异常事态大概是梁启超在去美后把未定稿发表了的缘故。

1903 年后蓬勃兴起的排满革命，以及尊奉这一思想的队伍的登场这种政治变化中去寻找。“中国之新民”既是全面代表与“旧”相对立的“新”，那么在与“新”等值的“国家主义”的框架开始动摇时，为了批判不服从“新民说”之辈，就有必要写下“论私德”——它当然不是为了说明与公德互为补充的私德的内容。

而在论述私德的过程中，梁启超用作“批判的武器”的“吾祖宗遗传固有之旧道德”，是王学（第 132 页）。具体地说，他所举的是“正本”“慎独”“谨小”这三个德目。关于“正本”，他引述王阳明《拔本塞源论》中的排“功利”论，说：“一字一句，皆凛然若为今日吾辈说法耶”（第 137 页）。由此可以窥探其意图所在。而与抬出这一固有的旧道德相应，在学说栏和传记栏也能看出其中心从泰西向中国移动的倾向。[1]

王学的确是“祖宗遗传”的“固有之旧道德”。根据梁启超本人的记述，它特别受到康门的重视，康有为将“陆王心学”以及“史学西学之梗概”视为新学问的方针。[2] 王学的效

1 与“理论之理论”的《新民说》中立足点的转移相随，“事实之理论”也出现了相应变化，如“学说”栏有《子墨子学说》，“传记”栏有《袁崇焕传》等，“地理”栏有以广东为题的文章出现。另外，张朋园指出，从急进向温和的转变表现在《新罗马传奇》中从玛志尼转向加富尔上面（《梁启超与清季革命》，台北：“中研院”近代史研究所，1964 年，第 165 页）。

2 《三十自述》，文集十一，第 17 页。在逃往日本初期，梁因仰慕吉田松阴而使用“吉田晋”的笔名之类的佚闻多有发生。

用在于使“晚明士气，冠绝前古”，而王学之功“不在禹下也”（第126页）。如果说在这里梁没有一种“本家意识”的话，恐怕不符合事实，但是他在“论私德”里特别提到的是成为明治维新之原动力的王学，即日本的阳明学。他解释说，“本朝二百余年”之间，王学（心学）在为政者的弹压下消沉了，但东渡日本之后发挥了“心学之用”而“遂成日本维新之治”。[1]

梁启超来日本时，正值日本经历了鹿鸣馆时代之后，作为力图矫正全盘欧化主义的潮流之一，吉本襄、井上哲次郎等所代表的阳明学再兴运动正显高涨。如荻生茂博所指出的那样，那并不是单纯的复古，而是为了确立明治国家的近代国民道德的运动。[2]在日本指向过了头的欧化主义的矛头，在梁启超那里则被用来对准了破坏主义的一伙。因此，尽管梁口上称颂“固有之旧道德”，但他并非为了复古，而在于纠正邪误的风潮以

1 《论宗教家与哲学家之长短得失》,《丛报》第19号；文集九，第46页。同样的认识随处可见，比如在“论私德”中，称“三十年前日本革命之豪杰”“先时之英雄”吉田松阴、“应时之英雄”西乡南洲等都属“朱学王学之大儒”，将他们与“百年前美国革命之豪杰”华盛顿相提并论（第132页）。

2 荻生茂博:《幕末·明治时期的阳明学与明清思想史》(『幕末·明治の陽明学と明清思想史』), 源了圆、严绍璗编:《思想》,“日中文化交流史丛书”3，大修馆书店，1995年，第403页。关于阳明学在日本的兴盛与梁启超的关系，参见拙文《关于梁启超称颂“王学”问题》(《历史研究》, 1998年第5期)。据岛田虔次先生示教，在幕府末期阳明学开始流行，随后逐渐出现了用它来解释维新成果的风潮。荻生论文收录于《近代·亚细亚·阳明学》(『近代·アジア·陽明学』), 鹈鹕社（ぺりかん社）, 2008年。

实现中国的维新。此后的 1905 年末至翌年春连续刊行《节本明儒学案》《德育鉴》《松阴文钞》[1]，便是这方面的明证。

《节本明儒学案》是从《明儒学案》的百万言中“择其关于身心受用可为德育法程者”，即能够成为“今日之用”的部分而成的。它的刊行意图可以从广告（《丛报》70）上明确看出：“日本维新之初，其原动力皆在得力王学者三数子，今日中国学绝道丧之余，非施根本救治于社会，则国家前途将不可问。而所谓根本救治，舍王学末由。”同样的，《德育鉴》是从刘宗周的《人谱》等书中节选出的足以成为公德、私德之本源的文章。在梁的按语中多有下列文字，即正是有了造时势的英雄如中江藤树、熊泽蕃山、大盐后素、吉田松阴、西乡南洲等“王学式后辈”，日本才实现了明治维新。关于《松阴文钞》，是梁启超最为尊重的吉田松阴的文集。其意图可从“叙”中所记“全日本之新精神，皆松阴所感化焉”看出，即吉田松阴是明治维新的原动力，著名的伊藤博文、桂太郎等都是他的弟子，对其思想当然必须了解。“日本所以有今日者，亦于此可见矣。”（《丛报》80，出书广告）

用王学来批判革命派，而王学又是日本明治维新的原动力，那么自己当然也就是中国维新的主力。从这种自负出发，《论私德》虽然说明了梁启超的中途转变，却也是从中国之新

1 《节本明儒学案》，新民社，1905 年 11 月;《德育鉴》，新民社，1905 年 12 月;《松阴文钞》，广智书局，1906 年 4 月。

民的立场上写就的。然而，大约在两年之后，梁终于彻底抛弃了他的这一立场。取代《新民说》而装饰“论说”栏的成了《开明专制论》(《丛报》第 73—77 号)，简单地说，他所论述的不再是始自底层的新民的养成，而是由权力发动的改造与革新。

导致这一戏剧性变化的原因在于梁启超同“出洋考察宪政大臣”的接触。根据浅原达郎的精密考证[1]，戴鸿慈、端方等一行的随员熊希龄采取单独行动从欧洲返回，1906 年 6 月 13 日之前至 7 月 10 日之间的大约一个月的时间里，在日本与梁启超接触交涉，而梁代作了“二十万言左右”的文章，并在 8 月 3 日之前亲自送到了吴淞。

尽管梁、熊二人曾有旧缘，但是让被通缉的大政治犯参与最高层次的国策谋划，对于两方面来说无疑都是要作出一定试探的。具体还不清楚这方面的接触是从何时开始的，不过在前一年的 12 月下旬，端方一行乘船赴欧途中在长崎、神户、横滨逗留的前后一星期的时间里，应该是好时机。当时的使者未必一定要熊希龄亲自出马。可以推测，在那次达成初步协议之后，梁写下“论民气”，发出了一个信号。

1　浅原达郎:《“热中”之人——端方传》(七),《泉屋博古馆纪要》第 11 卷。浅原指出，至少“制定国是”“改订官制”两折确是梁的代作。《杂答某报》(《丛报》第 84 号）开头所说的“顷以事故，无暇为报中属文者殆两月余”，大概就是指这一时期的事情。

本来，梁启超继“论私德”之后发表在《丛报》上的是相当于《新民说》第19节的“论政治能力”。在该文里，梁以中国人“有族民资格，而无市民资格”[1]来证明他们没有政治能力。这一认识过去也曾经以处于“部民”阶段的中国人“无可以为一国国民之资格”的说法表示过。但是，这在先前是创造新民的议论的出发点，而现在则反过来变成了难以成为新民的论据。破坏主义之徒在“论私德”里是被排除在新民范围之外的，而在这一节里，又进而放齐了将全体民众改铸成新民来实现中国之革新的道路。既然如此，就必须寻找与此相应的新的立足点。果然，在中断近九个月之后，梁启超抛出了“既有思想之中等社会”这一新的理论范畴（第156页），开始书写续篇。

梁启超似乎自己也认识到，他的所谓依据社会之一部的这一论述是与“中国之新民”和《新民说》难以吻合的。他曾经特意提到，立宪与革命两派，“其所遵之手段虽异，要其反对于现政府则一而已”（第161页）。这可以看作他企图把上述问题放到与“旧”相对的“新”的框架中去的努力的表现。

然而，他所谓的“中等社会论”也是在半生不熟时就搁置

1　这句话与不久前刊行的《新大陆游记》（癸卯年的《新民丛报》临时增刊，1904年4月）中关于华侨的记述（“专集”第105页）相同。关于下文的“中等社会论”，引自张朋园的著述（1998年9月 Santa Barbara Symposium 报告）。

一边了。大约八个月后写下的“论民气”，在与民智相关展开论述这一点上，虽不能说容纳不进《新民说》的范畴，但仅仅限于题目，所谓现在是“未可用民气之时”的议论，是从运动论的角度对构思《新民说》时的原有意图进行了否定。也就是说，由于参与了清朝政府的立宪准备工作，“论民气”这篇文章该是当作中断《新民说》的暗中“宣言”，进而是无法表明“剧终”的《新民说》的闭幕辞而写下的。与此相应，梁也规规矩矩地放弃了“中国之新民”这一笔名，这可以看作他独特的了结其“背叛”行为的一种办法吧。[1]

结 语

《新民说》的划时代影响在于，梁启超构想出了体现着与民权相结合的国权的有机体国家，把“中国之新民”当作它的主体，并基于这一立场着眼于国家主义和国家思想的培养。他把“纯化”了的欧美和日本这些先进的实例设定成“理念投影形态”的目标，在呼唤处于前民族主义阶段的中国民众向着新民“飞跃”的时候，拨响了在“救亡”道路上摸索的中国革新

1 现在最通行的中华书局《饮冰室合集》本的“专集”《新民说》，将“论政治能力”与“论民气”的顺序颠倒了。这一变更当然是依据编者的见解，但如果是意在使《新民说》更完整的话，由于改变了它的本来面目，很可能会引起读者的误解。

派知识分子的琴弦。这于他的那些“笔锋常带感情”的文章，不用说是进一步注入了神力。关于梁启超在近代中国的国民思想和学术文化方面确立的历史功绩，应该说是怎么评价都不过分的。

但是，梁启超之撰写《新民说》，绝不是从一个思想家或学者的角度，而是首先从政治需要出发的。因此，随着时间和局势的变化，他不可能不改变他的姿态和立场，甚至在访问美国之后出现 180 度的大转弯。这样，《新民说》虽然是一篇形式完整的文章，但是后半部分就无法不夹进许多异质。他在生前出版了多个缺漏章节的《新民说》版本[1]，也正显示了他自己在这方面的自觉。

在涉足清朝的预备立宪而结束《新民说》的撰写之后，梁启超从“政治革命”的角度重新构想了他的国家主义思想，同革命派展开了论战。“今者我党，与政府死战，犹是第二义；与革党死战，乃是第一义。”[2]这句著名的论述，从思想对立的角度来看也许只是“意气之言”，但是若同上述政治立场的转变联系起来，则可以认为是他的根本立场的表明。至于后来明确谈到对国家主义的反省，当然是受到第一次世界大战中德国

1 《饮冰室全集》（中华书局，1916 年）缺少“论民气”一文，在“例言”中提示说是根据梁启超的意见作的取舍。参照拙文:《梁启超〈新民说〉的历史地位》（戊戌维新运动史国际学术研讨会，1998 年，香港）。依个人管见，第 15 节之后把“论私德”作为第 16 节的最为常见。

2 《年谱长编》，第 373 页。

失败的影响以及访问欧洲后不断思索的结果。最终，梁启超批判自己在逃亡日本后"染欧日俗论，乃盛倡褊狭的国家主义，惭其死友矣"[1]，又回归了世界主义。

正如本书收录的其他论文所论证的那样，以《新民说》为代表，梁启超的署名"中国之新民"的百余篇文章以及东渡日本后写下的其他文章，多是以日本的知识和思想积累为媒介完成的。仅就梁启超个人来看也可以断言，在将西洋近代文明移植东亚的过程中，明治时代的日本所起到的作用超过了我们预想的程度。

然而，当梁启超卷入预备立宪的时候，毋庸说他开始掩盖日本的影响。这方面的一个例子是，《节本明儒学案》《德育鉴》仍不断地付诸广告，而本来出于同一目的刊行的《松阴文钞》却从广告上几乎消失了。[2]虽然如此，即使日本的痕迹能够隐灭，由于他的那些深受日本的知识和思想积累的影响而写就的篇章成了中国学术思想界的广泛基础，而日本作为一个知识

1 《清代学术概论》，专集三十四，第69页；小野和子译本，第296页。这是关于谭嗣同《仁学》的记述。"惭其死友"一句，在作为思想问题进行总结的背后，实际上含有对《清议报》刊登《仁学》的方式进行道歉的意思。《仁学》在连载不久即被停止刊登，中途发表一部分，其余部分是在最后的终刊号上集中登出来的。这种奇怪的安排无疑与《清议报》性格的变更以及《丛报》的创刊等有关系。（结果，最早发表《仁学》全文的就是《亚东时报》。）

2 《戊戌政变记》也存在类似的做法，参见《〈戊戌政变记〉成书考》（载《近代史研究》总第100期）。该著后来修改了关于西太后和满洲人的记述，而以八卷本的形式出版了，但对《松阴文钞》没有采取类似的措施。

的层垒也在近代中国的学术思想中扎下根来。日本的直接影响逐渐难以确定了，但是日本所具有的作为西洋近代之媒介的意义却沉淀了下来。在这种关系上建立起来的东亚“文明”，也开始充实着世界的近现代。

评 议

狭间直树先生是国际知名的中国近现代史研究专家，其曾经主持的梁启超“共同研究”班，一度名闻遐迩；该研究的结集之作《梁启超·明治日本·西方》，也已经成为梁启超研究“必读书目”中的一种。2012 年秋季学期，狭间先生应邀主讲清华大学国学研究院“梁启超纪念讲座”，承蒙刘东教授等推荐，我有幸以“评议人”的身份，全程参与了狭间先生的讲授，就近请教，获益良多。值此狭间先生讲稿付印出版之际，特追记当时先生讲授答问及课下交往之种种片段，以资纪念并应刘东教授嘱文之命。

一

狭间先生此次讲座的总题目是《东亚近代文明史上的梁启超》，由八次独立演讲组成。讲座进行中，对原拟演讲内容作了部分调整，其实际演讲的内容为：

第一讲：东亚近代文明史的时段划分——世界史的近代与东亚；

第二讲：身为康有为的弟子——以接受西方为目的的“康学”和西学；

第三讲：梁启超思想的独立——《清议报》时期[1]；

第四讲：梁启超的“辉煌期”——《新民说》等[2]；

第五讲：“预备立宪”时代的梁启超[3]；

第六讲：民国初年的梁启超[4]；

第七讲：梁启超与历史学——1920 年代东亚人文科学形成史的一个横断面[5]；

第八讲：《梁启超年谱长编》的编辑与翻译——梁启超年谱在近代东亚文明圈中的意义。

调整后的讲题，涵容更广，增加了一般知识的内容。

也许是为了更好地表达讲座的内容，《东亚近代文明史上的梁启超》这一总题目下，还有一个副题——“以梁启超与日本在文明史的关系为中心”。饶是如此，这里所谓“东亚”“文

1 原拟题：围绕谭嗣同的纪念问题（《清议报》时期）——两份谭嗣同传和《仁学》；附《戊戌政变记》的修改。

2 原拟题：培养“新民”的放弃与代写奏折（《新民丛报》时期）——梁启超的“革命”与保皇。

3 原拟题：作为文化伟人的政治活动（《庸言》《大中华》时期）——孔教问题、反对帝制和复辟。

4 原拟题：向“世界主义”的回归（访欧以后的时期，清华研究院）——两种墨子观；附谭嗣同、康有为。

5 原拟题：对日评价的变化——桑原骘藏的批评；附东亚同文会。

明史”的确切含义，似仍有待说明。所以，在第一讲时，我提给狭间先生的问题就是，“为什么是‘东亚’？为什么是‘文明史’？”我的问题似乎振振有词：既然中心主题是梁启超与近代日本的关系，即中日关系，为何要用“东亚”的概念？怎样看日本学者子安宣邦等对“东亚”一词的意识形态含义的解构？子安提出的日本近代知识体系（即“文明”）形成中的意识形态因素，是否应当予以关注？以先生对“文明史”之“文明”的说明，应主要是指包括学术、思想、道德、艺术等在内的“文化”概念，并因此明确将梁启超与日本的政治交往（如特别指出的护国战争期间梁氏与日本军部的关系）排除在讲授之外；但梁启超首先是一个政治人物，他对学术的态度始终不脱“经世致用”的范围，这正是其“善变”中之不变所在；如是，在讨论梁氏的“文化”言说时，如何处理其必有的政治用意和政治关怀，是否应当将其纳入考量的范围？综上，这里似乎存在一个需要双重关照的问题：日本近代文化本身的意识形态因素和梁启超与之互动时的政治关怀。

狭间先生对此问题似有几分不快，他的回答也颇简要（大意如下）：东亚既是文化的（汉文化—儒家文化—朱子学等），又是地域的（日本—韩国—中国）。这里说到的文化，首先是东亚文化，再是西方文化，但又不赞成“新儒家”的文化观。“文明史”的定义尚无定论，但明治时的“文明”，大正时的“文化”，似都还没有“意识形态”的解说。至于政治和意识形态对梁启超的影响，以后还会说到。[1]

我感觉到先生的些许不快，应该是由于我提问的“孟浪”，或许也有责怪对其所讲内容未能领会的意思。在狭间先生第一讲的讲授提纲中，对“文明史”和“东亚”都有简略的说明，比如指出“东亚”曾经是以中华文明居主导地位的区域等，但讲授提纲更着重的还是“近代东亚文明”的问题。狭间先生这里所说的“近代”是一个世界史的概念，即经济上的资本主义时代（世界市场与国民经济的时代），政治上的民权主义时代（万国共存与国民国家的时代），文化上的科学主义时代（客观知识与国民教育的时代），亦即西方文明领先并影响世界的时代。由此，则“东亚的近代始于 1840 年清朝与英国之间的鸦片战争”，而所谓“东亚近代的文明史”，以“语言接触史”（词汇和概念的交流）为例，迄第二次世界大战结束可分为四个时期：始发期即 1840—1860 年（从鸦片战争到北京条约）：清朝占主动的时期；发展期即 1860—1895 年（从北京条约到下关条约）：日清两国各自发展的时期；成熟期即 1895—1919 年（从下关条约到凡尔赛条约）：日本占主动时期；决裂期即 1919—1945 年（从凡尔赛条约到日本投降）：日本侵略时期。狭间先生在讲授中，对前两个时期日本的情况有较多的介绍，但落脚却在第三期，即作为讲授内容主角的梁启超与日本发生

1　此处所记狭间先生的回应，来自当时的笔记，加之即时翻译的因素，可能有不符原意之处，特予说明。

关系的时期；由此，讲授的主题——明治日本文明对梁启超的影响乃至日本对近代东亚文明的影响——也就呼之欲出。如此明晰的逻辑叙述，却得到上述我提出的颇有些“惺惺作态”的问题作为回应，先生之不快，实属自然。[1]

其实，第一讲的内容中，我更感兴趣的却是康有为《日本书目志》的来源问题。作为梁启超逃亡日本前的日本知识，狭间先生讲到乃师康有为的《日本书目志》，并顺便提及有关其来源的最新研究[2]。多年前我就曾关注此问题；先生所述仍未完全释疑，当时未及请教的问题，借此写在这里。

关于《日本书目志》的由来，康有为在《进呈〈日本明治政变考〉序》中有过明确交待：

> 昔在圣明御极之时，琉球被灭之际，臣有乡人，商于日本，携示书目，臣托购求，且读且骇，知其政变之勇猛，而成效已甚著也。[3]

---

1 但我的问题，除却“矫情”的成分，更多还是对以子安宣邦等为代表的日本知识界的“后现代与左翼”批评的兴趣和好感；而类似于我的感受，在中国的学界或也不在少数，这也属自然。

2 王宝平:《康有为〈日本书目志〉出处考》，载《汲古》第57号，2010年；又见王宝平:《康有为〈日本书目志〉资料来源考》，载《文献》2013年第5期。

3 康有为:《进呈〈日本明治政变考〉序》，见《戊戌奏稿》，收入姜义华、张荣华编校:《康有为全集》第四集，北京：中国人民大学出版社，2007年，第104页。

这是一条关键材料，几为研究《日本书目志》者所必引用，但对其的释读却有错误。所误在于时间的判断，所谓“圣明御极之时，琉球被灭之际”，向无例外被指为光绪元年即1875年，并由此认为康氏此说有夸诬之嫌。但实际上，此处“御极之时”非指光绪帝即位之时，而应为亲政之年，即光绪十三年（1887年）；而“琉球被灭”，亦指是年，即1887年，而非通常以为的1875年或1879年。[1]正是在光绪十三年八九月间，康有为作香港之游[2]，得识其居港的“乡人”陈焕鸣，于是有见识“日本书目”之因缘。康有为于《延香老屋诗集》中曾自记其事：

> 乡人陈焕鸣乞书扇，君通英文，甚才，曾为日本使馆翻译，弃官隐于港。吾读日本书□假途焉。于陈君所见日本书目，乃惊日本之治学而托买群书。自开译局后，

---

1 《清史稿·邦交志》（志一百三十三）记:“（光绪）十二年五月，日本公使盐田议修约，李鸿章以为宜缓，因致总署，谓:‘日廷现与欧、美各国改约，应俟彼商定后，我再与议，庶可将西国所订各款参酌办理。又球案亦当并商妥结，免致彼此久存芥蒂。请总署酌夺。’旋因长崎兵捕互斗案出，暂置未议，而琉球遂属于日，不复议及矣。十三年正月，盐田因崎案已结，请催修约，总署仍令李鸿章核覆。”李仍“请缓议”，修约及琉球案遂搁置。按:琉球案不议，遂事实上归属日本，应自此年（十三年）。时人或已将此年作为琉球被灭之年。

2 楼宇烈整理:《康南海自编年谱》（外二种），“光绪十三年”条，北京：中华书局，1992年，第14页。

请译日书、派游学，因缘实自陈君来也。[1]

由此，则《进呈〈日本明治政变考〉序》所记，与《自编年谱》(香港之游)、《延香老屋诗集》所记，相互印证，若合符契。明确康氏接触日籍的最初时间及因由，或有助于对《日本书目志》之编纂依据的判断。最初看到《日本书目志》，就由其每书标明价格而猜测其或为书商提供之书目；排比上述材料后，则以为《日本书目志》所依据者，或即陈焕鸣所提供而为康氏所惊叹的“日本书目”。王宝平教授新近研究指认《日本书目志》所根据者为明治二十六年（光绪十九年，即1893年）出版的《东京书籍出版营业者组合员书籍总目录》。王教授考证细密，但将此《总目录》与《日本书目志》相较，终有所收书籍数量（《日本书目志》少收2398种）和编排、分类的不同[2];且不能确知康氏得到《总目录》的渠道。王教授文中亦指出，此《总目录》为先已存在的各家会员书肆书目的总汇，那么，在没有更多的直接证据之前，将《日本书目志》所依据的“书目”暂认为即最初得自陈焕鸣的日本书肆书目（不早于

1 康有为:《延香老屋诗集·为乡人陈焕鸣书扇》,《康有为全集》第十二集，第146页。此诗及注无系年，其中所述有关日本书目事由，参以前引《进呈〈日本明治政变考〉序》所记，则康识陈氏，或即在光绪十三年。诗中“天风吹月照琉球”句，亦可与“琉球被灭之际”互证。

2 王宝平:《康有为〈日本书目志〉资料来源考》，载《文献》2013年第5期。

1887年）[1]，或亦可聊备一说。

二

自第二讲开始，狭间先生进入以梁启超为中心的讲授，讲述以时序为先后。

第二讲的讲题是“身为康有为的弟子”，内容主要涉及梁氏早年所受的教育和学识（尤其是康门学术对他的影响），以及戊戌年逃亡和初到日本的情况。

狭间先生将康梁之间的师徒关系分为三个时期：1890—1898年，梁为名副其实的弟子；1899—1920年，梁对与康的思想分歧保持克制，仍声称为弟子，但在清室复辟问题上，与康“产生决定性对立”；1921—1927年，恢复师生关系，但保持距离。关于这一划分，可再斟酌的是第二期，现在的划分，时间相对较长，或可考虑划成几个段落，比如以民国成立为界划为两段。但这毕竟是枝节问题，可以提出讨论的，还是第一期梁氏所受“康学”的具体内容。狭间先生似乎接受了梁启超在《三十自述》里的说法，即从康所受者为“陆王心学”和“史学、西学”。但任公这一事后的回忆，是有问题的。

1　我的听课笔记记有“《日本书目志》，收明治二十年1887年左右的日籍7100多种”一句，应为记狭间先生所说；若所记无误，则亦可为《日本书目志》所据为1887年所得书目说之有力佐证。

首当其冲的是，所谓“陆王心学”，究竟在康学和康门教育中处于什么样位置的问题。任公在《三十自述》前一年，于《南海康先生传》中，首揭乃师“独好陆王”[1]，正与其自述于康门所受为“陆王心学”相互为证。但在康氏众多的著述中，其实少有特意表彰陆王心学者，关于宋明理学，康氏本不以为是孔教正宗，且于其中毋宁更重朱子。就康门教授而言，查康氏《长兴学记》《桂学答问》《万木草堂口说》等，以及戊戌时期梁氏的《读书分月课程》《时务学堂日程》等，皆难见“独好陆王”的所在。其他康氏及门弟子所记，如陆乃翔、陆敦骙之《南海先生传（上）》、张伯桢《南海康先生传》、卢湘父《万木草堂回忆》等，也都难以落实康氏“独好陆王”和草堂以“陆王心学”为主要教学内容之说。狭间先生在讲授时曾言：“或许当时康有为已经了解到一些表彰阳明学在日本明治维新中所起到的推动作用的事情”，只是猜测，并无根据；但这里说到的日本的“阳明学”，或许正是梁启超“陆王心学”说的由来。狭间先生曾有力作《关于梁启超称颂“王学”问题》，指出梁氏于《新民丛报》时期提倡王学，实受井上哲次郎《日本阳明学派之哲学》（1900）、《日本伦理汇编》（1901）的影响[2]；而“阳明学”在当时的日本亦是“新学”，即明治三十年代出现的

---

1 《南海康先生传》，见《清议报》第100册，1901年12月。

2 狭间直树：《关于梁启超称颂“王学”问题》，载《历史研究》1998年第5期。

“国粹”思潮的一部分。所以，可以推论的是，万木草堂和戊戌时期，康梁师徒似无从得知所谓“阳明学”推动明治维新的知识；这样的知识，是梁启超流亡日本后才得到的。而他对王学的认同和提倡，如同狭间先生所说，是在转向“国家主义”后，借鉴作为国粹主义的日本“阳明学”的结果。其提出早年受教“陆王心学”和乃师“独好陆王”的《三十自述》《南海康先生传》，正是其转向国家主义初期的作品。

其次，所谓“史学、西学”，亦当有具体的分析。在前述《长兴》《桂学》及时务学堂诸学记、课程中，“史学”都在“经学”之次，所谓“史学大半在证经，亦经学也”，故“经学子学尤要”[1]；类如后来所谓“新史学”之对于“史学”的认识，实不在草堂、戊戌时期的论议之内。[2] 至于“西学”，则更是有限，此由康氏《长兴学记》《桂学答问》中有关西学的内容及梁氏《西学书目表》《读西学书法》可知。要言之，草堂、戊戌时期，梁任公所学所述，主要为中学之经、子学，其有限的“西学”（政学、公法学）亦是通过附着于其经、子论述——如《读〈春秋〉界说》《读〈孟子〉界说》——而得以表现，即以经学、子学附会西学、西理。由此，所谓“陆王心学”“史学、

1　梁启超:《学要十五则》(1894)，见楼宇烈整理:《长兴学记、桂学答问、万木草堂口说》，“桂学答问”附，北京：中华书局，1988年，第49页。梁氏此文，又题《读书分月课程》，收入《饮冰室合集》专集六十九。

2　戊戌时期，参照西学、西史，而对中国史学有所批评指陈者，维新派中人或仅见于唐才常之《史学论略》(收入氏著《觉颠冥斋内言》)。

西学”，乃梁氏三十之年（1902）所看重的学问，而非草堂时期受之于康氏的课业。

虽然第二讲的主要内容是梁启超所接受的“康学”和西学，但狭间先生提示：本讲最有价值的内容在“日本支持者”一节，所用文献多不易看到。所谓“日本支持者”，指的是梁启超到达日本初期即迅速进行的“求援”活动，在日本所引起的积极回应。狭间先生所列举的文献，一是作为个人的内藤湖南在《日本人》《万朝报》等报刊上发表的声援康梁变法事业及支持梁启超对变法的解说的文章；二是作为团体的“东亚同文会”通过其机关报《东亚时论》所表现出的先扬后抑的态度:《东亚时论》在其创刊号（1898年12月10日）刊登了梁启超的《上副岛近卫两公书》、康有为的《唇齿忧》和梁启超的《论支那政变后之关系》，表明对康梁的支持态度；其第2号（1898年12月25日），卷首即为谭嗣同的半身像和梁启超的题词“支那大侠浏阳谭君遗象”，正文刊有康有为“哀谭京卿复生题其象”、唐才常“挽谭君联”、梁启超“亡友浏阳谭遗象赞”、梁启超的《政变始末》、逸史氏《清国殉难志士故谭嗣同君传》、任公（梁启超）的《横滨清议报叙》等，其支持、赞助康梁的立场更加鲜明。但随后“东亚同文会”出于日本与清廷关系的利益考虑，改变对康梁的态度，转而支持将康有为等逐出日本，《东亚时论》亦改变方针，自第4号以后，不再刊登康梁的文章。而梁启超也就不得不接受“受限制的逃亡者”的生活。

还应说到的是，狭间先生的讲授，在展示上述有关内藤湖南、《东亚时论》的珍贵文献的同时，又特为听众图示勾勒了日本“明治时期亚洲主义团体”的分立和演变的概况，这样的知识同样十分有益。

三

第三、四讲，分别讲述《清议报》《新民丛报》时期的梁启超。此一时期的梁启超研究，正是狭间先生之擅场，最能体现其细密精到的研究风格。

关于《清议报》时期的梁启超，狭间先生选择的是康梁关系这一视角，即由梁任公欲从康氏思想笼罩下“独立”出来的挣扎和努力，以见任公思想的变化与进步。

狭间先生认为，初到日本的康、梁，在以争取日本政界支持为目的的宣传鼓动中就表现出“策略”上的细微差别。其用以说明的事例，是早期几种《谭嗣同传》之间的关系。经过仔细的比对和考索，狭间先生指出：政变后最先出的“谭嗣同传”是《亚东时报》第四号（1898 年 11 月 15 日）刊载的逸史氏（山根虎之助）的《六士传》；之后，在东京发行的报纸《日本》，于 11 月 27 日刊发《清国殉难六士传》，并注明是对上海《亚东时报》刊文的“摘译”；再后是在澳门出版的《知新报》，于第75册（1898年12月23日）上刊登的《清国殉难六士传》，该传注明“译十一月二十七号日本东京报”，即为《日本》所刊之译文。由此，则三传实为同一文，然比对的结果是，作为康党嫡系刊物的《知新报》，所载较其他二者多出所谓谭嗣同“绝笔”一节。“绝笔”内容为谭氏临终前对康、梁的寄语，以表明死者与生者各自应分担的责任[1]。然而此“绝笔”却是在康有为指导下所作的伪造，时间约在11月下旬。[2]更加微妙的是，此“绝笔”之为伪造，很快就由梁启超予以证明，其发表于《清议报》第四册（1899年1月22日）的《谭嗣同传》，并无“绝笔”的内容，因而也就实际上否认了“绝笔”的真实性。但任公之《谭嗣同传》，仍用较多笔墨渲染传主与康有为及作者本人的亲密关系，这种“渲染”符合当时由康有为主导的游说活动的主旨，说明梁任公虽对乃师的一些做法并不认同，但仍不能违背其意志。

狭间先生对谭嗣同“烈士”形象的初塑过程作了清晰的梳理，令人信服。可以补充的是，对谭嗣同“烈士”形象的最早宣传，或应推《国闻报》。该报于谭氏被捕后二日（农历八月十二）即以“视死如归”为题，予以报道：

---

1 “绝笔”又见于康有为《奉诏求救文》(《康有为全集》第五集，第37—38页)，该文最早的出处为日本驻上海总领事代理小田切万之助给日本外务省的报告的附录。

2 狭间直树:《梁启超笔下的谭嗣同——关于〈仁学〉的刊行与梁撰〈谭嗣同传〉》，载《文史哲》2004年第1期。

有西人自北京来，传述初六、七日中国朝局既变，即有某国驻京公使署中人，前往康氏弟子谭嗣同处，以外国使馆可以设法保护之说讽之。谭嗣同曰：丈夫不作事则已，作事则磊磊落落，一死亦何足惜；且外国变法未有不流血者，中国以变法流血者，谓自谭嗣同始。即纠数十人谋大举，事未作而被逮。闻中国国家拟即日正法，以儆效尤。

该报道似应是著名的“变法流血自嗣同始”（或亦是谭氏为康有为弟子说）的最早出处，而梁启超本人则有可能是该说的最先传布者。据北京大学杨琥教授的判断，《国闻报》“视死如归”文的作者为夏曾佑，而其消息的来源或得自梁启超。其推断的根据是，八月十一日（农历），夏氏曾与逃亡中的梁启超相见，并接受了梁氏委托当时保护他逃亡的郑永昌转交的信件；而随后在十二日的《国闻报》上就刊发了“视死如归”一文。[1]

如果说梁任公所撰《谭嗣同传》不收康有为指示伪造

1 杨琥教授据以推断的材料是其发现的梁氏逃亡日本后给夏曾佑的一件佚札，其中有云：“八月十一日承临东船赐拜问，彼时仆居别室，东人□欲一遂之，然有胸中万千之言浇达左右，怦怦思一见，几不能自制，及君之行，罔罔有所失，复乃由郑领事邮达一书，曾见之乎？”按：《国闻报》“视死如归”文以及相关材料和研判，均得自杨琥教授的指示，特致谢意。其中仍存的不明之处，期待杨琥教授后续的研究成果。

的“绝笔”，表明二人间存在着“不协调”，那么《清议报》的“改编”，则被视为梁启超试图脱离康有为思想影响的最初表现。狭间先生认为，康有为被劝离开日本（1899 年 3 月 22 日），为梁启超提供了思想自由的空间，受此影响，于是有《清议报》的“改编”：1899 年 4 月 10 日出版的《清议报》第 11 册，刊发了《本报改定章程告白》。“改编”后的《清议报》，最大的变化是新增了“政治学谈”栏目，并即自第 11 册起连载吾妻兵治所译伯伦知理的《国家论》。在狭间先生看来，“这是梁启超与康有为的世界主义拉开距离，竖起国家主义旗帜的标识”。[1] 与此相应，自《清议报》第 2 册开始连载的谭嗣同《仁学》，至第 14 册也停止刊登。而由《仁学》刊载的一波三折透视梁启超与康有为的关系，正是狭间先生讲授的重点。

狭间先生注意到《清议报》刊载《仁学》的可怪之处：《清议报》“支那哲学”栏连载《仁学》，自第 2 册始刊，至第 100 册刊毕，为时近三年。但具体来说，第 2 册至第 14 册（1899 年 1 月 2 日至 5 月 10 日）陆续刊发全书的二分之一，然后中断；第 44 册至第 46 册（1900 年 5 月 9 日至 28 日）又刊登了约为全书十分之一的部分，再次停刊；剩余的部分一次性刊于《清议报》的终刊号第 100 册上（1901 年 12 月 21 日）。狭间先生认为，《仁学》连载于第 14 册后的中断，出于梁启超的决

1 狭间直树：《梁启超笔下的谭嗣同——关于〈仁学〉的刊行与梁撰〈谭嗣同传〉》。

定；第 44 至 46 册的再度连载，发生在麦孟华等人担当编辑的时候，而其再次中断，最大的可能也是应时在夏威夷的梁启超的要求，所以在考虑连载中断的原因时，不必另作讨论，可以忽略不计。而问题也就可以简化为：为什么《仁学》在连载四个多月后一度中断，时隔两年半才再次把剩余的部分一次性全部发表？

其根本原因，在狭间先生看来，正如前所述，是梁启超思想发生了由世界主义向国家主义的转变。这一转变，不仅使其与乃师拉开距离，也影响了以世界主义为基调的《仁学》的连载。用以说明的材料，其一是《清议报》第 2 册所载梁撰《校刻浏阳谭氏〈仁学〉序》中，原有谭氏“服膺南海之学”，其《仁学》之作“将以光大南海之宗旨”等字句，在三年后（1902）的《清议报全编》中，尽被删去，或表示康梁关系的变化[1]；其二是 1900 年 4 月 29 日（光绪二十六年四月一日，亦即《清议报》二度连载《仁学》前十日），梁启超致康有为信中对《仁学》的评价为：“复生《仁学》下篇……荡决甚矣，

1 《清议报全编》所载修改后的《校刻浏阳谭氏〈仁学〉序》，相应段落为：“《仁学》何为而作也，将以会通世界圣哲之心法，以救全世界之众生也。南海之教学者曰：以求仁为宗旨，以大同为条理，以救中国为下手，以杀身破家为究竟。《仁学》者，即发挥此语之书也，而烈士者，即实行此语之人也。”虽删去“光大南海之宗旨”一句，但原意似仍保留。

惜少近今西哲之真理耳。"[1]所谓"近今西哲之真理"，当即梁氏此时信奉的"国家主义"。

更能说明问题的是1901年10月（约《清议报》刊毕《仁学》前两个月）国民报社刊行的《仁学》单行本。此单行本刊行前，曾于《清议报》第85册（1901年7月16日）登载广告，并称其"寄售处在横滨《清议报》馆"，而该单行本所附《谭嗣同传》，亦显然是《清议报》所载梁撰《谭嗣同传》的删减版，故狭间先生似同意汤志钧先生的意见，以为此单行本的发行实为梁启超所为。[2]而狭间先生的进一步研究包括：

第一，推测署名"四合主人"的《仁学》发行广告（《清议报》第85册）的作者，也可能是梁启超（至少该广告反映的思想与梁氏一致）。因为该广告通过对《仁学》充分吸收泰西自然、人文和社会科学成果的高度肯定，把《仁学》从此前梁撰《〈仁学〉序》和《谭嗣同传》所谓之"康学"附属物这一定位中解放了出来；而把谭嗣同从康有为的影响中解放出来，正是梁启超在思想上开始独立于康有为的结果。[3]该广告还

1 丁文江、赵丰田编:《梁启超年谱长编》，上海：上海人民出版社，1983年，第237页。

2 汤志钧先生以为，此单行本刊行，至少得到了梁启超的同意和认可。见汤志钧:《〈仁学〉版本探源》，收入氏著:《康有为与戊戌变法》，北京：中华书局，1984年。

3 狭间先生特别强调，这种独立仅限于"思想"的独立，并不意味着政治上和社会上的独立。

一改梁氏《谭嗣同传》所谓《仁学》原稿藏于梁处的说法，声称另有来源（单行本恢复了此前《清议报》连载时有意刊落的部分[1]），似乎在故意撇清与梁启超的瓜葛。而与此相应，就有——

第二，梁启超对《谭嗣同传》的修改。单行本所附《谭嗣同传》有意删去了《清议报》载梁氏《谭嗣同传》中有关康梁与谭氏关系的所有段落，并将原传中梁氏所谓谭氏遗著“皆藏于余处”的说法，改为“君死后皆散逸”。凡此，其用意皆在与“广告”保持一致：既脱去先前加于《仁学》上的康学外衣，又将梁启超本人置之事外，这或许正是梁启超于思想上（仅限于思想）与康有为“诀别”的一种特殊的表达方式。后来在《新民丛报》刊登的《仁学》单行本广告，标明“横滨《清议

1 《清议报》第一次连载《仁学》时，曾删去《谭嗣同全集》本（蔡尚思、方行编，增订本，北京：中华书局，1981 年）《仁学》第八、十两节，前者攻击“名教”，后者评述男女之事，且涉及对爱新觉罗氏的蔑视（称之为“北狄”）。此一删节行为，连同登载《佳人奇遇》时对有关明末抗清内容的删除，据说都是康有为的决定。冯自由《革命逸史》称：《清议报》“出版数月，除歌颂光绪圣德及攻击西太后、荣禄、袁世凯诸人外，几无文字；所载谭嗣同著《仁学》，及译述日本柴四郎著《佳人奇遇记》，内有排斥满清论调，为康有为所见，遽命撕毁重印，且诫梁勿忘今上圣明，后宜谨慎从事。”（《革命逸史》初集“横滨《清议报》”条）后来《仁学》的刊而再停，亦可能是康有为干涉的结果。《革命逸史》又称：“己亥冬，梁启超自日本赴檀岛，横滨《清议报》笔政由麦孟华摄理。报中文字则由湘籍学生秦力山、蔡松坡、周宏业诸人分任之，粤籍学生郑贯一亦驻该报任助理编辑。时《清议报》言论大受康有为直接干涉，稍涉急激之文字俱不许登载。诸记者咸以为苦，而莫敢撄其锋。”（初集“横滨《开智录》”条）

报》馆印，东京《国民报》社再印”，任公所作“内容介绍”，特别突出谭浏阳的“至诚”精神，这些似乎都在交代《仁学》国民报社单行本的由来。狭间先生以为，梁启超之所以策划《仁学》单行本的印行，也是基于“诚”的心意。

最后再来说《清议报》第100册一次刊完《仁学》剩余部分的问题。在狭间先生看来，在细心完成了《仁学》单行本的出版之后，梁启超决定在《清议报》终刊号上完成《仁学》的刊载，就更多地带有总结《清议报》并保持其前后一致的用意。梁任公在《清议报》一百册“祝辞”中，列举其曾登载的重要文章，《仁学》列为第一；而就任公本人而言，刊毕《仁学》，亦算部分兑现了对故友的“程婴、杵臼”生死分任的承诺。

其实，《清议报》时期的康梁关系，并不是一个新鲜话题，但能够揭示出“康梁关系演变的背后，还有另外一层围绕谭嗣同的纠葛”，确需有洞幽烛微的功力。狭间先生通过层层剖析围绕《谭嗣同传》撰述和《仁学》刊布的种种纠葛，为我们展示了《清议报》时期康梁关系之细致、生动而又复杂的面貌，堪称力作。狭间先生曾说，他对这一问题的研究费时最长，问题终于得以解决后，极为高兴。言谈中饱含对研究工作甘苦的深切体味。

虽然，有关《仁学》单行本的问题，我仍有未解的疑惑。当时只是一些有待核实的想法，没有当面请教，现在借机写在这里，以求教于先生。

首先，《仁学》单行本刊行前后，所谓改良与革命的阵营分野尚处于“过渡”时期，两派之间并无森严的界限，梁任公本人就依违其间，左右逢源。因此，当时一些原属康门的激进青年学生，即借助《清议报》的影响和发行渠道，从事着革命鼓吹。郑贯一等人办《开智录》如此[1]，秦力山等人办《国民报》亦是如此。所以就有:《清议报》自第70册（1901年2月19日）迄第80册（1901年5月28日）连续刊登《国民报告白》，预告其出版宗旨及征订事[2]；《国民报》6月10日出版第一期，《清议报》第81册（1901年6月7日）至第85册（1901年7月16日）“本馆发售及代售各书报价目”栏中，《国民报》已赫然在列;《清议报》第85册还刊有前文所谓“新刻谭壮飞先生《仁学》全书出售”的广告。但这里想说明的是，尽管《清议报》与《国民报》有如此多的关联，也不能仅凭此即断言，《仁学》单行本是双方合作或梁任公本人借助《国民报》的结果。就当时的情况言，以秦力山为首的《国民报》中人，

1　冯自由纪《开智录》:“是报为半月刊，即假《清议报》为发行及印刷机关，以是凡有《清议报》销流之地，即莫不有《开智录》。各地华侨以其文字浅显，立论新奇，多欢迎之，尤以南洋群岛为最。美洲保皇会因党务颇受此报影响，特致书横滨保皇会，质问宗旨不同之故。《清议报》总理冯紫珊遂不许《开智录》在该报印刷，并解除郑（贯一）编辑之职。《开智录》出世仅半载，以无所凭借，由是告终。”（《革命逸史》初集“横滨《开智录》”条）

2　其中第80册所载《告白》内容有变动，即由原“月出两册定期阳历五日二十日发行”改为“月出一册定期阳历十日发行”。

与康梁等保持着一种若即若离、离多于即的关系[1]，他们与《清议报》的关系，如同《开智录》，更多的是利用而非合作。

其次，继《清议报》第85册之后，《国民报》第四期（1901年8月10日）亦刊载“新刻谭壮飞先生《仁学》全书出售”的广告。较之前者，《国民报》广告有个别字句的修改，其中最值得注意者，是删去了“寄售处在横滨《清议报》馆”一句，似欲割断《仁学》单行本与《清议报》的关联。若循此思路推测，则两则广告之间或《国民报》第四期之前，或有影响两报关系的事件发生。

再次，《国民报》第三期（1901年7月10日）连载的《中国灭亡论》（秦力山）中，有“夭姬侍宴，众仙同日咏霓裳；稚子候门，同作天涯沦落客”语，被认为是讥讽梁启超的“名

1 秦力山于“自立军”起事失败后，曾于1900年底面见康有为，知其“拐骗”海外筹款情形，“乃绝交去”。（秦力山:《致陈楚楠函》，见刘泱泱编:《樊锥集毕永年集秦力山集》，长沙：湖南人民出版社，2011年，第297页）又至日本，与自立军事败亡命东京的湘鄂志士，“群向梁启超算帐，梁不胜其扰，竟移寓横滨避之”。（冯自由:《革命逸史》初集，“秦力山事略”条。又，若冯氏此说属实，则所谓“算帐”只能在梁启超由澳洲返回日本即1901年5月28日之后，亦即恰在《国民报》出版和《仁学》单行本刊行的时间段。）秦力山为总编辑的《国民报》，被称为“开留学界革命新闻之先河”，其宗旨亦被指为“宣传革命排满”两大主义（《革命逸史》“东京《国民报》”条、“东京《国民报》补述”条），与《清议报》大异。

句”[1]，而《国民报》第四期，则于“来文”栏刊发章太炎《正仇满论》，指名批评梁启超《积弱溯源论》中为清廷辩护的言论。该文后有“本社附志”，云：

> 右稿为内地某君寄来。先以驳斥一人之言，与本报成例微有不合，原拟不登。继观撰者持论至公，悉中于理，且并非驳击梁君一人，所关亦极大矣。急付梨枣，以饷国民。使大义晓然于天下，还以质之梁君可也。

上文显示的是不惜与梁氏决裂的态度。由此，再与秦力山等人为“自立军”失败找梁启超“算帐”一事相联系，则很可能在约七月间，《清议报》与《国民报》中人有过激烈冲突，并导致双方的分手。

第四，依上述推测，则《仁学》单行本（《国民报》社本）所附《谭嗣同传》，完全删去有关康梁的内容，也就可以理解了。而其他各类不同版本的梁启超著《谭嗣同传》，均同于《清议报》本，即均未对有关康梁的内容作出修改，也就可以有顺理成章的解释:《国民报》社本谭传，本非梁任公所为。

1　参见冯自由《革命逸史》初集“东京《国民报》”条。该条所记略有误：如将此句记为《国民报》后续之《大陆报》所载；句中“夭姬”记为“娇妻”。至于此对句之本事，或与梁启超此前与何蕙珍的逸事及梁思成当年在日本出生（1901 年 4 月）等有关。

《国民报》社本《仁学》所附《谭嗣同传》，在删去康梁的同时，也删去了有关袁世凯的内容，其原因尚没有合理的解释；但在其之后的《清议报全编》本《谭嗣同传》，有两处修订却耐人寻味：一是于“至初五日，袁复召见”后，加“闻亦奉有密诏云”一句；二是于列举谭氏遗著时，于“《远遗堂集外文》一卷”后，增加“《剳记》一卷”。前者意在加强对袁氏的叙述，后者则新增了藏于梁启超处的谭氏遗著的种类，这些为数不多的修改，似皆为针对《仁学》单行本《谭嗣同传》的回应。[1]

最后，说到《仁学》在《清议报》上刊而停、停而刊的几度反复，其原因仍不离梁任公对《仁学》的评价，“复生《仁学》下篇……荡决甚矣，惜少近今西哲之真理耳”。[2]所谓“荡决甚矣”，应指下篇那些激烈批判传统纲常伦理和揭露清朝残暴统治的言辞，亦即康有为禁止《清议报》刊登的那类内容；而所谓“近今西哲之真理”，则如前述，应为“国家思想”，亦即其时梁启超新服膺和宣传的“主义”。所以，《仁学》的第一次停刊（上篇接近刊完），可以是康梁“合谋”的结果：既满足康氏的要求，又符合任公的新认识；第二次停刊，则可能更多来自康氏的干涉，因为所刊发者多为“荡决”的内容；而

1 如前述，国民报社本《仁学》所附《谭嗣同传》，将《清议报》本《谭嗣同传》中所谓谭氏遗著“皆藏于余处”，改为“君死后皆散逸”。

2 《梁启超年谱长编》，第 237 页。

最终的一次性刊毕，虽然可能有《国民报》本的刺激，但主要原因还是如狭间先生所说，乃是梁启超于思想上与康有为“诀别”的一种宣示：不再在“荡决”类问题上向乃师妥协。而对于与国家思想相对立的“世界主义”的批评，则见于发表于同期《清议报》上的《南海康先生传》。

四

在狭间先生看来，《新民丛报》时期，是梁启超最辉煌的时期，也是他对中国文明范式的改变贡献最多的时期。其根据就是他在《新民丛报》上陆续发表的《新民说》，而“实际上可以说，正是为了发表《新民说》才创办了《新民丛报》”。[1]

关于梁启超的研究，《新民说》从来都是关注的重点。较之众多的已有研究成果，窃以为狭间先生之于《新民说》的研究，其予人印象深刻者主要有以下两点：第一，充分考察了《新民说》的日本“媒介”，即日本明治时期的知识和思想（尤其是有关西洋的知识和思想）对以《新民说》为代表的梁启超“新民”思想的深刻影响；第二，准确地指出，冠以《新民说》的系列文章，并非是一个思想统一、逻辑一致的整体。就大端而言，以梁氏访美（1903 年 3 月至 12 月）为界，《新民说》

1　狭间直树:《〈新民说〉略论》，见狭间直树编:《梁启超·明治日本·西方》，北京：社会科学文献出版社，2001 年，第 69 页。

的立论轴心发生了偏转，所以，“尽管题目是同一个题目，但不能把《新民说》看作始终如一的作品”。

上述两点创见，都是建立在对相关史料的细致收集、排比和精密分析的基础上的（详见讲稿，此处不列举），而“细密”正是狭间先生《新民说》研究（也是其梁启超研究）的最显著的特点。据笔记，为第四讲作“评论”时，我曾特别就狭间先生对“细节”的关注提请学生们注意，称之为度人金针。当时列举的事例有：其一，“中国之新民”笔名的使用情况。据狭间先生统计，梁启超“中国之新民”这一笔名，除用于《新民说》的连载，迄《新民丛报》第72期，还被用于除“小说”“文苑”栏目之外的如学说、学术、历史、地理、传记、政治、法律、生计、宗教、教育、时局栏目的文章的署名，共约169篇（用其他署名的文章约130篇）;《新民说》连载至第72期，“不告而别”，此后“中国之新民”之署名亦不再使用。由此可以引申的认识，“中国之新民”的使用是有特殊用意的；就广义而言，凡署“中国之新民”的文章，皆在“新民”学说的范畴之内。[1]这对梁启超“新民”思想的研究无疑是非常重要的提示。其二，关于《新民说》的版本问题。狭间先生特

1 狭间先生指出，梁启超将“理论”分为“理论的理论”和“实事的理论”,《新民说》属于前者，“学说”“学术”“历史”“地理”“政治”“法律”等栏目的文章属于后者。

别强调，《新民说》有多种版本，且情况复杂[1]，故研究《新民说》不能仅据某一种版本。可以顺便一说的是，狭间先生在第三讲提到的《清议报》第 4 册的两种版本的问题：通过比对，狭间先生发现台湾成文书局影印的《清议报》第 4 册，与北京中华书局影印版《清议报》第 4 册，是两个不同的版本，前者连载有《佳人奇遇》，后者则无，并于第 5 册登载的《佳人奇遇》中删去了有关清廷残暴的内容。由此则《革命逸史》所谓《清议报》曾因登载的《佳人奇遇》和《仁学》有反清内容，而被康有为下令“撕毁重印”的说法[2]，得到证实。近代报刊也有“版本”问题，这一“发现”，唯心细如狭间先生者才能做到。其三，关于《新民丛报》的拼音问题。狭间先生注意到，《新民丛报》的封面上有字母 Sein Min Choong Bou，似应为“新民丛报”的音译，但拼法特别，故疑为是一种方言的发音。[3] 能注意到这样的问题，可谓密察。

狭间先生有一个说法：第 72 期之后的《新民丛报》已经不再是《新民说》时代的《新民丛报》了。第 73 期的《新民

1 狭间先生指出，各版本《新民说》多有前 18 节；1916 年中华书局版《饮冰室全集》之《新民说》，缺“论民气”一节，据其“例言”乃是据梁氏本人意见所作的取舍；1936 年中华书局《饮冰室合集》版之《新民说》，将“论民气”置于“论政治能力”之前，应是编者的意见，并不恰当。按：可以补充的是，1916 年商务版《饮冰室丛著》，将《新民说》列为第一种，以“论民气”为最后一节。

2 《革命逸史》初集，“横滨《清议报》”条。

3 可能是粤语。

从报》开始连载署名“饮冰”的《开明专制论》，导致这一从“新民”到“新政”的转变的原因在于梁启超同“出洋考察宪政大臣”的接触。而这就是狭间先生第五讲的中心内容。

1906 年六七月间，身为清廷通缉要犯的梁启超，经原时务学堂的旧友熊希龄居中牵线，秘密为清廷“出洋考察宪政大臣”端方等起草了以“立宪”为主旨的考察报告。此事的大端，早经各类材料提及，如《梁启超年谱长编》中就对此事有所记述，并提供了一些相关材料。近些年的研究成果，是对此事的具体内容作了进一步的考订。狭间先生在浅原达郎《端方传》（1995）所作考辨的基础上，补充论定收入端方《端忠敏公奏稿》的《请定国是以安大计折》和《请改定官制以为立宪预备折》即为梁启超所代拟[1]，也就是同为考察大臣的戴鸿慈在日记中所记“定国是，改官制，审外交，设财政调查局，立中央女学院，凡五折”[2]的前两折。之后，夏晓虹教授于北京大学图书馆发现了包括戴鸿慈日记所记“凡五折”中后三折在内的一批梁启超手稿，至此梁启超“代拟宪政上奏”案被做成了铁案。[3]此外，狭间先生还由此考察了 1906 年 11 月梁启超由东京

1　见狭间直树:《清朝的立宪准备与梁启超的代作上奏》，该文为提交“东亚的王权与政治思想”学术论坛（复旦大学 2007 年）论文，收入徐洪兴等主编:《东亚的王权与政治思想》，上海：复旦大学出版社，2009 年。

2　戴鸿慈:《出使九国日记》，长沙：岳麓书社，1986 年，第 528 页。

3　夏晓虹:《梁启超代拟宪政折稿考》，载《现代中国》第 11 辑，北京：北京大学出版社，2008 年。

移居神户须磨一事，认为这正是代拟上奏所带来的生活上的变化：为了便于秘密活动和充分利用代笔带来的与载泽和端方等人的关系网（如与清驻神户领事长富的联系）。这也是前人少有论及的问题。梁启超在须磨的生活，一直持续到辛亥革命后归国。

五

第六讲的题目是“民国初年的梁启超”。除了一般性地概述民国初年梁启超的政治立场和政治生涯，狭间先生还以“函夏考文苑”[1]为例，谈到了梁任公在民初的文化地位。但这一讲的重点却是民国初年梁启超对日本态度的转变。

狭间先生指出，梁启超流亡日本十四年，曾受到日本各界人士的善待，心存感激，称之为“第二故乡”[2]；尤其是留居日本后，深受明治日本思想的影响，其自述曾以“脑质为之改易”[3]“思想为之一变”[4]相形容。举例来说，梁启超在《清议报》上大力宣讲“民权”，称“民权兴则国权立，民权灭则国

1　朱维铮主编《马相伯集》（上海：复旦大学出版社，1996年）收录有《函夏考文苑文件十种》（第124—137页）。

2　梁启超:《夏威夷游记》，见专集二十二，北京：中华书局，1989年，第186页。

3　同上。

4　梁启超:《三十自述》，见文集十一，第18页。

权亡”，并称日本为“东方民权之先进国”[1]，这不是说来日本以前梁启超没有谈过“民权”，但是在诸如《变法通议》等重要文章中，“民权”没有出现也是事实。[2]两相对比，可以知道梁启超是受到日本现实的启发，对国家发展与尊重民权的对应关系有了新的认识。在后来的《日本预备立宪时代之人民》中，他更主张学习日本自由民权运动的经验，明确表示出要效仿日本自由党进行组党活动的想法。[3]“民权”之外，他还屡屡称赞日本的“武士道、大和魂”，以为可供中国人取法。[4]总而言之，虽然他也曾有批评日本文明的言论[5]，但其基本态度还是希望无论从制度上还是精神上都要学习日本。另外，狭间先生还注意到一个问题，即梁启超很少提及《教育敕语》这一以明治天皇名义颁布并被神圣化的日本近代教育的纲领性文件，反之则对德皇威廉二世的《敕语》赞赏有加。[6]显然，

---

1 哀时客:《爱国论三: 论民权》，载《清议报》第22册（1899年7月28日）。

2 甲午、戊戌之间，公开讲“民权”多少会受到限制。汪康年在《时务报》上撰文，主张“参用民权”，梁鼎芬即“要打‘民权’一万板”。但维新派人主张兴民权，又是人所共喻的事实，即《翼教丛编序》（苏舆）所谓“倡平等，堕纲常也，伸民权，无君上也”。

3 饮冰:《日本预备立宪时代之人民》，载《新民丛报》第83—84号。

4 参见《新民说》第16节“论尚武”等。

5 如称日本“其文明程度殊属幼稚，远下于欧洲数等”（见《新民丛报》第20号，“问答”）。

6 梁启超:《论教育当定宗旨》，见文集十，第57页。梁启超认为，中国制定教育宗旨应当取法英、德。

狭间先生对此问题曾收集材料，作过研究[1]，但尚未有满意的答案。

民国初年，梁启超却由亲日转向了反日、憎日。首先导致其对日本的信任出现巨大动摇的是1915年的“二十一条”。日本以武力威胁强迫中国接受“二十一条”的行径，使梁启超的日本观受到深深的伤害，得出了日本文明迅速“退化”，“今之日本则昔之俄也”的结论。[2]随之而来的在“护国运动”中的经历（由南下途中得到日本在华“官、军、商、居留民、间谍、浪人”的全力保护，而感知日本欲灭亡中国之布置），更使他见识了日本的可怕。对此，梁启超有这样的回忆：“余在护国之役略前，脑海中绝无反日之种子。不但不反日而已，但觉日人之可爱可钦。护国一役以后，始惊讶发现日人之可畏可怖而可恨。‘憎日’、‘恶日’与‘戒备日’之念，由微末种子培长滋大而布满全脑。”[3]

作为梁启超对日态度转向的比照，狭间先生还专辟一节介绍当时日本人尤其是知识界的对华态度。狭间先生指出，当时

1　狭间先生曾说到，梁启超只在《立宪国诏旨之种类及其在国法上之地位》和《违制论》中提到过《教育敕语》，而且还只是在解释文书格式的时候；并认为任公少提《教育敕语》，或许与其重视“个人主义之教育”有关。

2　分见《示威耶挑战耶》《再警告外交当局》，文集三十二，第112、109页。

3　吴其昌：《梁任公先生别录拾遗》，载《思想与时代》第13期（1942年8月）；转引自夏晓虹编：《追忆梁启超》（增订本），北京：生活·读书·新知三联书店，2009年，第121页。

作为压迫一方的日本人，其大多数不但对本国政府对邻国采取的侵略政策甚为迟钝，还认为那是理所应当的。在知识界，身为汉学家的内藤湖南是如此，后来成为大正民主主义旗手的吉野作造也是如此，他们都对日本政府提出的“二十一条”表示了完全的支持。

但是，狭间先生重点介绍的还是之后吉野作造对华态度的转变：因接受撰写中国革命史的委托，吉野开始深入了解正在进行的“护国运动”，他得出的结论是，以梁启超、蔡锷为核心领导的反袁运动，是爱国的“革命”运动，具有一种“活的精神”。这样，仅仅一年之后，吉野就从“二十一条”的拥护者转变为梁启超等人“革命”运动的坚定支持者。而之所以能够如此，狭间先生认为，是因为吉野作造具有如他自己所说的对待中国的“同情和尊敬”的基本精神。对此，我在课堂上曾感喟：狭间先生于吉野作造所谓“同情和尊敬”精神的三致意焉，应该不仅仅是在讲历史，“温故知新”正是东亚传统史学的精要所在。

接下来的第七讲，有关梁启超晚年的学术生涯，选取的是任公作为史学家的代表作《中国历史研究法》，角度则仍与日本有关，即日本汉学重镇之一的桑原骘藏对《中国历史研究法》的书评。1922年初《中国历史研究法》出版，当年，桑原骘藏应邀在《支那学》第二卷十二号发表《读梁启超的〈中国历史研究法〉》予以批评，该文的中文全译首先连载于《现代评论》第二卷第 49—50 期，时间已是 1925 年。[1] 桑原骘藏对于任公书中的错误，指摘不稍假借，对于任公书中有关日本学术的贬斥性评述，讥刺恼怒之情更溢于言表。然而，狭间先生看重的却是由二者（任公之书与桑原之评）表现出的中日两国学人为建设"科学"的历史学所作的努力。

狭间先生指出，无论是梁启超还是桑原，都试图把历史学发展成"科学"。因此，桑原在书评中确实高度评价了梁启超试图改造（革新）《史记》以来中国史学传统的尝试。就大端而言，其一，将所谓历史视为人类社会活动的总体，即可供现代国民资鉴的"国民发展史"，而非"一人一家之谱牒"；其二，认为历史学不能仅限于对事情的叙述，而是一门要找出存在于事情与事情之间法则（梁启超称为"因果律"）的学问。桑原称他在"不仅是史学，所有的支那学都必须在科学的基础上重建"这一点上，与梁启超的想法完全一致。而所谓"科学的研究"，就是要把"材料批判"和"比较讨查"放在首要的位置。[2]

1 《梁启超年谱长编》（上海人民出版社，1983）称"日本史学家文学博士桑原骘藏《读梁启超的中国历史研究法》一篇（原文见《支那学》第二卷第十二号《天行》译文，见民国十六年七月二十三日《庸报》）"其中"天行"乃译者名（或为魏建功）；此文《甲寅》第一卷三十四号（1926 年 11 月）"孤桐杂志"有摘要，时在《现代评论》译文一年之后，《庸报》之文更后，应为转载。

2 此处参考《现代评论》所载天行的中译文。

鉴于桑原在书评中没有展开关于史学的“科学研究”方面的讨论，狭间先生特意将得到桑原认可的其师坪井九马三的《史学研究法》拿来与梁启超的观点相比较，以求讨论的深入。通过比较可知，坪井九马三和梁启超都认为，尽管有立足基础的不同，但并不妨碍史学可以像自然科学一样成为“科学”，并且他们都致力于把史学改造成“科学”。虽然，他们两者之间又存在一些微妙的不同。坪井认为史学的科学性（“可然程度”的判定）表现于对个别史实确实性的判断及其集合；梁启超则把努力的重点放在对整体全貌（“总相”）的把握上。因此狭间先生说:“在我看来，他们两人虽然同在一个地平线上，但又包含着在方向上的不同。”

第七讲“梁启超与历史学”还有一个副标题——“1920 年代东亚人文科学形成史的一个横断面”，其意在由具体的事例展示中日两国史学“近代化”的共同经验。至此，我似乎对狭间先生“梁启超纪念讲座”中所一再强调的“东亚”视角有了些许感悟：所谓“东亚”，就是连结中日两国人民的强韧纽带，就是我们共同经历和拥有的那些东西。[1]

1 当然，是否有这样一个共同的“近代东亚”，或是否有一个如狭间先生所说的在“日本化的西洋”（梁启超即深受其影响）基础上建立的“近代东亚”和“近代东亚文明”，还是一个言人人殊、尚未形成共识的问题。

六

狭间先生进行“梁启超纪念讲座”的那个学期，清华大学国学研究院还举办了一系列与梁任公有关的活动。[1]其中之一为“‘梁启超与现代中国’讲演周”。狭间先生讲座的第八讲“《梁启超年谱长编》的编撰”，同时被安排为“讲演周”的内容；受限于讲演周的时间，所以实际上讲座第八讲的讲授在先，第七讲反而在后。

狭间先生之所以选择《梁启超年谱长编》为讲题，想必与其参与了《梁启超年谱长编》的日译工作有关，而这又正是狭间先生此讲中最引发兴趣的内容。记狭间先生所说，《长编》的日译，源起于岛田虔次在京都大学人文科学研究所主持的共同研究班。岛田先生研究班的选题是近代中国年谱的翻译介绍，列入初选的是孙中山和梁启超的年谱，而最后选定梁启超年谱，则是接受了狭间的建议。研究班采取的应该是京都大学人文科学研究所“共同研究”特有的“会读”方式[2]，每隔一周举行一次读书会，讲读《梁启超年谱长编》的同时进行翻译和注释。迄岛田先生去世，读书会已进行一百余次，但翻译、注

1 重要者还有“‘梁启超与现代中国’新书研讨会”和“南长街 54 号藏梁启超重要档案特别展”等。

2 京都大学人文科学研究所颇为知名的“共同研究班”的情况，参见狭间直树:《京都大学人文科学研究所共同研究班：以中国近代史为例》，载《近代史研究》，2007 年第 2 期。

释工作仅完成一半。之后，狭间直树、井波陵一、森时彦、江田宪治等承担了岛田余下的工作，2004年，岩波书店出版了岛田虔次编译的《梁启超年谱长编》五卷本。日译本《长编》，就篇幅而言，已是中文本（上海《长编》本）的数倍，其最大的特点是多达3940条的注释，以及方便实用的《人名总索引》《中国人名表》（分别名、正名两项）《文献目录》等。日译本一出，就得到学术界的好评，并因其“具有中文各版所不具有的特殊的文献价值”[1]而被列为“梁启超年谱长编”的重要版本之一。可以顺便一说的是，狭间先生讲学期间，清华国学研究院还为其联系、安排了参观中华书局所藏《梁启超年谱长编》第一稿（现传世的所谓“初稿”已是经大量删减的第二稿）的活动，我本欲陪同前往，却因临时有事未能随行，也是一个遗憾。

关于狭间先生的讲座，还可以说的是后来增加的课后“答疑和讨论”。记得大概是第二讲之后，狭间先生向我建议：每次讲授安排的评议和学生提问时间，是否不要变成了他和我两人的问题讨论和对话；我的评议可以重点放在帮助学生更好地理解他所讲的内容，并把更多的时间留给学生提问；至于我们之间要讨论的问题，包括学生们课上未尽的问题，可以在课后增加一个时间段，继续解答和讨论，参加者自愿。对此建

1 参见欧阳哲生“整理说明”，“清华大学国学研究院四大导师年谱长编系列”之《梁任公年谱长编（初稿）》（丁文江、赵丰田编，欧阳哲生整理，北京：中华书局，2010年）。

议，我欣然从命（并因此而偷懒，减少了每次“评议”的事先功课），这样，从第三讲开始，狭间先生的讲座就新增了课后的答疑、讨论环节。每次课后，我们会从历史系的教室转移到国学院的会议室，继续进行大约一个小时的无拘束的“漫谈”。狭间先生、他的翻译高女士和我，是每次谈话的常客，其他参加的同学和教师则不固定。若逢有刘东老师参加，谈话结束后，多半会邀请大家一起去吃晚饭，他也总有好酒款待狭间先生。

每次“漫谈”的话题并不限于课程及相关的问题，气氛自由、轻松、融洽。可惜的是当时未作笔记，谈话的具体内容大多已难以追忆。唯与之相关的一件事，让我记忆深刻。一次，我偶尔问起 Renaissance（文艺复兴）一词在日本的早期翻译和使用的情况，狭间先生说，这个问题需要查阅一下相关材料。三天后，即周日的晚上，我外出回家后，看到了狭间先生发来的电子邮件，说已经三次给我家打电话，都无人接听，所以只好发电邮，为的是告知查阅 Renaissance 的结果。先生告知：已联系京都的学者，查看几种明治时期的辞典，据其记载情况，“文艺复兴”一词，大约是在 1890 年后成立的。……读着先生的邮件，可以想见几天来先生为此付出的辛劳。在记下此事的当下，我仍仿佛感觉到一缕春风拂面而来。

张勇

2014 年 8 月 19 日于清华园荷清苑

印象记

当今日本的梁启超研究，首屈一指的是日本京都大学人文科学研究所的名誉教授狭间直树及其主持的“梁启超的研究——以日本为媒介认识近代西方的问题”（1993—1997）共同研究班。狭间教授是当代京都学派的代表性学者之一，从1970年代起，他先后主持过“五四运动”（1973—1978）、“民国初期的文化与社会”（1978—1983）、“中国国民革命”（1983—1988）、“1920年代的中国”（1988—1993）等多个共同研究班，梁启超的研究是其主持的第六个，在中国的学术界影响很大。除此以外，由其具体参与编译的日文版《梁启超年谱长编》，注重对梁启超思想形成过程与明治日本之间的关系进行解读，同时对几乎所有相关人物的名、号进行了校对和补充，成为当今梁启超研究不可或缺的重要参考书目。

我与狭间教授结缘于日本留学期间。2005年3月，刚刚考入神户大学博士课程的我，应聘日本神户的孙文纪念馆做研究员，而当时已从京都大学退休的狭间教授在那里做馆长。或许因为还算认真的工作态度，竟意外通过狭间教授的面试，有幸在其手下工作了两年多，耳濡目染间对他的学术有了些粗浅的了解。

2011 年末，一次偶然的机会从岳秀坤老师那里知悉清华大学国学研究院正在为第三期“梁启超纪念讲座”招募主讲人。此前，他们已经邀请了美国杜克大学荣休教授阿里夫·德里克和法国科学院院士巴斯蒂夫人，所以希望在第三届的时候邀请一位日本学者。刘东副院长对狭间教授的研究非常感兴趣，遂在岳秀坤老师的穿针引线之下，拜托我邀请狭间教授前来清华进行为期两个月的讲学。

2012 年秋天，狭间直树教授如约来到清华园，为学生们讲述了如何从东亚近代文明史的角度看待梁启超。

狭间教授对梁启超的研究，超越了一般的人物研究。其对版本之间差异的敏感，令人钦佩，但这只是比较研究的第一步。狭间教授更加注重的是对西学、东学与梁启超的新学三者之间文本异同的对比，并力求找出其所以然的原因。他的研究中，已“明确认识到东亚社会的共性与区别，希望发现东亚不同国度在接受西方思想时的再创造作用，以及这种再创造对于理解近现代世界发展多样化的意义”。

再次见到狭间教授，于我而言充满了期待和不安。期待的是能够有机会再次走近他的思想，对他的学术与人生有更深刻的了解；不安的是，狭间教授的研究涉猎广泛、逻辑缜密，理论和考证性都极强，我是否能够胜任翻译一职。不过事实证明，我的担心是多余的。因为狭间教授不仅是一个非常有计划性且行动力超强的人，而且会设身处地为青年学人考虑。他会提前一个月把每一章的讲稿发给我，并对稿子里比较晦涩难懂的部分用批注进行详细的解释。他说，希望我不要单纯为了翻译而翻译，如果在翻译之余学习到一些新的知识，那将是这份工作最大的收获。为此，狭间教授会找来一些相关的资料一并发给我，并耐心回答翻译过程中我遇到的各种问题。两个月下来，除了梁启超研究的专业知识以外，狭间教授的治学方法让我至今仍感受益匪浅。

狭间教授来清华讲学的时候已经是75岁高龄了，但“老人”一词用在他身上显然是极不合适的。他精神矍铄，似乎从不知道疲倦。每次收到他在凌晨三四点钟发来的邮件，我都会由衷地从心底赞叹。不仅如此，狭间教授还有着惊人的记忆力，哪份资料在哪个地方，哪本书上有哪些内容，像电脑程序般深深地印在了他的脑海，可以随时调出来查阅。

狭间教授对学术的热爱超乎常人，读书和思考已经成为他生活的大部分。早在日本时就常听学界前辈讲述狭间教授的勤奋，在清华校园里更是见识了。他在清华讲学时有两个主要的工作场所，一个是他住宿的宾馆，一个是刘东教授专门为他在国学院准备的办公室。宾馆房间是他读书写字的地方，床头上、写字台、地板，不大的空间堆满了各类书籍，几乎每一本都有狭间教授作的读书笔记。办公室是狭间教授与国学院各位老师及青年学生讨论的地方，几乎每次去都能看到他在那里认真聆听学生们的提问。

狭间教授非常谦虚，在学术上没有任何架子。他喜欢聆听青年人的提问，也乐于与他人进行学术上的探讨，但从不以自己德高望重的身份居高临下，指点江山。讲学期间，为了保证不耽误课堂时间的同时又能充分讨论，他主动提出每周下课后在国学院的会议室为学生答疑解惑、进一步探讨问题。来答疑的不仅有清华大学本校的学生、教师，还有北京大学、中国社会科学院的学生，以及一些慕名前来的在北京留学的欧美日学生。大家的学科背景相差颇远，提出的问题也五花八门，但狭间教授总会从学生的提问中捕捉到他们思想的闪光点，肯定之余给以建议，往往几句话便让人有醍醐灌顶之感。如果遇到有学生钻牛角尖，狭间教授也不急于反驳，反而会鼓励他继续思考，并为他预设出一些可能遇到的问题。

对于珍贵的历史文物和史料，狭间教授重视资源的共享与利用。梁启超在世时留下了许多书信、书稿，讲学期间恰逢“梁启超与现代中国”特别展在清华大学图书馆举办，主要是由梁启超胞弟梁启勋的后人整理珍藏的 287 通信札、手稿、书籍及梁启超使用过的家具等共计 950 件物品。日本高知县的民权纪念馆，多年前曾从日本民权活动家山本梅崖的后人那里获捐了一批资料，其中包括一百多件康有为在日期间的书信及八封梁启超写给日本政府的信函，内容十分珍贵。狭间教授积极斡旋，现在这八封信件的复制品已经被寄赠到清华大学国学院。

时光荏苒，结束在清华的讲学以后，已经有近四年的时间不曾见过狭间教授了。从我们断断续续的邮件中，我知道狭间教授一直在忙碌地进行着他的研究，同时也在关注着日益紧张的中日关系和中国恶劣的大气污染。“希望我的脑袋还能再工作五年”，在清华时狭间教授曾如是说。但我们相信，也期待这位一直神采奕奕、讨论到兴起时会微微带笑、喜欢中国茅台和小吃的狭间教授再次来到北京，为我们讲述东亚文明史中的中国与日本。

高莹莹

2016 年 1 月于北京

文
景

Horizon

社科新知　文艺新潮

东亚近代文明史上的梁启超

清华大学国学研究院 主编　[日]狭间直树 主讲　张勇 评议

出 品 人：姚映然
责任编辑：李　頔
封扉设计：蔡立国

出　　品：北京世纪文景文化传播有限责任公司
（北京朝阳区东土城路8号林达大厦A座4A　100013）
出版发行：上海人民出版社
印　　刷：山东临沂新华印刷物流集团有限责任公司
制　　版：北京大观世纪文化传媒有限公司

开 本：890×1240mm　1/32
印 张：9.5　　字 数：163,000　　插页：4
2016年6月第1版　　2021年7月第2次印刷
定 价：42.00元
ISBN：978-7-208-13727-1/K·2501

图书在版编目（CIP）数据

东亚近代文明史上的梁启超 / 清华大学国学研究院主编；（日）狭间直树主讲. —上海：上海人民出版社，2016
（讲学社丛书）
ISBN 978-7-208-13727-1

Ⅰ.①东… Ⅱ.①清…②狭… Ⅲ.①梁启超（1873~1929）— 人物研究 Ⅳ.①B259.1

中国版本图书馆CIP数据核字（2016）第071867号